沙家浜镇志

LOCAL RECORDS OF SHAJIABANG

江苏省常熟市沙家浜镇志编纂委员会　编

图书在版编目（CIP）数据

沙家浜镇志 / 江苏省常熟市沙家浜镇志编纂委员会编 .-- 北京：方志出版社，2017.3

（中国名镇志丛书）

ISBN 978-7-5144-2387-7

Ⅰ . ①沙… Ⅱ . ①江… Ⅲ . ①乡镇 – 地方志 – 常熟 Ⅳ . ① K295.55

中国版本图书馆 CIP 数据核字（2017）第 061331 号

· 中国名镇志丛书 ·

沙家浜镇志

编　　者：江苏省常熟市沙家浜镇志编纂委员会
责任编辑：丛　珺　刘　珊

出 版 人：冀祥德
出 版 者：方志出版社
地址　北京市朝阳区潘家园东里 9 号（国家方志馆 4 层）
邮编　100021
网址　http://www.fzph.org
发　　行：方志出版社图书经销中心
电话　（010）67110500
经　　销：各地新华书店
排　　版：北京纺印图文设计制作有限公司
印　　刷：北京中科印刷有限公司

开　　本：787 × 1092　　1/16
印　　张：18.25
字　　数：323 千字
版　　次：2017 年 3 月第 1 版　　2017 年 3 月第 1 次印刷

ISBN 978-7-5144-2387-7　　**定价：**110.00 元

序一

连绵不断地编修地方志是我国特有的文化传统，为传承中华文明作出了巨大的贡献。在党中央、国务院的高度重视和支持下，这一古老的文化传统焕发勃勃生机，展现新的活力，成为保存、继承、发扬光大中华优秀传统文化的重要依托，培育和践行社会主义核心价值观的重要媒介，社会主义先进文化建设的重要组成部分，发展中国特色社会主义，增强道路自信、制度自信、理论自信的重要载体，在实现“两个一百年”奋斗目标和中华民族伟大复兴中国梦进程中具有不可替代的地位和作用。

事物总是在不断发展中前进。经过改革开放以来30余年的发展，中国特色地方志事业与传统的编修地方志已不可同日而语，形成了志（志书）、鉴（年鉴）、库（地情数据库）、馆（方志馆）、网（地情网站）、刊（期刊）、会（学会）、研（理论研究）、用（开发利用）等多业并举的新格局。截至2015年10月底，全国编纂完成首轮、二轮省、市、县志书8000多种，编修部门志、行业志、专业志、乡镇村志27000多种，编纂地方综合年鉴2300多种，累计整理旧志2500多种，还编纂出版了大量的地情书，字数以百亿计，形成以反映国情、地情为主要内容，全面系统、持续不断、卷帙浩繁的社会科学成果群。另外，还开通了27个省级网站、230个市级网站、816个县级网站；建成国家方志馆1个、省级方志馆16个、市级方志馆86个、县级方志馆近300个。这些成果，成为国家极为重要的文化资源，是国家文化软实力和公共文化服务体系的重要组成部分。

最近几年，地方志工作的触角在不断延伸，部门志、行业志、专业志、特色志、乡镇村志编纂方兴未艾，成为当前地方志事业发展新的增长点和亮点。特别是乡镇志，兴起了编纂热潮，从自发的民间行为逐渐过渡为政府组织的文化行为，有的省份以政府令形式将其纳入地方志编修范畴，像河南省还以省政府办公厅名义要求全省普修乡镇志。

乡镇志并不是一个新生事物，据现有资料可考，宋代常棠所撰《澉水志》是现存最早的一部乡镇志。与省、市、县三级志书相比，乡镇志虽属小志，但意义却不小，特别是在当前国家全力推进新型城镇化建设的背景下，乡镇志的作用更显重要。

启动中国名镇志文化工程，是适应当前新型城镇化建设形势发展需要、地方志事业发展形势需要的重要举措，也是充分发挥地方志存史、资政、育人功能的重要手段。作为最基层行政组织的志书，镇志是最接近中国社会发展变迁的国情、地情记录文本，具有重要的历史文献价值。而作为充分反映本区域自然、政治、经济、文化和社会的历史与现状的资料性文献，镇志又能全面展示发展脉络，摸索发展经验，为探索中国乡镇未来发展方向提供借鉴和参考。当然，对于祖祖辈辈生于斯长于斯的中国人来说，故乡就是一个魂牵梦萦的地方，故乡的情怀终生难忘。留得住乡愁，记得住乡思，充分展示名镇文化魅力，激发爱乡、爱国情怀，正是中国名镇志文化工程题中应有之义。

是为序。

中国社会科学院院长

中国地方志指导小组组长 

2016年2月

序二

“国有史，邑有志”，中国自古就有注重编史修志的传统。按照我国目前地方志行政法规，国家各级地方志机构的法定职责是编纂省、市、县三级志书，并不包括县以下的乡镇志和村志。这种规定，一方面可能因为全国有数百万自然村落和数万乡镇，全部实行官修很难实现；另一方面可能因为我国历史上就有“皇权止于县”的说法，县以下的民间社会历来是一个以自治为主的领域。然而，改革开放几十年来，我国社会正在发生巨变，这种巨变在基层社会的乡镇、村落、家庭领域更为深刻。作为“乡之首，城之尾”的镇，逐渐被日益崛起的大都市淹没了光彩，村落在快速的城镇化过程中每天都在大量消失，农村家庭的小型化、空巢化趋势非常突出。在这种情况下，我一直在思考，如何留得住历史文化记忆和乡愁，如何把修志的工作向基层社会延伸？

中国人的“家国情怀”，是从“诚意、正心、修身”开始，到实现“齐家、治国、平天下”。所以从国家一统志，省、市、县三级志，到乡镇志、村志、家谱，也是一个完整的系统。

正是在这种背景下，我们决定启动中国名镇志文化工程。乡镇是无数中国人生命的底色和成长的摇篮。如何在城镇化进程中，留得住乡愁，记得住乡音，忘不了乡思，事关城镇化进程的人文关怀和文化保护，事关文化血脉的传承。同时，科学记录城镇化进程，反映城镇化成就，也为今后探索城镇化发展规律、积累经验提供了基本素材。作为全面系统记述一定行政区域的自然、政治、经济、文化和社会的资料性文献，志书是以上功能最好的载体。

我国目前有 4 万多个乡镇，全部修乡镇志还不具备条件。中国名镇志丛书选择的是传统文化名镇、历史军事重镇、革命历史名镇、民族特色名镇、特色经济名镇、旅游景观名镇等类型的乡镇，应该是最具代表性的，在中国乡镇文化传承和社会发展中具有标杆意义。

编纂中国名镇志丛书是对乡土历史文化的保护。随着城镇化进程加快，有不少乡镇被撤并，有些还是在历史上有重要意义的历史文化名镇、特色镇等。如不及时对其历史进行整理、记录，这些重要的历史资料将散佚殆尽。因此，中国名镇志丛书的编纂是对宝贵历史资料的抢救。

编纂中国名镇志丛书是对乡土意识的传承。什么东西有魅力？故乡的山水，乡音乡情的记忆，乡土的气息和家乡菜的味道，不管走到哪里，总是触动心弦。中国名镇志丛书记录的是家乡的山山水水，家乡的历史文化，家乡的风土人情，留住的是乡愁。这些最能激发远方游子和本地民众的爱乡情怀、爱国情怀。

编纂中国名镇志丛书是一种学术探索。镇志的编纂，实质也是一次深入的社会调查研究。“麻雀虽小五脏俱全”，相比省、市、县，乡镇第一手资料的获得需要付出更大的努力。我们也希望在志书编纂上有所创新，使中国名镇志丛书成为一套图文并茂、雅俗共赏的新型志书。

中国社会科学院副院长
中国地方志指导小组常务副组长

2016年2月

江苏省常熟市沙家浜镇志
编纂委员会

主　　任　季恒义

副 主 任　徐　峰　张康德　夏　冬

委　　员　李伟国　瞿晓峰　邹拥军　顾永忠
金国锋　支月明　赵庆锋　姚彩莲
吴　坤　田菊芳　朱惠江　时利锋
吴　旭　胡剑栋　周建宏　殷建青
顾建中

江苏省常熟市沙家浜镇志
参编人员

主　　编　赵庆锋

副 主 编　苏雪英　高　宇

编写人员　金雪明　黄国庆　徐耀良

特约顾问　陈建东　浦君芝

手摇船

中国名镇志丛书凡例

一、以马克思列宁主义、毛泽东思想、邓小平理论、“三个代表”重要思想和科学发展观为指导，贯彻落实习近平总书记系列重要讲话精神和治国理政新理念新思想新战略，坚持辩证唯物主义和历史唯物主义的立场、观点和方法，存真求实，全面、客观、系统记述我国城镇化进程和改革开放成果，传承和抢救乡土历史文化，留住乡愁，为探索中国特色新型城镇化发展经验、发展模式、发展道路提供历史智慧和现实借鉴。

二、记述上限追溯至事物发端，下限至启动名镇志编修年份。详今明古，着重反映时代特色和地方特点，重点体现各镇的“名”与“特”。

三、各镇志叙事区域范围为现有行政区域，以及其他历史上属于该镇的行政区域，适当增加横向对比、联系等内容。

四、采用纲目体，横排门类，纵述史实，述而不论。体裁运用适当创新，篇目设置不求面面俱到，一般意义上的乡镇级内容略去不载。

五、综合运用述、记、志、传、图、表、录等各种体裁，以志体为主。

六、使用规范的现代语体文记述，文字力求朴实、严谨、简洁、流畅、优美，增强可读性。

七、各项数据一般采用国家统计部门数据。数据缺乏的，采用主管部门或主办单位正式提供的数据。

八、只收录具有存史价值和名镇特色的图片，版面图文并茂。

九、民国前使用朝代年号纪年，括注公元年份，同一朝代年号在同一条目中只在首次出现括注。民国后使用公元纪年。本志“××年代”，凡未加世纪者，均指20世纪的年代。

十、记述各个历史时期的党派、机构、职务、地名等，均以当时的名称为准。对频繁使用的名称，首次用全称，其后用简称。“新中国成立前”“新中国成立后”以中华人民共和国成立日1949年10月1日为界；“解放前”“解放后”以该镇解放日为界。

十一、人物部类遵循“生不立传”原则，人物传主按生年排序，只选录对本镇发展有重大影响的历史人物，不面面俱到。

十二、为节省篇幅，避免重复，本志采用条目互见法。参见条目的表示形式为：参见本志“××类目·××分目·××条目”。

十三、对旧志、古籍中的繁体字、冷僻字一般用简化字或通用字替换，易引起误解的则保留。

十四、数字、标点遵循国家标准出版规定，GB/T 15834—2011《标点符号用法》，GB/T 15835—2011《出版物上数字用法》。

十五、计量单位采用国务院1984年2月发布的中华人民共和国法定计量单位。考虑到社会使用习惯，全书中亩不统一换算。

十六、各镇志需要单独说明的事项，均在各自编纂始末中记述。

沙家浜镇在中国的位置

黑龙江省
哈尔滨
吉林省
长春
沈阳
辽宁省
内蒙古自治区
呼和浩特
北京
北京市
天津
天津市
河北省
石家庄
太原
山西省
济南
山东省
新疆维吾尔自治区
乌鲁木齐
甘肃省
银川
宁夏回族自治区
西宁
青海省
兰州
陕西省
西安
郑州
河南省
江苏省
南京
常熟
沙家浜镇
上海
上海市
合肥
安徽省
杭州
浙江省
西藏自治区
拉萨
四川省
成都
湖北省
武汉
重庆市
重庆
长沙
湖南省
南昌
江西省
福州
福建省
贵阳
贵州省
昆明
云南省
广西壮族自治区
南宁
广东省
广州
香港
澳门
海口
海南省
海南岛
台北
台湾省
台湾岛
钓鱼岛
赤尾屿
东沙群岛
西沙群岛
永兴岛
中沙群岛
黄岩岛
南沙群岛
曾母暗沙
黄河
长江
渤海
黄海
东海
南海
图例
北京 首都
天津 省级行政中心
未定 国界
省、自治区、直辖市界
特别行政区界
名镇所在县级市域
名镇
1：32 000 000
审图号：GS（2017）1603号

沙家浜镇在江苏省的位置

图 例

- 南京 省级行政中心
- 苏州 地级市行政中心
- 溧阳 县级行政中心
- 省界
- 地级市界
- 名镇所在县级市域
- 名镇

1∶3 060 000

审图号：GS（2017）1603号

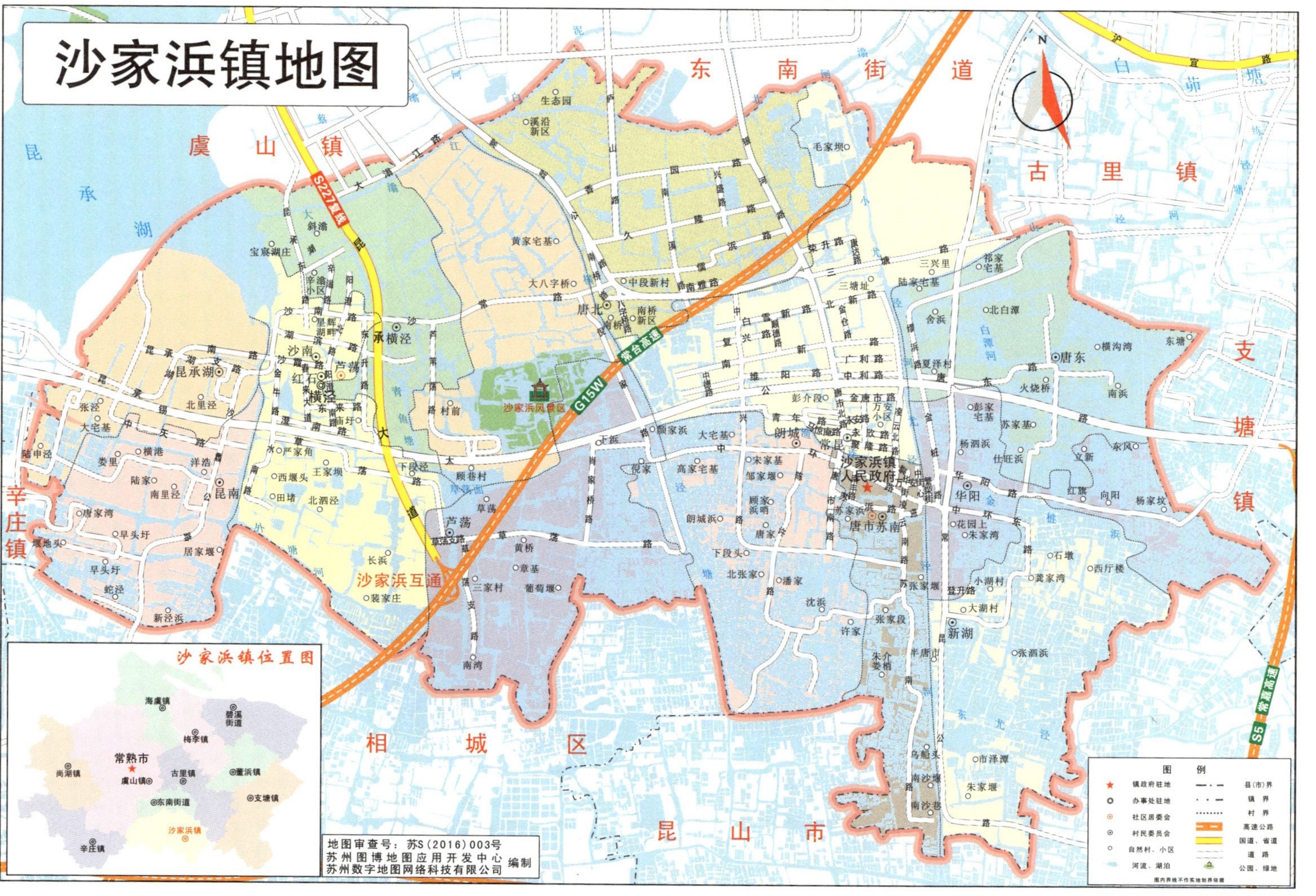
沙家浜镇地图
东南街道
虞山镇
古里镇
支塘镇
辛庄镇
相城区
昆山市
昆承湖
沙家浜镇人民政府
沙家浜风景区
沙家浜互通
唐北
唐东
唐市
华阳
新湖
朗城
芦荡
承横泾
沙南
红石
横泾
昆南
昆承湖
常台高速
G15W
S227复线
S5
常嘉高速
沙家浜镇位置图
常熟市
海虞镇
碧溪街道
梅李镇
尚湖镇
虞山镇
古里镇
董浜镇
东南街道
支塘镇
沙家浜镇
辛庄镇
图例
镇政府驻地
办事处驻地
社区居委会
村民委员会
自然村、小区
河流、湖泊
县(市)界
镇界
村界
高速公路
国道、省道
道路
公园、绿地
图内界线不作实地划界依据
地图审查号：苏S(2016)003号
苏州图博地图应用开发中心
苏州数字地图网络科技有限公司
编制

沙家浜之晨

钱伟春　摄

枕河筑屋

抗日先烈永垂不朽（一）

抗日先烈永垂不朽（二）

湿地飞鸟

水乡风车

江南船拳展演

水乡婚俗

石湾山歌

沪剧《芦荡火种》

目录

“阿庆嫂”的家乡——沙家浜

沙家浜镇位于江苏省常熟市南部，南临阳澄湖，北靠昆承湖，总面积 80.4 平方千米。全境河流纵横，芦苇丛生。境内人口 4 万余人，流动人口近 4 万人。沙家浜镇，曾名横泾，1981 年改称芦荡乡，1992 年 3 月改称沙家浜镇。2003 年 6 月与唐市镇（又名东唐市，是抗日战争时期中国共产党领导下的江南抗日游击根据地之一）合并，成为今之沙家浜镇。沙家浜镇历经抗战烽火洗礼，涌现了无数“阿庆嫂”式的人物，唱响了一曲军民鱼水情的赞歌，诞生了闻名全国的现代京剧《沙家浜》。同时，今日沙家浜镇又是一个以盛产大闸蟹和玻璃模具而享誉全国的经济强镇。沙家浜镇先后被评为全国文明镇、中国历史文化名镇等，被授予中国人居环境范例奖和联合国人居署“迪拜国际改善居住环境最佳范例奖”全球百佳范例称号。沙家浜风景区是全国爱国主义教育示范基地、全国百家红色旅游经典景区和国家 AAAAA 级旅游景区，景区内有国家国防教育示范基地——沙家浜革命历史纪念馆、国家湿地公园——沙家浜湿地公园。

一

沙家浜镇距今已有 1500 多年的历史，历史悠久，文化发达。南朝梁天监年间（502 年～519 年），境内建有法华庵。隋大业十一年（615 年），村坞筑城，法华庵也筑土城——朗城。据《吴地记》记载，时常熟县有十二都，今沙家浜境域属双凤乡。南宋宝祐二年（1254 年），境内已有黄泾、洋澳等村，属常熟县双凤乡莫邪里。至明正统年间（1436 年～1449 年），乡人聚居于境内尤泾河畔，渐成集市，因唐姓人居多，遂称唐市。南朝时，法华庵中已建有水月阁，为历代文人学士寄读之地，明代吏部尚书、武英殿大学士严讷曾留下《朗城秋夜读书》的著名诗篇。南宋嘉泰（1201 年～1204 年）初，里人苏氏舍宅奉佛供僧，在横泾村建崇福庵。明正德七年（1512 年），工部员外郎钱仁夫撰《崇福庵佛殿记》，吴门著名书法家祝允明书，立碑于寺中。明末清初，著名藏书家、出版家毛晋于境内七星桥筑藏书楼汲古阁、目耕楼，以藏书和刻书为业，藏书 8.4 万余册，名扬海内外。同时代里人杨彝在镇上筑凤基楼，集苏南、浙江一带文人学士，结社吟诗，讲礼论文，创立“唐市学派”，名扬江南。明末清初三大思想家之一的顾炎武奉母命自昆山避乱于唐市十年，著有《天下郡国利病书》《日知录》，与里中名士诗文酬和，并提出了“天下兴亡，匹夫有责”的至理名言。据旧志记载，明清两代，仅沙家浜镇就有进士 12 人、举人 28 人，有著作的文人 138 人，著述不下数百种，而书、画、琴、弈之能者，也代不乏人。

新中国成立后，沙家浜镇更是人才辈出，涌现出中国戏剧大师胡伟民、《解放军报》党委书记兼总编辑吴之非、上海市公安局原局长扬帆、中南海服装大师田阿桐、中国科学院院士戴松恩、杀虫药剂毒理专家龚坤元、石油专家李奎元等。沙家浜镇民间文化活跃，先后成立 3 个民间文艺剧团，演出剧目有《白毛女》《刘胡兰》等地方戏剧。在南京庆祝越南民主共和国主席胡志明六十大寿晚会上，江苏省苏昆剧团演员、里人邹根兴的笛子独奏得到观众赞扬，并受到周恩来、陈毅等党和国家领导人的接见。2006 年，镇成立文学艺术界联合会，设有文学、摄影、书法、演艺、音乐、舞蹈 6 个工作者协会，共有成员 59 人。截至 2014 年年底，沙家浜镇共有省级文物保护单位 1 处、市级文物保护单位 9 处、市级控制保护建筑 10 处。

二

沙家浜镇是一个具有光荣革命传统的乡镇。在近现代史上，何香凝、张治中、谭震林、叶飞等著名人士，都在沙家浜的土地上留下了足迹。全镇先后为国捐躯的革命先烈有 43 人，其中抗日英烈有 33 人。在抗日战争时期，这里是苏（州）、常（熟）、太（仓）抗日游击根据地的中心，是中共江南特委、苏常太公署和苏州县政府的驻地，是新四军后方医院所在地、江南抗日义勇军东路司令部（以下简称“新江抗”）的诞生地，留下了许多遗迹、遗址和革命斗争故事。1928 年 4 月，中国共产党横泾农村支部成立，书记苏北春，为常熟境内农村第一个党团混合支部。是月，共产党员石楚材参加江阴地区的农民暴动后回到常熟，随即组织成立中国共产党常熟县临时委员会。1939 年 5 月，新四军第六团在团长叶飞率领下，以江南抗日义勇军（以下简称“江抗”）的名义，挺进苏南常熟等地区，从此，唐市、横泾成为苏常太抗日游击区的活动中心。同年 9 月，“江抗”部队西移。11 月，以留在芦苇荡养伤的新四军 36 位伤病员为骨干，在唐市成立“新江抗”，夏光任司令，杨浩庐为副司令兼政治部主任。1941 年 2 月，这支部队改为新四军第六师十八旅，谭震林任师长，江渭清任旅长。至解放战争时期，该部队发展成为华东野战军的一支王牌劲旅，号称“百旅之杰”。在淮海战役战场上，当年的 36 位伤病员之一、时任华东野战军第一纵队司令员的刘飞指着刚从战场上撤下来的一支部队，对前来采访的新华社华东一支社记者崔左夫说，这支队伍就是由当年留在常熟阳澄湖畔芦苇荡里战斗的“江抗”部队伤病员发展起来的，他们的传奇经历，值得新闻工作者关注，并嘱咐崔左夫等人以后认真写一写这支英雄的部队。

崔左夫牢记刘飞将军当年的嘱托，于1957年夏天来到常熟阳澄湖地区，深入采访两个月，写出了纪实文学作品《血染着的姓名》。同年，刘飞将军撰写了回忆录《火种》，后把有关章节取名《阳澄湖畔》在《萌芽》《雨花》等杂志发表。1958年，上海沪剧团副团长兼党支部书记陈荣兰和该团编剧文牧，读了崔左夫的《血染着的姓名》和刘飞将军的《阳澄湖畔》，深受启发，随即创作了沪剧《碧水红旗》，后改剧名为《芦荡火种》。1964年1月，沪剧《芦荡火种》进京演出。随后，北京京剧团将其改编为现代京剧《芦荡火种》。是年4月27日，刘少奇、周恩来、朱德、邓小平等党和国家领导人观看了现代京剧《芦荡火种》。不久，毛泽东主席也观看了现代京剧《芦荡火种》，并提议将剧名改为《沙家浜》。1968年，现代京剧《沙家浜》被拍成电影在全国放映，沙家浜从此家喻户晓，名扬天下。

三

1978年改革开放以来，沙家浜镇依托抗日革命根据地这一红色资源，经过历届政府的共同努力，逐步把沙家浜风景区建成国家AAAAA级旅游景区和全国爱国主义教育示范基地。国家党、政、军领导人叶飞、李岚清、李锡铭、迟浩田及社会学家费孝通等先后到沙家浜镇考察，并予以充分肯定。

沙家浜风景区依托革命历史、民俗文化、绿色生态等旅游资源，做大、做强旅游产业。革命传统教育区有大型照壁、东进桥、沙家浜亭、瞻仰广场，红石民俗文化村有石牌坊、文昌阁、土地庙、根雕馆、婚育馆、春来茶馆与戏台，被人们称为“景中乐园，天然氧吧”的环湖绿色游览区有隐湖柳堤、江南小渔村、万竹岛、文脉流长石刻、芦花村、芦苇迷宫、迷宫百菜园、休闲小木屋、农家乐，沙家浜湿地公园有芦荡人家、植物园、渔乐园、蟹趣滩、觅虾台、清水潭、浊水潭，横泾老街影视基地有古城墙、市河、钓渚渡桥、翁家糟坊、刁家大院、春来茶馆、染坊、织坊、绣坊、铁匠铺、江南农家民俗馆等。还有实景演艺区、湿地科普园、春来街坊等。沙家浜旅游节、阳澄湖大闸蟹美食节、阿庆嫂民俗风情旅游节、啤酒节、风筝节、龙舟赛节、水乡婚俗表演、石湾山歌表演等，无不吸引着游客的眼球。景区芦荡湿地的面积达 400 公顷，空气中负氧离子含量是城区的 25 倍以上，有多达 89 种鸟儿在这里繁衍栖息，清新的空气形成了天然氧吧。

水乡泽国沙家浜以千顷碧波、万亩绿野、飞鸟闲逸、游鱼戏水、荇菜参差、苇叶摇曳的优质生态环境，吸引着世界各地的游客到此休闲度假。沙家浜风景区已建成集“红色教育游”“绿色生态游”“金色美食游”“演艺文化游”和“休闲养生游”为一体的，在全国有较大影响的旅游度假区。2014 年，接待游客 210 万人次，实现自营收入超 1.1 亿元，解决就业岗位 3000 多个。沙家浜镇已成为一个有口皆碑、闻名遐迩的红色旅游重镇。

四

沙家浜镇物产丰富，是江南著名的鱼米之乡，其出产的阳澄湖大闸蟹遐迩闻名。据旧志记载：“(螃蟹)出阳澄湖者最大，壳青，脚红，名金爪蟹，重斤许，味最腴。”“沙家浜牌”阳澄湖大闸蟹个大质优，多次获江苏省名牌产品称号，并通过国家原产地认证，年销售量达 1.5 万千克。每年秋季是食蟹最佳时节，有渔谚：“西风响，蟹脚痒。”秋风起之际，螃蟹四处游荡，此时的蟹质量最佳，重者雌雄 1 对有 1 斤许。置于玻璃板上，能双钳舞螯，八爪坚挺。“九月团脐十月尖”，意谓农历九月雌蟹味最美，十月以雄蟹为上品。沙家浜镇有大闸蟹交易市场 2 家，分别坐落于常台高速公路沙家浜入口处和常昆公路北段，摊位多达 200 余个。鸭血糯为常熟地区著名的地方特产，粗蛋白含量为 13.3%，并含有生物吡咯素，有强身补血之功能。以此制作的血糯八宝饭，为沙家浜地方传统特色点心，可现场品尝，也可打包作为礼品赠送亲友。沙家浜爊鸡和叫花鸡已有百年以上的历史，其主要原料是当地草鸡，用传统的烹煮工艺加工，配以十余种天然香料，采用现代真空包装和灭菌技术精细制成，不含任何添加剂，开袋即食，为游客馈赠亲友之佳品。湖荡水鲜更是沙家浜所特有，除了养殖的鲢鱼、草鱼、青鱼、鳊鱼四大家鱼和虾蟹类外，还有“小三白”（鳑鲏鱼、凤尾鱼、白丝鱼）、“小三黑”（塘鳢鱼、泥鳅、黑鱼）、“小三黄”（花郎季、昂丝鱼、翘嘴黄颡鱼）、“小三鲜”（螺蛳、田螺、河蚌）、“小三特”（河豚、甲鱼、鳜鱼）。

沙家浜镇现建有江苏省级现代渔业产业园区，这里拥有澳洲小青龙虾、本地与台湾杂交泥鳅、富贵喜鱼、冷水狗鱼、鲥鱼、金斑鱼、胭脂鱼、太阳鱼、淡水鲈鱼等十余种外来品种。在传统“虾、蟹混养”的基础上，探索“虾、蟹、鱼混养”技术，采用青虾、大闸蟹加高档鱼（鳜鱼、沙塘鳢）主体混养模式，传统小品种鳜鱼、沙塘鳢逐步走向人工养殖。现在，沙家浜莲藕、菱角、慈姑、茭白、芋艿、水芹、芡实、荸荠“江南水蔬八鲜”，以及河蟹、河虾、鳗鲡、白鱼、黑鱼、鳜鱼、昂丝鱼和花郎季“江南水荤八鲜”，已成为极具地方特色的美味佳肴。

五

至 2014 年，沙家浜镇已建成省级现代渔业产业园区 1 个，其带动农民致富效应不断显现。全镇养殖业亩均产出超 1 万元，农民人均纯收入 2 万元以上，连续五年保持 12% 以上的增长速度。2014 年，全镇村均财政年收入 453 万元，同比增长 21%。

沙家浜镇又是一个工业发达、活力迸发的新兴工业强镇。她拥有常熟市级开发区——常昆工业园区，截至 2014 年年底，园区入驻企业 280 家，累计投资超 200 亿元。园区的工业经济发展始终走在常熟各板块的前列，2014 年，园区实现销售收入 170 亿元，利税 12.5 亿元，占全镇工业份额的 85% 以上。这里正逐步成为环境优美、设施完备、产业布局合理、富有生态气息的现代工业园区。与此同时，沙家浜镇的光电通信、新能源、装备制造、玻璃模具、休闲服装及汽车零部件等产业的发展活力不断彰显，新能源、新材料产业基地快速扩张态势持续凸显。2014 年，全镇实现工业总产值 296.1 亿元。

著名报告文学作家、邑人何建明在《我的天堂》一书中情真意切地写道:“沙家浜，是我的家乡，是一个真正的人间天堂。”水乡古镇沙家浜，在改革开放大潮的推动下，传承着红色基因和历史文化，并不断地发扬光大，书写着新的历史篇章。

这就是“阿庆嫂”的家乡——沙家浜。

基本镇情

沙家浜镇，位于江苏省常熟市南隅，分别与昆山市、苏州市相毗邻，紧靠阳澄湖北岸，西北与昆承湖相连，是江南经济发达地区。全镇东西长约 14 千米，南北宽约 6.8 千米，总面积 80.4 平方千米。镇内河流纵横，气候温润，水陆交通便捷，历史悠久。本地人口约 4 万余人，流动人口近 4 万人。

沙家浜湿地公园

区位交通

沙家浜镇位于北纬 31° 32′，东经 120° 53′，系长江下游三角洲冲积平原。地处阳澄湖与昆承湖间，区位条件优越，水陆交通便捷。镇人民政府驻地为唐市集镇中环路 145 号，电话区号 0512，邮政编码 215542，东南距上海市 100 千米，西南距苏州市 39 千米，北距常熟城区 17 千米。

区内交通发达，水运有张家港直达上海以及长江入海口，陆路有常台高速公路、锡太一级公路、常昆公路等穿镇而过。其中常台高速公路在境内设有互通立交桥，30 分钟可到达苏州、昆山、无锡、吴江和南通，60 分钟可到达上海虹桥机场、上海市区和常州，90 分钟可到上海浦东国际机场。

建置区划

沙家浜镇历史悠久，距今已有1500多年的历史。南朝梁天监年间（502年～519年），境内始建法华庵。隋大业十一年（615年），境内群盗并起，朝廷下诏命各村坞筑城防御盗匪，法华庵积极响应，并筑土城保护乡民，成为沙家浜镇境内最早的乡民聚居地，名“朗城”。后乡民东移，逐渐聚居于尤泾河及语溪附近，搭桥建屋，渐成集市，旧名“尤泾”，又称“语溪”。

20世纪90年代的沙家浜唐市

据《重修常昭合志》载，东晋咸和六年（331 年），佛学家、陈留（今河南省开封市）人支遁，到南沙（今常熟市）创立双凤寺（在今太仓市双凤乡境内），双凤乡因寺而得名。今沙家浜镇时属常熟县双凤乡四十三都，东片（原唐市）属进贤里，西片（原横泾）属莫邪里。其地名使用自东晋咸和六年起，至清宣统二年（1910 年）止，前后长达 1579 年。宣统二年，常熟、昭文两县分建 4 市 31 乡，唐市建置为市，原沙家浜镇的前身横泾，为乡建置。

1911 年 11 月后，常熟、昭文两县合并为常熟县，唐市为东唐市，横泾为横泾乡，区划未变。1929 年，全县实行区、乡制，以区辖乡，东唐市、横泾乡合并为横塘区。1934 年，全县缩编为 8 个区，境域属唐市区，辖 5 镇 19 乡，唐市、横泾建置为镇。1937 年秋，常熟沦陷，日伪政权在其侵占区内恢复 1929 年的区、乡制。1941 年，日伪政权在全县分设 10 个区，境域属第八区（唐市区）。其间，中国共产党领导人民奋起抗日，先后在常熟建立常熟、苏州等县民主政权。东片在唐市、古里、藕渠一带建立唐市区；西片在横泾一带建立横泾区，下辖横东、横南、横西、横北四乡和横泾镇；唐市镇为苏州县直属镇，被评为模范镇。

1945 年 8 月抗日战争胜利后，全县恢复抗战前的 8 个区，唐市为第八区，辖 2 镇 5 乡。1946 年，实行乡、镇扩并，唐市为镇，横泾为乡。1949 年 2 月，全县划为 6 个区，辖 4 镇 2 乡，区署设在唐市集镇。

新中国成立初期，设唐市区，管辖 15 个小乡，区人民政府驻唐市集镇。境内王泽、苏潭、新建、横泾、北桥、罗荡等乡属唐市区，昆南乡属昆承区。1956 年 3 月，唐市区与古苏区合并，建立古里区，唐市为区直属镇；苏潭、新建一带并入王泽乡；北桥、罗荡一带并入横泾乡；昆南乡改称新南乡，属练塘区。1957 年 9 月，全县实行撤区并乡，唐市、王泽合并为唐市乡，横泾、新南合并为横泾乡。1958 年 9 月，以乡建社，境内分建唐市、横泾 2 个人民公社。1981 年 5 月，横泾人民公社改为芦荡人民公社。1983 年，恢复乡建制，分别为唐市乡和芦荡乡。1986 年 4 月，撤唐市乡，建唐市镇。1992 年，撤芦荡乡，建沙家浜镇。2003 年 6 月，唐市、沙家浜两镇合并为沙家浜镇，镇政府设在唐市镇。全镇下辖横泾、常昆、昆南、红石、芦荡、沙南、华阳、唐北、朗城、新湖、唐东、昆承湖、苏南 13 个行政村和芦荡、唐市 2 个社区居民委员会以及沙家浜 1 个办事处。

地貌水系

沙家浜镇全境系长江下游三角洲冲积平原。境内地势低洼，河流纵横，芦苇丛生。地势东片（原唐市镇）西北高于东南，西片（原沙家浜镇）西南高于东北。地面高程（以吴淞高程为标高，下同），最高为4.85米，最低为2.5米，平均海拔为3.6米。境内大部分农田在太湖平均水位以下。由于地表径流汇集和高区河流下泄，每逢暴雨即患涝灾。新中国成立后，经过多次筑堤围田，实行内外圩分隔，高低田分开，进行分级控制，提高了低田的抗洪能力。

河流

境内河流纵横，水网交错，浜溇密布，水域面积占总面积的20.7%。

张家港 属国家五级航道，是长江通向上海的主要航道，全长106.5千米。境内河段称横泾塘，由七星桥入境，过溪沿、南桥、厍浜、陈桥、许浜到南湖，出南湖大桥，再向南流入昆山市界。过境河道总长11.8千米，平均宽约100米，通行能力200吨。

尤泾河 属国家五级航道，由北新桥向南穿过唐市集镇中心，出南新桥至南湖村连接张家港，再向南流入昆山市境内。尤泾河全长11.3千米，境内全长5.35千米，平均宽90米，通航吨位100吨，是南北主航道。其中北新桥以北称北尤泾，南新桥以南称南尤泾，北新桥与南新桥之间属沙家浜镇区，称市河。

小尤泾 南起三塘址桥与北尤泾相接，向北经山塘入北闸河。全长2600米，平均宽18米，通航吨位40吨，是通往古里、常熟市区的主要水道。

山泾塘 自西向东流向，西接北尤泾，东流入白茆乡界。在镇域内，南岸是缪浜，北岸是三兴。全长2400米，平均宽约90米，通航吨位100吨，是主要引泄、航运河道。

北闸河 西通诸家瀹、高家瀹和新开瀹，东通小尤泾，西出七星桥入张家港河。全长5000米，通航吨位40吨，是通往古里、常熟市区的主要水道。

戚浦塘 境内河段称外塘河，为重要引泄河道之一。西起辛庄东部入境，与西塘河相交，继续东流，经裴家庄、南湾、毕泽入昆山地界。全长48千米，境内河长7.6千米。

蛇泾 因河道弯曲似蛇得名。境内主要河段称蛇泾、西塘河和湘城塘，是主要引泄河道，其中西塘河为通往苏州的航道。河道西接辛安塘，沿相城交界向东，过新泾折向北流，过横泾，入昆承湖。全长9.9千米，境内河长6千米。

大滃江 起于昆承湖，向东穿越张家港出境，向东北经北闸桥联结白茆塘，是主要引泄、航运河道。境内全长3.16千米。

青鱼塘 河道西接西塘河，穿横泾向东，至湖浜折而向南，穿越草荡至三家村通戚浦塘。青鱼塘由横泾市河、南塘河、青鱼塘、南草荡河等河段组成，是主要引泄、航运河道。全长4.93千米。

南草荡 因昔日荡内湖草丛生，故名。位于横泾集镇东南，自蛇泾始，经草荡面入横泾塘南段。全长5.4千米，中有湖荡，水面宽阔。流域大部属圩区。

北草荡 西起横泾，向东流入横泾塘。全长5.3千米，河道较弯曲。流域属圩区。

小滃 又名“小洪”。西起昆承湖，向东流入横泾塘，途泾潘家栅、湖甸里、芦头等宅基地。全长3.1千米。流域属圩区。

湖荡

昆承湖 又名“东湖”。位于镇域东北。南北长6千米，东西宽3千米～4千米，面积18.3平方千米，是常熟境内最大的湖泊。湖盆由西向东倾斜，在正常水位下，西部深1.5米，东部深2米，北部最深处超过3米，蓄水量为7200万立方米。沿湖进出水道共24条，进水口多在湖西，出水口多在湖东，其中张家港穿过北部深水区，为内河航运要道。1956年起，在湖区建水产养殖基地，为鱼、蟹的重要产地。21世纪初，筑隔水坝，长2210米，新开航道2263米。湖中建东西向穿湖堤，长3700米；中部筑状元桥，长405米，共45孔。2009年，建成昆承湖旅游景区。

隐湖 原属大东圩水面，其中有小块低洼旱地，总面积82公顷。水浅处芦苇丛生，随风摇曳，自然风景极佳。1989年起逐年开发，对原有水面进行改造，形成一个约40余公顷水面的小湖泊，现冠名“隐湖”，系沙家浜风景区的一部分。

草荡面 位于草荡、前荡、龚浜3个自然村落交界处，面积38公顷，水深1米～3米不等，蓄水量97万立方米，是水产养殖基地之一，今已成为沙家浜风景区的一部分。

北草荡 位于芦荡村，在张家滃西，面积约6.8公顷，是水产养殖基地之一。

长洪滩 位于新泾、安全村交界处，面积20余公顷。1968年，围垦部分水面，面积约6.4公顷，由本镇渔民耕种。现已全部开挖成精养鱼池，是镇、村培育鱼种的基地之一。

长浜圩水面 位于芦荡村，全圩总面积229公顷。至1958年，尚有水域面积104公顷。经过围垦，现存水域面积60余公顷，均养殖成鱼。抗日战争时期，这里芦苇连片，是境内最大的芦苇荡，新四军伤病员曾在此养伤治病。

朗城潭 位于朗城村霍家堰，通新泾河，面积约4公顷。明清时，文人雅士泛舟其间，饮酒赏月，吟诗作文，多有留传。现为水产养殖基地之一。

市泽潭 又名“大潭湖”，位于新湖村，通张浜河、东湖泾，面积约17公顷（《常熟市志》[①] 载），后逐渐缩小湮没。1958年，干河积肥，发现潭底有古村落遗址，发掘出道路、古井、陶瓶、瓷碗，据传为南宋后期地陷下沉而成。现为水产养殖基地之一。

叶家湖 实为一潭，位于新湖村张湖北境，接近昆山界，通四喜河，河潭面积约3.5公顷。现为村养殖鱼塘。

白潭 位于唐东村，东通沙浜河，西通塘渡河。为便于行船、灌溉，由白潭开凿一条通往章鸡河的新开河。白潭面积约8公顷，为村水产养殖基地。

陈家潭 位于朗城村，在湖家溇梢与荷花浜之间，面积25.5公顷，后渐缩小湮没。现为水产养殖基地之一。

四十亩滩 原名“四十亩荒田滩”，东靠常昆村厍浜，西连张家港河道，北近唐北村。原是一片水没荒田，1987年，村民筑岸围圩，面积扩大到约6公顷。原50%的面积供厍浜窑厂挖泥造坯，另50%的面积为水面。现为村水产养殖地。

附：阳澄湖的地理位置

因为现代京剧《沙家浜》那段优美唱词“朝霞映在阳澄湖上，芦花放稻谷香岸柳成行……”的广为传唱，阳澄湖的美名更加远播四方。然而，阳澄湖的确切位置在哪里？这里做一点详细说明。

据《辞海》（1989年版）中“阳澄湖”词条称：“（阳澄湖）在江苏省吴县、昆山和常熟三县市间。面积113平方公里……有带状圩地两条，将湖

① 江苏省常熟市地方志编纂委员会编：《常熟市志》，方志出版社，2016年。

分为东、西、中三部。以产河蟹著名。”

据《苏州市志》(1995年版)的注解称:“阳澄湖跨吴县、昆山两县,西南距苏州城区约10公里,西南端湖岸与市区交界。”

据《沙家浜镇志》(2013年版)中称:“沙家浜镇南濒阳澄湖,与苏州市、昆山市接壤口。”

又据《苏州日报》2000年11月刊登的《阳澄湖的地理位置在哪里》一文中称:“阳澄湖与沙家浜镇有10里之遥。”

其实,阳澄湖区划虽不属于常熟市,但也没像《苏州日报》记述的那么遥远。沙家浜镇南端的南沙村和新泾村距阳澄湖不足100米,村民们称只有一条田岸的距离。从历史上来看,阳澄湖是沙家浜镇渔民的传统捕捞、养殖基地。据2012年12月出版的《阳澄湖蟹志》记载:“阳澄湖大闸蟹在常熟境内的主要产地之一是沙家浜镇……民国时期,阳澄湖是沙家浜镇渔民传统捕捞水域,许多渔民世代漂泊在阳澄湖上以捕鱼捉蟹为生。新中国成立以后,渔民陆续在岸上定居,但在阳澄湖捕捞的传统延续至今……2009年经整治后,沙家浜镇尚有90户渔民,承包围养面积1500亩。”

综上所述,沙家浜镇与阳澄湖距离很近,又是渔民传统捕捞、养殖基地,且至今仍拥有1500亩养殖水面,所以,《辞海》与《沙家浜镇志》(2013年版)中的表述无误,阳澄湖与沙家浜镇历来均有着紧密的联系。

气候

沙家浜镇属亚热带季风性湿润气候,四季分明。冬季多西北风,少雨寒冷;夏季多东南风,炎热多雨;春秋两季气候呈现干湿、冷暖多变的特点。一般自3月进入初春,6月入夏,9月始秋,12月及次年1月、2月为冬季。

气温 全年平均气温 15.4℃，极端最低气温出现在 1931 年 1 月 10 日，为 −12.7℃；极端最高气温出现在 1934 年 6 月 26 日，达 40.1℃。

日照 全年平均日照时数为 2130.2 小时，占可照时数的 48%。

雨量 全年平均降水量为 1052.3 毫米，全年平均雨日（日降水量≥ 0.1 毫米）为 127 天。一年中，4 月～ 9 月降水较为集中，6 个月总降水量占全年降水量的 71%，其中 4 月～ 5 月为春雨，6 月～ 7 月为梅雨，9 月为台风秋雨。月降水量最多的是 6 月，暴雨多出现在梅雨和台风季节。

霜期 全年平均无霜期为 242 天，初霜一般在 11 月左右，终霜期至次年 4 月。

风向和风速 一年中，冬季盛行西北风，夏季盛行东南风，春秋两季处于冬夏季风交替时期，7 月～ 9 月常受台风影响。

1956 年～ 2008 年沙家浜镇各月极端气温表

表 1

月份	1	2	3	4	5	6	7	8	9	10	11	12	全年月均
极端高温（℃）	21.5	26.2	28.3	33.1	35.6	37.3	39.1	39.0	36.5	32.6	27.5	22.0	39.1
极端低温（℃）	−11.3	−10.0	−6.1	−0.3	6.9	12.3	16.8	17.4	11.1	1.5	−3.2	−9.1	−11.3

人口

至 2014 年年末，沙家浜镇辖区人口 40764 人。其中男性 19817 人，占 48.61 %；女性 20947 人，占 51.39 %；另有流动人口 3.8 万人。总人口中，以汉族为主，还有土家族、壮族、苗族、满族、蒙古族、回族、纳西族、黎族等少数民族。2014 年，人口出生率 8.88 ‰，人口死亡率 8.46‰，人口自然增长率 0.42‰。

1953 年～ 2010 年沙家浜镇历次人口普查情况表

表 2

历次人口普查	年份	总户数（户）	合计人数（人）	男（人）	女（人）
第一次人口普查	1953	3939	15054	7511	7543
第二次人口普查	1964	9846	34896	17339	17557
第三次人口普查	1982	12716	42949	21317	21632
第四次人口普查	1990	11990	43148	21527	21821
第五次人口普查	2000	13205	41633	20370	21263
第六次人口普查	2010	12472	40388	19649	20739

说明：1953 年第一次全国人口普查时，包括沙家浜镇（西片）的原 4 个小乡

镇域经济

农业　沙家浜镇耕地面积 3700 公顷，人均耕地面积约 0.1 公顷，种植水稻、小麦、油菜等，为常熟主要的商品粮基地之一。境内水域众多，水产品丰富，全镇现有水产养殖面积 2700 公顷，年产各类水产品 1 万多吨，占常熟水产总量的 1/3。同时，还形成了一批名牌水产企业。中华绒螯蟹标准化示范区已通过国家级考核验收，“沙家浜牌”阳澄湖大闸蟹被评为江苏名牌农产品。

工业　境域工业门类有纺织服装、机械制造、电子电信、轻工化工、建材建筑等。2014 年，实现工业总产值 296.1 亿元，销售收入 199.2 亿元，形成超 50 亿元企业 2 家、超 5 亿元企业 3 家、超亿元企业 24 家。主要企业有中利科技、中利腾晖、白雪电器、金像电子、中来光伏、扬宣电子、福莱德连接器、申腾金属等。400 多家服装行业企业年销售额 34 亿元，玻璃模具产业销售额占全国同行业的 60%。出口产品有通信光缆、白雪冰箱、针织服装、PVC 粘贴、防滑装饰垫、灯光片、皮沙发、电子线路板、皮腰带、系列木工钻、玻璃模具等。

商业　2014 年，全镇共有商业网点 3542 个，职工 14603 人。由于旅游业兴起，是

年，服务业总产值30亿元，增加值达19.4亿元。

财政 2014年，财政总收入12.08亿元，其中地方财政收入4.63亿元，财政总收入入库税金11.25亿元。

玻璃模具 沙家浜镇的玻璃模具产业起源于20世纪30年代。时横泾人黄海瑞在上海开办了国内第一家私营模具厂，冠名为“黄发记”。他从家乡招收了30多名农民，这些人成为新中国成立后的第一代模具工人。至1975年，“黄发记”培养的学徒有相当一部分退休后回到沙家浜镇。

1975年，退休模具师傅郁阿苟回乡后继续发挥余热，率先帮助湖浜大队和公社农机厂创办了两家玻璃模具厂，当年办厂，当年见效，从此开始了以工补农，使农民尝到了创办工厂的甜头。中共十一届三中全会以后，玻璃模具厂如雨后春笋般涌现。随着改革开放地不断深入，1990年，原来由镇、村兴办的集体玻璃模具厂进行产权制度

玻璃模具企业——建华模具

玻璃模具企业——精工模具

玻璃模具企业——兄弟模具

改革，以资产出售、出租等形式协议转让，成为私营企业。1998 年 9 月 29 日，沙家浜玻璃模具商会正式成立，会长赵义元。从此，沙家浜镇的玻璃模具企业共同注册“沙家浜牌模具”商标，抱团发展，形成合力。2000 年 5 月 17 日，东方模具和精工模具、建华 3 家模具企业，赴北京参加第八届中国国际玻璃工业技术展览会，与客户签订了 2000 多万元的承购合同。2008 年 9 月 27 日，被中国日用玻璃协会授予“中国玻璃模具之乡”称号。至 2014 年年底，沙家浜镇拥有玻璃模具企业 80 多家，从业人员 4538 人，年产玻璃模具 50 余万套，占全国同行业总产量的 70% 以上。其中赵义元的常熟市精工模具制造有限公司、马建华的常熟建华模具科技股份有限公司、钱海宝的东海玻璃模具有限公司、王耀良的常熟市宇龙模具有限责任公司、汪兴元的常熟市兄弟玻璃模具有限公司等，成为“中国玻璃模具之乡”沙家浜镇的龙头企业。至 2014 年，玻璃模具产品已进入欧美市场，成为沙家浜镇域经济发展的支柱产业之一。

休闲服装之乡 沙家浜镇的服装行业不但历史悠久，而且覆盖面广。民国时期，从事服装业的人员占全镇总劳力的 1/3。之后，还涌现出了为毛泽东等党和国家领导人专职制作制服的著名服装师田阿桐。

在田阿桐的影响下，沙家浜镇的服装企业发展迅猛。20 世纪 70 年代初，沙家浜镇还只有零星的服装加工户，勤劳的沙家浜人通过“滚雪球”的方式，把加工户发展成作坊式的小企业。中共十一届三中全会以后，这些小企业逐步壮大。至 2014 年年末，全镇共有服装企业 412 家，从业人员 2 万余人，占全镇工业企业总人数的 52%。

其中上规模的服装企业 123 家，个体工商户 278 户，规模纺织企业 3 家，印染企业 4 家，规模羊毛企业 4 家。全镇服装企业拥有各式工业缝纫机 2 万台，电脑横机、圆机、绣花机 2100 台，年产各类服装 5000 万件（套），其中休闲服装 4000 万件（套）。沙家浜镇服装企业累计申报各类商标 200 多个，南达制衣、今越服饰、七彩城服饰、景丽针织 4 家企业获“苏州市名牌产品”称号。“卡布朗”“阔伯”“今越”“金牛老爷车”“百天奴”等早已成为广大消费者耳熟能详的名牌。有 20 多家企业通过 ISO 9000 质量管理体系认证，其中支和生的江苏申申服饰有限公司、毛天一的常熟市达冠制衣有限责任公司、郑建海的苏州市七彩城服饰有限公司、金建华的江苏元祖实业投资有限公司、石建中的江苏百天奴服饰有限公司、宗萍的常熟市今越服饰有限公司、邹丽萍的常熟市景丽针织服饰有限公司等成为全镇服装行业的龙头企业。

通过大力宣传，极大地提高了沙家浜服装品牌的美誉，在全国 29 个省、市、自治区设立了 200 多个专卖店。许多产品还远销日本、韩国、法国、美国、马来西亚、乌拉圭、危地马拉等十几个国家和中国香港、台湾地区。2004 年 7 月，沙家浜镇被江苏省服装协会命名为“江苏休闲服装名镇”。同年 11 月，又被命名为“中国休闲服装名镇”。

阳澄湖大闸蟹养殖基地 沙家浜镇水系发达，南有阳澄湖，北有昆承湖，境内河道纵横交错，荡面、水域众多，水产养殖十分兴盛。

阳澄湖是沙家浜镇渔民的传统养殖、捕捞区。从 20 世纪 70 年代开始，阳澄湖水面由苏州地区管理，实行国家投资放养鱼苗、蟹苗，向渔民收取管理费的管理模式。一般在每年 5 月放养鱼苗、蟹苗，然后禁捕，至当年 9 月下旬开捕，由管理单位发出讯号，统一行动。此规定一直延续到 1992 年，其间，每年捕捞鱼、蟹产量在 100 吨以上。1992 年开始，阳澄湖水面划分给有关乡镇的渔民承包，沙家浜镇分得水域面积 318 公顷，由 40 户渔民承包，承包期为 3 年，期满后进行调整。在这期间，渔民们大力发展围网养蟹，大闸蟹年产量达 15 吨，每年鱼、蟹、虾综合效益约为 1800 万元，使渔民们得到了实惠。由于稻田养蟹和池塘养蟹的兴起，至 2014 年，沙家浜镇在阳澄湖围网养殖面积减少至 100 余公顷，承包户减至 75 户。

1980 年，当地渔民在河沟内散放蟹苗，回捕率仅在 40% 左右。1989 年，石湾村村民周小兴首次在 0.15 公顷池塘内养蟹，获得成功。1996 年，开始大田挖池养蟹，随着种养结构调整，蟹池面积猛增。至 2014 年年底，全镇蟹池面积达 1873 公顷，大闸蟹产量达 2516 吨。

江苏省常熟现代渔业产业园区“渔光互补”项目

2009 年 2 月，沙家浜镇规划建设江苏省常熟现代渔业产业园区，2010 年 2 月开工建设。产业园区位于锡太公路南侧、常台高速公路沿线，总面积 690 公顷。园区实现名特优水产新品种引进、优良品种繁育、高效生态水产养殖、品牌推广和科技培训一体化发展。同时，以公司化组织与合作社相结合的方式，做大、做强沙家浜水产品牌，并与沙家浜风景区相互衔接，有机融合，以新技术的推广、新模式的运用带动全镇 1716 公顷高效养殖业的发展。至 2014 年年底，全镇有水产养殖总面积 2688 公顷，年产各类水产品 1.14 万吨，占常熟水产品总量的 1/3。

沙家浜阳澄湖大闸蟹有一条完整的产业链。2000 年 9 月 10 日，阳澄湖大闸蟹经纪人协会正式成立，全镇养殖户和经营户协同发展，并共同注册“沙家浜牌”商标；同时，还注册了“金唐市”“西风王”等商标，产品销往日本、东南亚各国和中国台湾、香港地区。

沙家浜境内还有 2 个阳澄湖大闸蟹交易市场，一个是沙家浜阳澄湖大闸蟹交易市场，位于常台高速公路沙家浜入口处，占地面积近 2 万平方米，有 112 个摊位，是常熟市境内规模最大、摊位最多、设施较为完备的大闸蟹交易市场。另一个是阳澄湖水产品交易市场，位于常昆公路北段，建于 2000 年 8 月，占地面积 6600 平方米，有 90 个摊位，规模仅次于沙家浜阳澄湖大闸蟹交易市场。

自 2000 年开始，沙家浜镇在每年 9 月，都要举行阳澄湖大闸蟹美食节和开捕节，为期两个月。其间，进行丰富多彩的文化娱乐活动，每天慕名前来的食客、游客达 1 万余人。

沙家浜阳澄湖大闸蟹交易市场

社会发展

沙家浜镇实施宜居城镇战略，调整集镇空间格局，优化基础设施布局，实施“蓝天碧水”工程，推进美丽沙家浜建设，获评全国重点镇。沙家浜镇加强集镇综合规划，启动新一轮村庄布点工作，进一步完善路网布局，青年路等 4 条镇区道路完成提档升级，万丰家园、春来家园、南丰苑等住宅小区顺利推进，完成交付商品房 604 套。镇区内重点河道综合整治工程全面完成，成功建成江苏省“水美乡镇”。

群众文化 2014 年年末，全镇各村分别建有文化站、广播电视站，其中文化站建筑面积 5840 平方米；有村级文化活动中心（农家书屋）13 处、民间文艺团队 15 个、公共图书馆 1 个，其中图书馆建筑面积 350 平方米，藏书 5 万余册。

教育　2014 年年末，全镇有幼儿园 2 所，在园幼儿 848 人，专任教师 54 人；小学 2 所，在校学生 2327 人，专任教师 169 人，小学适龄儿童入学率 100%；初中 2 所，初中在校生 799 人，专任教师 98 人，初中适龄人口入学率、小升初升学率、九年义务教育覆盖率均达 100%。2014 年，教育经费达 8032 万元。

科技　2014 年年末，全镇有省级以上高新技术企业 22 家，高新技术产业产值占全镇工业产值达 66%；国家重点新产品 1 项。是年，拥有行政认定的中国驰名商标 2 个，拥有中国名牌企业 2 家、名牌产品 3 种，江苏省名牌企业 8 家、名牌产品 10 种。

医疗卫生　2014 年年末，全镇有各类医疗卫生机构 13 个，其中卫生院 2 所，病床 105 张，专业卫生人员 134 人。农村安全饮用水普及率 100 %，卫生厕所普及率 100%，新型农村合作医疗参保人员 1.77 万人，参保率 99.76%，人口平均寿命 82.37 岁。

体育　2014 年年末，全镇拥有篮球场 14 个、体育场所 5 处、学校体育场 4 个。村村安装健身器材，经常参加体育活动的人员占常住人口的 45%。每四年举办镇级体育运动会 1 次，每年举行龙舟赛事 2 次，中学和小学每年举办运动会各 1 次，另有其他赛事活动 20 余次。唐市中心小学足球队曾夺得江苏省第四届“省长杯”小学生足球赛金牌 1 枚，女排队 3 次获得苏州市级排球比赛冠军。该镇篮球运动员有 2 人进入国家队，2 人进入江苏队。曾两次承办苏州市中小学生柔道比赛，沙家浜中心小学柔道队共获 100 多枚奖牌。

广播电视　1958 年，沙家浜镇开通有线广播站，广播综合入户率达 95%。1990 年，有线广播站更名为广播电视站。1996 年 1 月，全面开通有线电视。现有有线电视用户 10080 户，全部为高清数字电视用户，实现了高清数字电视全覆盖。

社会保障　2014 年，全镇有农村低保户 153 户，支出 124.28 万元；低保边缘户 46 户，支出 30.19 万元。农村集中供养 33 人，支出 37.42 万元；分散供养 7 人，支出 5.35 万元。农村医疗救助 15 人次，支出 31.76 万元；民政部门资助参与合作医疗 236 人次，支出 229 万元。农村临时救济 549 人次，支出 24.69 万元。

梦里水乡　　唐海华 摄

古镇风貌

沙家浜镇的唐市古镇，至今仍较为完整地保留了明清时代的古建筑群，面积达2万多平方米，分布在石板街两侧。古镇内河港交叉，傍水建筑，临檐成街，风格各异。明弘治《常熟县志》云：“唐市，旧名尤泾市，明正统初，居民唐氏招商成市。”原建有河东、河西及北廊下三条街，镇上及周边有庙宇、桥梁。街巷幽深狭窄，步入其中，仰首如见一线天。两边房舍相连，沿河蜿蜒而建。古镇保留了江南水乡传统的居住方式，街区的建筑具有典型的江南水乡特点。

水乡古镇

唐市石板街

古街区

唐市古镇街区保存完好，主要有石板街（河东街）、河西街（中心街）、金庄浜、北新街、河北街等。

石板街 南起老水利站，北至繁荣桥，全长约 600 米，宽 2 米 ~ 3 米。其中繁荣桥至南新桥近 400 米为石板路面，明代所建，有近 500 年的历史，靠尤泾河，为南北走向，临水而建。因街在市河东边，民间俗称“河东街”，又因街市繁荣，百姓称为“繁荣街”。整条街用横铺于路面的花岗岩石条板铺成，共有 597 块，每块石板长 120 厘米，宽 50 厘米，石条板下边是排泄雨水、污水的阴沟。现为常熟市文物保护单位。石板街东西两侧民居错落有致，大都保留着清代建筑风貌，清式的木窗、木门，幽深的巷道，古朴典雅。

石板街保存完整的清代建筑有石板街 42 号建筑，建筑面积 306 平方米，占地面积 153 平方米，两层楼房；石板街 29 号、31 号建筑，建筑面积 317 平方米，占地面积 196 平方米，两层楼房，三进两落。该两层楼房位于河东街钮家弄，因附近筑有明末清初应社领袖杨彝的衣冠墓，杨彝被后人尊为先贤，登楼可望见此墓，故名“望贤楼”。抗日战争时期，这里系“江抗”东路办事处，现为居民住宅。

古韵石板街

杨彝纪念馆

民国建筑现有杨彝纪念馆，位于石板街 51 号，为唐市古镇历史文化街区内建筑格局、风貌保存最为完整的历史建筑。纪念馆建筑面积 452 平方米，占地面积 261 平方米，两层楼房，现为常熟市文物保护单位。另有石板街 43 号楼房，建筑面积 255 平方米，占地面积 164 平方米。两层楼房，现为民居，前街后河，沿河有私家码头。

河西街

南起五金厂，北至凌云浜桥，长 1500 米，宽 2 米～ 3 米。北段为六角砖路面，南段为水泥路面，靠尤泾河，为南北走向，临水而建。因街在市河西，民间俗称“河西街”。街中建筑以民居为主，间有商店，比较清静。1949 年全国解放后，河西街因位于镇中心，又称“中心街”。河西街清代建筑有进士苏翔凤故居，谭见龙旧居，中心街 108 号、110 号建筑。其他历史建筑有中心街 89 号、91 号、93 号，中心街 134 号、136 号，中心街 205 号、207 号等建筑。

苏翔凤故居 苏翔凤，常熟人，为清康熙二十一年（1682 年）壬戌科第二甲第 39 名进士，曾任山东沂水知县。其故居位于中心街 28 号，建筑面积 180 平方米，占地面积 538 平方米。两层楼房，前街后院，雕刻门楼保存基本完整。现为民居，为常熟市文物保护单位。

谭见龙旧居 谭见龙为清乾隆甲子（1744 年）举人，曾任河北乐亭知县。其旧居位于中心街 94 号、95 号，是一栋独具明清特色的居民建筑，雕刻门楼保存完整。建筑面积 334 平方米，占地面积 188 平方米。两层楼房，二进式院落，前街后河，现为民居。

中心街108号、110号 晚清时期建筑。建筑面积478平方米，占地面积315平方米。两层楼房，二进式传统建筑，前街后院，现为民居。

中心街89号、91号、93号 民国时期建筑，为唐市集镇历史文化街区内有特色的转角商业建筑。建筑面积230平方米，占地面积115平方米。两层楼房，现为商业用房。

常熟县邮电局唐市支局旧址 位于中心街126号，建筑面积176平方米，占地面积112平方米。两层楼房，前街后院，为常熟市文物保护单位。

中心街134号、136号 建筑面积245平方米，占地面积282平方米。两层楼房，二进式院落。

中心街165号、167号 唐市集镇历史文化街区内建筑风格基本完整的历史建筑。建筑面积183平方米，占地面积164平方米。两层楼房，二进式传统建筑，前街后河。

中心街205号、207号 建筑面积192平方米，占地面积127平方米。两层楼房，二进式传统建筑。

金庄浜

西起唐市集镇繁荣桥，东至华阳桥堍东土地堂，长700米，宽2米～3米。西段为六角砖路面，东段为水泥路面，是旧时商业用地。

“江抗”东路活动旧址 位于华阳桥堍，原名“东林庵”。抗日战争期间，“江抗”干部曾在此举行过几次重要会议，为常熟市文物保护单位。

金庄浜45号、46号 清代建筑，建筑面积344平方米，占地面积239平方米。两层楼房，原为米行，现为民居。

金庄浜3号 民国时期建筑，建筑面积240平方米，占地面积215平方米。两层楼房，二楼落地彩色玻璃别具一格，现为商业用房。

金庄浜24号、25号、37号 民国时期建筑，建筑面积318平方米，占地面积236平方米。两层楼房，一落四进，现为民居。

北新街

南起唐市集镇繁荣桥，北至北新桥，长350米，宽2米～3米，位于尤泾河的东面、金庄泾的北面，南北走向，是旧时商业用地和客商到唐市必经之地。整条街用横铺于街道的花岗岩石条板铺成，现只有南段有60多米石条板。

李雷故居

李雷故居 位于北新街 42 号，明代建筑，清代重建，系明嘉靖年间（1522 年 ~1566 年）邑人、名医、抗倭英雄李雷故居。故居坐北朝南，硬山顶，砖木结构。现存楼一幢，占地面积约 95 平方米，抬梁式，木构用月梁，面阔 3 间 9.1 米，进深 7 架 12.6 米，室内为青石地面。该建筑主要特色是梁柱雕花精细，保存基本完整。2009 年 5 月 21 日，李雷故居被市政府公布为第七批常熟市文物保护单位。

北新街 22 号、23 号 清代建筑，建筑面积 180 平方米，占地面积 120 平方米。两层楼房，二进式院落，前店后宅，现为民居。

苏翔凤居所 位于北新街 37 号，建筑保存基本完整，院内为两层砖木结构楼房，雕刻门楼保存完整。

北新街 24 号 民国时期建筑，建筑面积 300 平方米，占地面积 150 平方米。两层楼房，二进式院落，现为民居。

河北街 位于唐市集镇语濂泾北面，东起造反桥（红桥），西至粮管所仓库，长 800 米，宽 2 米～ 3 米，为水泥路面。临水而建，旧时渔舟客船入夜都泊于此。清代地方名人张邦鉴故居，位于河北街 16 号，保存较为完好，局部雕刻也较精美，为清代两层砖木结构建筑。建筑面积 206 平方米，占地面积 233 平方米，此建筑相传为明代唐将军后人旧居。

建筑风格 沙家浜镇古建筑的屋顶以硬山式为主，屋脊按形式分，有雉毛、纹头、甘蔗、哺鸡等，也有不用脊的。山墙以垩白与青瓦对比，清新雅致，并形成起伏变化丰富的天际线。其中封火山墙最具特色，有两类造型，一类是直线构图，为阶梯状叠落的“马头墙”；另一类是曲线构图的“观音兜”，有如兜帽一般的天际线。这两类大体相同，都是屋脊处最高，向前后屋檐处降低。民居的山墙虽然紧靠在一起，但通常不会共用一堵墙，往往会在墙脚处立界石标明地界。

同时，建筑的窗格丰富多彩，有砖瓦窗格，常为几何纹样；有铁木筋外加纸筋灰膏窗格，造型更自由；还有木花格窗格。木制花窗一般用于厅室，以分内外、避寒暑。窗面裱纸或绫，花格细密。至近代，则中镶玻璃，花格中空一块。而砖瓦窗、灰膏窗仅用于围墙、敞廊等处，取其耐风雨的优点，不用于厅室。许多居民在木排门外加矮挞门，或在窗外侧加木制护栏，雕饰虽少，但朴实美观。

沿河建筑多设有水埠，为街区人家日常生活不可缺少的依靠，是汲水、洗涤、停泊交易、运输的场所，是联系人与河的纽带，俗称“水桥头”。河埠是通到水里的桥头，一般石砌的踏阶直通水中。

古建筑多设有栏杆，装于走廊两柱之间，也有装于地坪窗和合窗之下。低者称“半栏”，上设坐栏者又称“栏凳”，栏凳有木制，也有实砖与雕空的方砖，十分雅洁。木制栏杆上的花纹以乱纹、回纹、笔管居多。

古街界石

民居水桥

尤泾河

市河

唐市古镇境内河道纵横交错，水网星罗棋布，大多为古代河埠，构筑可谓千姿百态。境内市河主要有尤泾河、语濂泾、金庄泾等。

尤泾河 为唐市集镇南北向主航道，穿镇而过。南新桥与北新桥之间属镇区，称“市河”。镇上房屋依河而筑，鳞次栉比，簇拥在尤泾河两岸，疏密有致地点缀着过街骑楼、临河茶馆、水渠廊坊、驳岸石栏、墙门踏渡等，别有一番韵味。

语濂泾 东接尤泾市河段，西通张家港，流经苏浜、河西、厍浜、陈桥等村，全长3550米，东西走向。旧时，渔舟客船入夜都泊于语濂泾，舟横樯乱，星火人语，自成一景。“语濂夜泊”为唐市十景之一。

金庄泾 西接尤泾市河段，东通杨西村的外塘河，全长约3000米，东西走向。1976年，在尤泾市河的一段处拓宽河面至18米，为引泄、航运河道。旧时，春水上涨，几与岸平，舟楫行驶，白帆片片，如在画中。

古桥

唐市古镇有很多桥梁，大多是石拱桥，有单孔和三孔2种。原古镇区内有桥梁6座，主要是尤泾河上的北新桥、南新桥、中心桥，金庄泾上的华阳桥、繁荣桥，语濂泾上的红桥。

北新桥 一作“北心桥”。位于唐市集镇北市梢，横跨尤泾河。清乾隆十五年（1750年）建造，名“永安桥”。乾隆五十五年，里人易木为石，至嘉庆五年（1800年）竣工，更名“万丰桥”。后桥渐倾斜，道光十八年（1838年）重建，始称“北新桥”。桥为三孔石拱桥，高7米，宽3.5米，中拱高5.9米，左右小拱高3.8米，跨径中孔为12米，左右两孔各8米。桥通长51米，为分节纵联并列式。桥栏拱板上有“信士刘观、张氏、陆丹明、彭钱氏、瞿永南、陶管成等助金建造之”题记。现为江苏省文物保护单位。“北新春涨”为唐市十景之一。

南新桥 位于唐市老集镇南尤泾河入口之处，又名“万汇桥”，取“万流入口”之意，俗称“南新桥”。清乾隆十四年（1749年）建，乾隆三十一年里人重建，为单孔石拱桥。1976年市河拓宽时，改建为公路桥。1976年，常昆公路扩建，南新桥改建为宽38米的仿古公路大桥。

北新桥

华阳桥

中心桥 位于唐市老集镇中心，跨市河。明成化初年建，架木为梁。清乾隆四十二年（1777年），里人易木为石，为单孔石拱桥。东、西两堍有平台，北有公用水栈，南有公弄。1976年市河拓宽时，改建为水泥桥。1994年，因行船撞坏桥柱，重新翻建。

华阳桥 位于唐市集镇东，跨金庄泾。清乾隆五十六年（1791年）建，石堍木梁，初名“聚福桥”。嘉庆十八年（1813年），里人易石成梁，勒石名曰“华阳桥”。桥为单孔石拱桥，面宽2.9米，孔径长6.95米，孔高8.35米，全长22.55米；桥面石栏高0.85米，左右各有栏柱6根。现北端桥座基已渐下沉，构件有裂缝，为常熟市文物保护单位。“华阳旭日”为唐市十景之一。

红桥 位于唐市集镇语濂泾上，沟通河西街与河北街。明成化初建，木桥面，木桥堍，红栏映波，故名“红桥”。天启年间（1620年～1627年），里人史氏重建，故又名“史家桥”。清宣统三年（1911年），木桥面崩折，旋由里人集资改为木桥面，石桥堍，仍漆红桥面。1967年，桥位向东迁移至语濂泾东口，改建为砖拱桥，改名“造反桥”，现恢复“红桥”名。

聚隆桥 位于唐市集镇西市梢，跨语濂泾。清乾隆十六年（1751年）建，后废。道光十八年（1838年）里人重建，木桥面，石桥堍。1973年，改建为水泥桥。

万缘桥 俗名“八字桥”，位于南桥村。跨张家港，为一孔石拱桥。清乾隆十六年（1751年），浙江天台僧又亭募款而建，未完成。越四十余年，里人刘玉晋独自捐资，始建成。1974年，桥位向北迁移，改建为公路桥。

三塘址桥 位于沙家浜镇北约1.5千米处，跨尤泾河。明成化初年建，为三孔木桩桥。天启年间（1620年～1627年），里人殷洛阳独自筹资，改建为三孔石拱桥，并取名“永济桥”。清乾隆十七年（1752年）、嘉庆二十三年（1818年）、1928年，曾数次修建。1985年，桥位向北迁移，改建为公路桥。因地处三塘址村，故名“三塘址桥”。

凤基桥 位于唐市集镇万汇桥东堍，跨凤基楼，为石质环洞，小巧玲珑。相传在建万汇桥之前，里人恐石工不能胜任，乃提议先建此桥为样，因地近明代杨彝的凤基楼，故名。今废。

古树

旧时，沙家浜镇多园林寺宇，古树名木不在少数，但多毁于战火，再加上滥采滥伐，现所存寥寥无几。

朗城村银杏

周神庙银杏

周神庙银杏 位于中心桥东堍，原周神庙址中。树高 20 米，胸径 56 厘米，树龄约 160 多年，属雌株。因风授花粉，偶尔结果。

唐市中心幼儿园银杏 位于园内后部。属雌株，树高 20 米，胸径 45 厘米，树龄约 134 年。每年结果。

朗城村银杏 位于朗城村原朗城庙前。有两株，俱属雄株，树高各 25 米，胸径各 60 厘米，树龄约 340 年。

飘香园古树 飘香园内有桂花树 13 棵，树龄约 106 年。每年一到秋天，香飘满园。另有黄杨 2 棵，树龄约 114 年，枝茂叶盛；鸡爪槭 1 棵，树龄约 114 年。

横泾老街古树 街上有黄杨树 1 棵，树龄 184 年。

飘香园

飘香园，其前身为明天启年间（1620 年～ 1627 年）柏小坡所建的柏园，有近 400 年的历史。园主人柏小坡，明末常熟文人，家甚富，其所建的柏园，规模之广、景象之盛，在历代常熟园林中并不多见。据地方志书载，仅其面积就“广约四十余亩”。明代书法家董其昌为柏园题匾“十亩之间”。“凡吴中骚人墨士、琴师棋客，咸集于中。”（清乾隆《唐市志·园亭》）当时，园中建有房舍、亭榭、回廊、假山、池塘、梅林、竹园、隧洞等。后人又增建美贤堂、餐秋亭诸景，改名“北宅园”，盛极一时。清代画家、邑人吴历曾作《北宅园图》。50 年后，当时的画家、诗人王维宁得柏园废址的一小部分，称其为“松梅老圃”。后人因地制宜，重建住宅，修池叠石，添置六角厅、牡丹亭等，使园内主要建筑傍水临池，有倒影生辉灵动之感。新中国成立后，飘香园收归国有，为乡政府后院。1984 年，乡政府迁出，园内略加整修，增设文化茶室、阅览室等，并在园内南部修建仿古式园门，取意“丹桂飘香”，遂改名“飘香园”。现飘香园为沙家浜镇文化活动中心，2003 年～ 2006 年，相继建成沙家浜镇图书馆、沙家浜镇评弹馆和沙家浜镇文化馆等。

飘香园

文物

唐市古镇历经1500多年的历史，境内有保存完好的唐市石板街，并有大量建造于15世纪的古建筑。沙家浜镇集历史文化、革命文化、民俗文化、自然风光于一身，是不可多得的“天人合一”的江南水乡古镇。

出土文物 1958年干河积肥，在市泽潭底发现村落街道遗址，有12口井，其中4口井壁上有井砖；另有陶瓶、瓷碗等古物，由江苏省博物馆征集保管。据考，此遗址的时代为宋代。

1974年，唐市人民公社文化站收集到铜戈头1枚。现藏常熟市博物馆。

1976年，北凌塘开河时发现宋代大铜镜1面，有“祁迎川造”字样；元代龙泉印花九寸瓷盆1只（足残）。现均藏常熟市博物馆。

1983年，在修筑常昆公路市镇段时，在凌云浜底坟丘2米半深处，发现古石刀2把及已损坏的黑陶器数件，皆为新石器时代文物。现均藏常熟市博物馆。

1984年，三家村村民任华珍上交黑陶器1件，出土的详细地址已无法得知。此物经常熟市文物管理委员会鉴定，属新石器时代良渚文化遗物。现藏常熟市博物馆。

碑刻

宋周孝子庙牒碑 南宋淳祐十二年（1253年）二月，常熟县邑士、国子监进士赵必镄等为本邑土神周容灵应乞封额事而建。碑立于唐市周神庙前庙弄碑亭内。碑文尚存，碑已遗失。

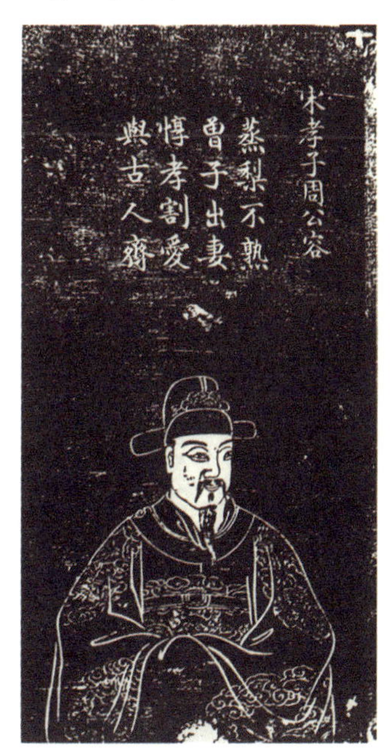

宋周孝子庙牒碑文

明唐市周孝子庙碑 明末清初思想家张采撰文，记述

周孝子死后为神，保佑乡里的事迹，以推颂孝道。碑立于周神庙前庙弄内。碑文尚存，碑已遗失。

明《崇福庵佛殿记》石刻 石刻立于明正德八年（1513年）中秋，为邑人、工部员外郎钱仁夫撰文，著名书法家祝允明书。石碑高145厘米，宽76厘米，厚17.5厘米。分上、下两部分，上半部镌刻双鹿纹，线条流畅，神态生动；下半部为祝允明楷书碑记，共20行501字，内容主要记述崇福庵殿修建始末。原在湖浜村舍宅庵，1985年，由常熟市博物馆收藏。

清坞丘山重建大殿并完殿缘起小记碑 碑建于清康熙二十六年（1687年），由画家、邑人邱园撰文，记述增福禅院兴废和雪堂师募善士郁念泉、李奉泾购材重建大殿事。碑存于坞丘山增福禅院大殿内。新中国成立后，庙被拆除，碑遗失，碑文尚存。

清独建通济桥引碑 清彭睿撰文。碑立于北三塘址桥座，该桥曾多次修建，后迁移桥址，碑遗失，碑文尚存。

清积善庵初建原流碑 清康熙六十年（1721年）春立。碑在溪沿村积善庵前，有少数字迹剥蚀，碑尚完整。

清改建万安桥铭碑 清乾隆四十四年（1779年）立，倪赐撰文，邑庠廪生潘镐书并篆额，李山勒石，嵇子玉、吕文、朱云章董其事。碑立于万安桥东堍靠民屋墙壁上。1976年，开河重建万安桥，碑移放飘香园内，已断裂，字迹模糊。

清《石祠记略》石刻 立于清嘉庆二十三年（1818年）十一月，由邑人石宏基撰文，平江书法家俞际华书。石碑高133厘米，宽66厘米，厚22厘米，共538字，主要记述石氏家族兴衰的过程。石碑于1984年在辛闸村石氏原址上发现，原碑由该村保存。

清重修广福禅院记碑 清赵同钧撰文，记述静缘上人偕徒一粟与里中善士高意诚等倡募重修禅院事迹。碑立于马惊庵大殿。新中国成立后，庙被拆除，碑已遗失，碑文尚存。

清重建东岳行宫记碑 清赵同钧撰文，记述东岳行宫建造缘由。1976年开拓市河时，庙屋被拆除，碑遗失，碑文尚存。

清重筑分水墩记碑 清同治十三年（1874年）张瑛撰文，记述分水墩位置、墩上建筑等。碑立于分水墩上的湖心亭。抗日战争时期，亭被毁，碑亦遗失，碑文尚存。

遗迹

遗迹是历代人民生活的反映。作为历史文化名镇的沙家浜镇，从宋元明清到近现代，境内遗迹众多。

汲古阁旧址 汲古阁是明清之际著名藏书家、刻书家毛晋藏书之处，在沙家浜七星桥西岸毛家宅基内，距市镇约1.5千米。据钱大成《毛子晋年谱稿·顺治七年》载:“先生家昆承湖南，诸水环抱，东折一曲，俗呼曹家浜。”据此，七星桥应在曹家浜村北。1962年，曾发现“目耕楼”石碑，不久被毁。有绿君亭、汲古阁、目耕楼、载德堂、笃素居、宝月堂、追云、续古草庐等室，其中以汲古阁为著。

望贤楼 位于唐市河东街钮家弄，系清代建筑。附近筑有杨彝的衣冠墓，杨彝被后人尊为先贤，登楼可望此墓，故名“望贤楼”。抗日战争时期，该楼系“江抗”东路办事处。办事处主任蔡悲鸿、沈云康时常在此与有关干部会面，谭震林曾多次在这里召开会议。现址为居民住宅。

唐市老宅楼中厅 位于飘香园内，坐西朝东，系两层小楼，硬山顶，砖木结构，通面阔3间14.3米，通进深7椽9.8米，门窗具有民国时期风格。二楼设廊，围栏雕花。该建筑小巧精致，保存较为完好。于2009年6月被常熟市人民政府公布为市级文物保护单位。

常熟县邮电局唐市支局旧址 位于苏南村中心街，坐南朝北，砖混结构，单体两层楼，系民国时期建筑。现存楼一幢，占地面积约73平方米，通面阔2间6.4米，通进深11.3米。楼设走廊，并置雕花，白色吊顶，木质地板。20世纪50年代~70年代，作为唐市邮电局的营业厅使用。为常熟市发现的保存最为完好的乡村邮政设施，于2011年6月被常熟市人民政府公布为市级文物保护单位。

“江抗”东路活动旧址 位于华阳村金桩浜街东端，俗称“东土地堂”。遵照“江抗”副总指挥叶飞的指示，1939 年 11 月 6 日，在常熟的“江抗”部队在此成立了“江抗”东路司令部，由夏光担任司令，杨浩庐任副司令兼政治部主任，林震负责后方医院，该建筑为“江抗”东路的活动地点之一。旧址房屋为二进，有门房、厅堂加两侧厢房。2000 年翻修。坐北朝南，硬山顶，砖木结构，系清代建筑。第一进为门房，通面阔 3 进 15.1 米，通进深 5 椽 7.5 米，前设砖雕门楼，前镌“福隆方隅”，后镌“俾尔寿康”。第二进为厅堂，抬梁式，面阔 3 间及南侧单间辅房，通面阔 15.6 米，通进深 7 架 7.9 米，前设廊，为花岗石柱础。于 2011 年 6 月被常熟市人民政府公布为市级文物保护单位。

毕泽 古代属双凤乡唐市一小村庄，地处唐市、湘城和石牌交界处。横泾、金保泾流经此地。西有毕泽潭，东临横泾塘，现在芦荡村内。宋代已有人聚居于此。明洪武年间（1368 年 ~ 1398 年），有人口百余户。明末清初，崇祯乙亥（1635 年）举人、长洲教谕、署崇明县事刘永锡，从湘城移居于此，并最终卒于此。他在毕泽期间，与杨彝、顾炎武、黄卷、陆元泓等交往甚密。毕泽历史上出过许多著名人物，如文学家陆元泓、陆曜，彝陵知州陆枝，征士郎陆柱，光禄寺署丞陆泰启，书画家陆昞，以及德高望重的陆金等。该村现有 20 余户，以陆姓为多。

法华庵 位于朗城村。据考，为南朝梁天监年间（502 年 ~ 519 年）建，南宋咸淳（1265 年 ~ 1274 年）时僧海宁重建。明永乐年间（1403 年 ~ 1422 年），同莫城妙清

法华庵旧址

寺合并为一个僧派。庵中有水月阁，当时的文人学士多到此访游，太仓王时敏为之题额。清康熙年间（1661 年 ~ 1722 年），僧静照修建。太平天国时期，虽遭破坏而庵尚在，不过僧侣逐渐减少。至后来远峰和尚死后，该庵有一段时间无僧人。抗日战争胜利后，照亨和尚来到法华庵。新中国成立初，照亨和尚在庵内办私立朗城小学。1951 年，照亨和尚到昆山寺院。此后，庵址内为公立朗城小学。法华庵旁有朗城潭，水面宽阔，自然景色秀丽，为文人雅士寻幽访古、泛舟赏月之地，留传有不少诗文。之后，创办村办工厂，学校迁出，庵址变成工厂。唯原庵址前尚存两棵银杏树和一只无头石龟。

钓鲜闸 在唐市集镇唐东村缪浜。明嘉靖（1521 年 ~ 1566 年）时吏部尚书严讷（谥号文靖）常垂钓于此，故名。闸右有文靖公祠。后几经变迁，曾改为土地祠。今土地祠已无存，闸名仍在。

市泽潭 在唐市集镇东南，距镇约 1.5 千米。为宋时孝子周容的故居，旧有大村庄，相传南宋后地陷下沉达千亩，渐成潭，潭中有养鸡墩仍矗立于水面，以后逐渐湮没。1949 年时，潭面积约 13 公顷。1958 年干河积肥，发现潭底有街道、花坛、水井、南北通向的老河道等。经有关单位发掘，收集陶瓶、瓷碗等古物甚多，由江苏省博物馆征集保管。潭底有古井 12 口，其中 4 口为砖井。有的井中浮有吊桶且尚未朽坏，井旁木桩历千年未朽。余下陶器、瓷器全部破碎，无一完整。花坛仍保持旧状，街道铺有碎石。

分水墩与湖心亭 分水墩在唐市集镇南。清乾隆三年（1738 年）筑基出水，方圆 1 丈许。同治十二年（1873 年），镇人殷汝楫、赵元溥、韩成英、嵇贞叔等纳款捐田，加筑基石，广填泥土，四周深夯木桩，扩大水墩面积，墩上建楼 3 间，楼上供文昌神像，悬“卓贯天神”匾，楼名“文昌阁”，又名“鉴心阁”。楼下中供武圣关帝，东祀乡贤许时省先生，西祀流寓顾炎武先生。全楼名为“文武行宫”，俗称“湖心亭”。每逢文昌、武圣诞辰，全镇凡是有功名的人、读书士子、富绅商贾，都要来拈香庆祝，祈求赐福。后湖心亭毁于战火。

凤基楼 明杨彝建凤基园，位于唐市集镇凤基桥东，凤基园内有楼轩、池，池内植荷。园中有凤基楼，是与毛晋的汲古阁、钱谦益的绛云楼齐名的藏书楼。据荥阳悔道人《汲古阁主人小传》载:“是时海内胜流至常熟者，无不以三处为归。江干车马，时时不绝，而应接宾客如恐不及。”凤基楼即为其中一处。然而，凤基园几经变故，园、楼俱毁，内藏诗文散失，仅有少数流传。

庙宇

庙宇是宗教活动的场所，历代都有兴建。沙家浜镇境内的庙宇由于战乱，几乎无存。改革开放后，政府重视民族宗教政策，庙宇得到保护并重新修建。

崇福寺　原名“崇福庵”，又名“舍宅庵”，位于湖浜村。南宋嘉泰（1201 年 ~ 1204 年）

崇福寺

初，里人苏氏舍宅为庵，故名。嘉熙二年（1238年），僧守义重建。明成化元年（1465年）重修。正德八年（1513年）重建，邑人钱仁夫撰《崇福庵佛殿记》，祝允明书，刻成石碑立于庵中。清康熙二十三年（1684年），里人桑氏重修。然而时移世变，成毁靡常。在重建之前，尚存前殿3间。1999年9月26日，寺院举行隆重的重建奠基仪式。2000年3月18日，大雄宝殿上梁。同年10月，全面竣工落成。11月11日，佛像开光。新建成的崇福寺有山门、天王殿、大雄宝殿、东西厢房、八仙桥、放生池、祝碑亭、生活用房、停车场等，建筑总面积8000平方米，共耗资180万元，俱来自民间捐赠。“崇福寺”匾额由中国佛教协会原会长赵朴初书写。如今，该寺基本保持清康熙年间再修时的原貌和格局。

福民禅寺

福民禅寺 明万历年间（1573 年～ 1620 年）建。清康熙年间（1662 年～ 1722 年），里人倪氏重建，赵揆汝撰记。乾隆年间（1736 年～ 1795 年），僧性礼重修。嘉庆年间（1796 年～ 1820 年）里人重修。咸丰七年（1857 年）被毁。原唐市镇有周神庙，庙内尚有银杏树，树龄约 160 多年，可证该庙历史。20 世纪 60 年代中期，周神庙被拆除。2001 年 5 月，经常熟市人民政府批准，设立佛教活动地点，并选址于繁荣街 1 号周神庙旧址。2002 年 2 月 3 日，大雄宝殿奠基。此后，又建天王殿、观音殿、周神殿及办公室、厨房、食堂、宿舍楼等附房，总建筑面积为 2000 多平方米，寺院占地面积为 4896 平方米。2003 年 12 月 22 日开光，并由市佛教协会原会长妙生题名为“福民禅寺”。寺内现存石船，刻有“戊辰年立”字样，据推算，应是嘉庆十三年（1808 年）旧物。福民禅寺共耗资 480 万元，俱来自民间捐赠。

古镇保护

古镇保护规划 2007 年 5 月，沙家浜镇制定《常熟市沙家浜镇总体规划（2006~2020）》，明确“保护沙家浜镇集镇建筑遗产、文物古迹、传统文化、革命老区为一体的历史文化，成为中国历史文化名镇”的目标。2008 年 1 月，邀请上海同济城市规划设计研究院制定《常熟市沙家浜镇历史文化名镇保护规划》，进一步明确了古镇的定位和保护方向。2009 年 10 月，《常熟市沙家浜唐市历史文化街区保护规划》通过专家论证，划定 9.3 公顷保护区，并对区内的历史文化遗产保护与建设活动控制作出了明确的界定和详细周密的设计。

为重现唐市古镇风采，保护和传承古镇悠久的历史，切实发挥古镇历史文化遗产的作用，努力改善人居环境，沙家浜镇人民政府在 2010 年 6 月 22 日制定了《唐市古镇保护开发实施方案》。

古镇保护实施情况 20 世纪 90 年代初，镇政府开始拨款对古镇建筑进行维修。根据《中华人民共和国城市规划法》《中华人民共和国文物保护法》等法律规定，对古镇区内各级文物保护单位做到有保护范围、有保护标志说明、有记录档案、有专人负责管理。对古镇内部的水系、桥梁、驳岸、河埠、古宅院及其门楼、碑石等建立了详细的档案。2005 年，政府投入 1036 万元，整体修复了飘香园。2006 年，投入 30 万元完成华阳桥维修加固工程。为更好地保护古桥，是年，镇政府投入 430 万元完成钓渚渡桥整体迁建工程。2009 年，投入 150 万元完成北新桥修建工程。同时，还对石板街上的一些古建筑进行修缮，使历史建筑完好率在 80%以上。

沙家浜镇文物保护单位一览表

表 3

序号	文物保护单位名称	批准日期	年代	级别	地址
1	钓渚渡桥	1982 年 11 月	清代	市级	沙家浜风景区
2	北新桥	1982 年 11 月	清代	省级	唐市尤泾河
3	华阳桥	1999 年 6 月	清代	市级	唐市金庄浜
4	唐市石板街	2007 年 6 月	明清	市级	唐市尤泾河东岸
5	唐市老宅楼中厅	2009 年 6 月	民国	市级	唐市飘香园
6	望贤楼	2009 年 6 月	清代	市级	唐市东北街
7	李雷故居	2009 年 6 月	明清	市级	唐市北新街 42 号
8	杨彝纪念馆	2011 年 6 月	清代	市级	唐市繁荣街 51 号
9	“江抗”东路活动旧址	2011 年 6 月	清代	市级	唐市华阳村
10	常熟县邮电局唐市支局旧址	2011 年 6 月	民国	市级	唐市中心街 126 号

沙家浜镇控制保护建筑一览表

表 4

序号	控制保护建筑名称	批准日期	年代	地点
1	陆宅	2009 年	清末民国初	唐市金庄浜 45 号、46 号
2	邹宅	2009 年	民国	唐市金庄浜 3 号
3	陈宅	2009 年	民国	唐市金庄浜 24 号、25 号
4	陈宅	2009 年	清代	唐市中心街 108 号、110 号
5	殷氏故居	2009 年	清代	唐市中心街 95 号
6	唐市仁和医院旧址	2009 年	民国	唐市中心街 72 号、74 号
7	苏翔凤故居	2009 年	民国	唐市中心街 26 号、28 号
8	朱宅	2009 年	清代	唐市北新街 24 号
9	许宅	2009 年	清代	唐市北新街 22 号、23 号
10	红桥	2011 年	“文化大革命”时期	唐市尤泾河

毛晋藏书刻书

毛晋，明代常熟迎春门外昆承湖畔七星桥（亦名曹家浜，今属沙家浜镇）人。他是中国古代一位杰出的藏书家、刻书家和出版家。毛晋藏书楼名曰汲古阁，藏书总量在8.4万册以上，其藏书之丰富，为明末江南之最。

清代学者朱彝尊记载，毛晋“力搜秘册、经史而外，百家九流，下至传奇小说，广为镂版，由是毛氏锓本走天下”①。汲古阁影抄之书，世称“毛抄”，和原版本不差分毫，被称为“古今绝作”。汲古阁印书所用的纸张由江西专门定做，厚的纸称“毛边”，薄的纸称“毛太”，其名沿用至今。

① 〔清〕朱彝尊:《严孺人墓志铭》,《曝书亭集》，商务印书馆，1935年。

毛晋

毛晋世系

毛晋（1599—1659），原名凤苞，字子九，后易名晋，字子晋，别号潜在、隐湖、戊戌生、汲古阁主人、笃素居士等。其藏书楼有绿君亭、汲古阁、目耕楼、读礼斋、载德堂、笃素居、宝月堂、追云舫、续古草庐等，其中以汲古阁最为著名。汲古阁是毛晋藏书、读书、校书的地方，鼎足斋是收藏钟鼎彝器的地方，载德堂是会客的地方，宝月堂为赏月观灯的地方。常熟在西晋时称海虞，境内有虞山，因商末先贤虞仲让国南来，治于此而得名。古代常熟城区有 7 条小溪，形似琴弦，故常熟又名“琴川”。因此，毛晋藏书、刻书，有“海虞”“虞山”“琴川”等题名。

毛晋一生著述丰富，计有《和古人诗》《和今人诗》《和友人诗》《野外诗》《虞乡杂记》《隐湖小志》《海虞古今文苑》《毛诗名物考》《宋词选》《明诗纪事》《明词苑英华》《明四秀集》《昔友诗存》《隐湖题跋》《隐湖遗稿》《明方舆揽胜录》《永思录》《救荒四说》《毛诗陆疏广要》《毛诗名物考》《诗余图谱补略》《汲古阁刊书细目》《宗谱先贤》

《苏米志林》《香国》《隐湖唱和诗》等。

毛晋曾祖毛玺，字朝用，以耕读传家，为常熟毛氏始祖。祖父毛圣，字心湖，以力田起家。父亲毛清，字虚吾，一字叔涟，谙晓经义，尤精农事。毛氏为常熟有名的大户人家，拥有一座数千亩的田庄。

毛晋原配范氏，继配康氏、严氏。有五男四女，五男为毛襄、毛褒、毛衮、毛表和毛扆。毛襄约生于明万历四十年（1612 年）之后，卒于崇祯十五年（1642 年）之前，终年 31 岁左右。毛褒，字华伯，号质庵，室名西爽斋，约生于崇祯四年，卒于清康熙十六年（1677 年），终年约 47 岁，生前师事太仓学者陈瑚，能诗。毛衮，字补仲，室名看山书屋，约生于崇祯六年，卒于顺治九年（1652 年），终年约 20 岁。毛表，字奏叔，号正庵，生于崇祯十一年，卒于康熙三十九年，终年 63 岁。其早年尚能继承父志，继续刻书，中年后转而从医。毛扆，字斧季，号省庵，生于崇祯十三年，卒于康熙五十二年，终年 74 岁。其克承父志，从事藏书、校书、刻书活动 50 余年。

顺治十六年毛晋去世后，家产连同书籍、板片分给毛褒、毛表、毛扆三子（时毛襄、毛衮已亡）。毛晋孙辈毛绥万也分得一些书板。毛褒去世后，书板交由毛扆保存。毛表转而从医，又比毛扆早过世 14 年，书板亦转入毛扆手中。

毛扆在父亲去世之后，继续购书、校书、刻书和抄书，其所购之书有《五色线》《杜工部集》《放翁逸稿》等，所校之书有《中吴纪闻》《宣和奉使高丽图经》《诗词杂俎》《陶渊明集》《鲍氏集》《九僧诗》《小山词》《乐章集》《东堂词》《溪堂词》《石林词》《樵隐词》《西樵语业》《放翁词》《稼轩词》《省斋诗余》《养拙堂词》等。崇祯十七年六月十五日至七月十三日，毛扆精心校阅《宣和奉使高丽图经》，耗时 37 天。《说文》也是在毛晋去世后毛扆变卖田产后始得刻完。毛扆影写的书有《九经字样》《算书七种》《杜工部集》等。著有《汲古阁珍藏秘本书目》1 卷。

毛扆通版本，他认为对于抄本而言，识其优劣有四个标准，即书法之工拙、抄费之贵贱、卷帙之多寡和流布之秘否。对于刻本而言，识其优劣标准亦有四个标准，即书板之工拙、纸张之精粗、印刷之先后和流布之秘否。除了毛扆之外，毛晋孙辈、毛表之子毛绥万亦喜藏书和校书，曾校刻《雁门集》《玄英先生诗集》等。

毛晋后代中亦有不肖子孙，其中有因性嗜茗饮而将毛晋所刻书板用来烧茶者。毛晋去世后，被烧板片占很小一部分，大多数板片星散四方，计有《十三经注疏》板片 11846 页，归常熟小东门外东仓街席氏；《三唐人文集》板片 313 页和《六十家词》板片

2695页，归常熟小东门兴贤桥邵氏；《八唐人集》板片547页，归山东赵秋谷；《陆放翁全集》板片4335页，归常熟张氏；《元人集十种》板片1880页，归无锡华氏；《诗词杂俎》板片453页和《词苑英华》板片1030页，归扬州商家；《史记索隐》板片162页和《五代史补》板片58页，归常熟东门内鱼家桥鲍氏；《说文解字》板片545页，归苏州钱锦开书坊；《琴川志》板片321页，归常熟东乡东周市一农家；《苏米志林》板片187页，归苏州蒋氏；《忠义集》板片96页，归常熟东门忠胜巷邵氏；《十七史》板片22293页，归苏州席氏扫叶山房。

毛晋藏书

毛晋藏书有8.4万余册，若以平均每册5卷计算，则毛晋藏书总数约42万卷。汲古阁是一个专藏宋元善本的藏书楼，非宋元善本则藏在其他地方。汲古阁分上下两层，每层有三间，书架以十二地支为序排列，藏书分为儒、释、道三大部分，儒书又分经、史、子、集四个大类。为了保护图书，毛晋的藏书中多夹带芸香，以驱书蠹。毛晋藏书还实行曝书（画）制度，就是在伏天或秋高气爽的时候，将藏书（画）搬到室外通风之处，以防潮驱虫。毛晋藏书，常见印文有“毛晋”“子晋”“毛晋私印”“毛氏子晋”“毛凤苞印”“虞山毛晋”“子晋书印”“东吴毛氏图书”“海虞毛晋子晋图书记”“虞山毛氏汲古阁收藏”“东吴毛氏图书”“汲古主人”“汲古阁”“斧季”“毛扆之印”“希世之珍”“笔砚精良，人生一乐”“月明千里故人来”“汲古得修绠”“仲雍故国人家”“心同太虚”“子孙宝之”“鬻及借人为不孝”“传诗家学”“进德修业”“每爱奇书手自抄”“悠然见南山”“子孙世昌”“开卷一乐”“弦歌草堂”“隐湖渔夫”“醉枕离骚”“竹篱茅舍”等。

藏书来源

购买 毛晋为了收藏图书，不惜重金购书。为广开书源，他曾在门口张贴过一榜书：“有以宋椠本至者，门内主人计页酬钱，每页出二百；有以旧抄本至者，每页出四十；有

以时下善本至者，别家出一千，主人出一千二百。”[①] 这则榜书对于广大书贾来说，极富吸引力，于是“湖州书舶云集于七星桥毛氏之门”[②]，外地不少书舶甚至日夜兼程，直到深夜才赶到常熟毛家。毛氏计页筹钱，高价购书，远近皆知，不少商人把卖书给毛氏当作发财的捷径。毛氏购书的地区不限于苏州、湖州，还有常州、应天（今南京）等地。

赠送　毛晋藏书之中，有不少是友人赠送的，如闽中郭圣仆赠《剪绡集》《尊前集》，金沙于季鸾赠《词林万选》等。

自抄　毛晋为藏书需要，招录了不少书工，用以抄写古籍。这些书工采用影写法抄书，人称“毛抄本”。在毛抄本中，“影宋抄”最为有名。如《挥麈录》以宋建阳龙山书堂刻本影抄，《群经音辨》以南宋绍兴十二年（1142 年）汀州宁化县学刻本影抄，《九章算经》《孙子算经》《五曹算经》《周髀算经》和《张丘建算经》均以南宋长汀刻本影抄。瞿冕良撰《常熟先哲藏书考略》，著录有毛抄本 447 种。毛抄本的版式特点是版心有“汲古阁”三字，书栏外有“毛氏正本汲古阁藏”八字，墨格（或不印格）。

藏书版本

经过数十年努力，毛晋藏书的规模不断扩大。从版本来看，毛晋收藏的书籍，有大量的宋刻本、元刻本、元抄本、名家抄本、孤本等。

宋刻本　有《群经音辨》《本朝蒙求》《文公家礼》《吴志》《江阴志》《旧闻正误》《东京梦华录》《容斋三笔》《博物志》《册府元龟》《孔子家语》《类说》《东坡志林》《南华真经》《韦苏州集》《刘宾客外集》《骆宾王集》《孟东野集》《韩昌黎外集》《津阳门诗》《陶渊明集》《秦淮海集》《白公讽谏》《四灵集》《石屏词》《花间集》《诗律武库》等。

元刻本　有《周易兼义》《大易璇玑》《诗集传疏义》《十一经问对》《六书故》《四声编》《读书分年日程》《贞观政要》《白虎通德论》《汉隽》《武当全相启圣实录》《名臣事略》《薛氏传》《太平惠民和剂局方》《巢氏源候总论》《得效方》《澹寮集验秘方》《（画像）搜神广记》《辅教编》《佩韦斋文集》《唐诗鼓吹》《左克明乐府》等。

名家抄本　有宋张邦基抄本《墨庄漫录》，明李开先精抄本《书苑菁华》，明秦四麟抄本《亢仓子》，明吴宽丛书堂抄本《裔夷谋夏录》《春明退朝录》《宾退录》《续博物

---

① 〔清〕荥阳悔道人：《汲古阁主人小传》。

② 同上。

《校正监本书经》

志》《霏雪录》《南方草木状》等。

孤本 有《新集古文四声韵》《集篆古文韵海》《增广钟鼎篆韵》《宋版重续千文》《宋版本朝蒙求》《手鉴摘览》《钱杲之注离骚》《文章善戏》《宋版岳倦翁宫词》《许棐梅屋词》等。

除书籍之外，毛晋还收藏金石拓片和钟鼎彝器。

毛晋刻书

毛晋刻书编年 明万历四十一年（1613年），15岁，刻《离骚》《陶靖节集》。万历四十六年，20岁，刻《才调集》等。天启元年（1621年），23岁，刻《东坡外纪》《米元章志林》《续补高僧诗》等。天启四年，26岁，刻《剑南诗稿》等。天启五年，27岁，刻《三家宫词》等。天启六年，28岁，刻《白莲集》（附《风骚旨格》）等。天启七年，29岁，刻《二家宫词》《极玄集》等。崇祯元年（1628年），30岁，刻《晋书》《周礼》

《唐人选唐诗八种》《杨大洪先生忠烈实录》等。崇祯二年，31 岁，刻《新唐书》《孝经》《五色线》《群芳清玩》《津逮秘书序》等。崇祯三年，32 岁，刻《新五代史》《毛诗》《芥隐笔记》《吴郡志》《甘泽谣》等。崇祯四年，33 岁，刻《陈书》《周易》《丹渊集》《元宫词》等。崇祯五年，34 岁，刻《周书》《尚书》《唐诗纪事》《宝晋斋四刻》等。崇祯六年，35 岁，刻《梁书》《孟子》《西溪丛语》《云林诗集》《酉阳杂俎》《洺水词》等。崇祯七年，36 岁，刻《宋书》《梁书・皇太后传》《公羊传》《确庵文集》等。崇祯八年，37 岁，刻《隋书》《谷梁传》《弃草诗集》《秦张两先生诗余合璧》等。崇祯九年，38 岁，刻《魏书》《仪礼》《众妙集》等。崇祯十年，39 岁，刻《南齐书》《论语》等。崇祯十一年，40 岁，刻《北齐书》《左传》《元人十种诗》《子夏诗序》等。崇祯十二年，41 岁，刻《北史》《礼记》《牧潜集》《容斋题跋》《集古录》《毛诗草木鸟兽虫鱼疏广要》《重刻历体略》等。崇祯十三年，42 岁，刻《南史》《尔雅》《存悔斋集》等。崇祯十四年，43 岁，刻《史记》等。崇祯十五年，44 岁，刻《汉书》《姚少监诗集》《河汾诸老集》《贵耳集》等。崇祯十六年，45 岁，刻《后汉书》《明僧弘秀集》《大学衍义》等。

清顺治元年（1644 年），46 岁，刻《三国志》《忠义集》等。顺治二年，47 岁，刻《未学庵诗稿》等。顺治三年，48 岁，刻《未学庵集外诗》等。顺治五年，50 岁，补辑《晋书・载记》、《新唐书・进书表》和《目录》。顺治六年，51 岁，刻《锦带书》，补辑《新五代史・司天考》《职方考》和《十国世家年谱》，补辑《陈书・儒林传》《文学传》等。顺治七年，52 岁，补辑《周书・异域列传》《孟子注疏・题辞解》等。顺治八年，53 岁，补辑《宋书・符瑞志》《百官志》，补辑《隋书》脱简等。顺治九年，54 岁，补辑《南齐书・舆服志》《高逸传》《孝义传》，补辑《魏书》志中所脱简等。顺治十年，55 岁，补辑《北齐书・神武本纪》《后主本纪》《幼主本纪》和“列传”散页，补辑《北

毛晋印章——“毛氏藏书”

史》“本纪”等。顺治十一年，56岁，补辑《南史》“列传”、《史记·周本纪》《礼书》《乐书》《律书》《历书》《儒林列传》等。顺治十二年，57岁，补辑《汉书·艺文志》《文三王传》《贾谊传》和《叙传》，补辑《后汉书》“八志”等。顺治十三年，58岁，刻《云林集外诗》，补辑《三国志》“蜀志”“表”等。

另据郑德懋《汲古阁校刻书目》及其《补遗》，毛晋一生共刻书602种、110879页板片（不包括不详页数者49种、数十种佛经和部分代刻之书）。

毛晋刻书分期

毛晋刻书可分三个时期。

第一个时期 从明万历（1573年～1620年）末到天启年间（1621年～1627年）。此时的毛晋正当青年，迷上刻书这个行业，并初试锋芒。

第二个时期 崇祯年间（1628年～1644年）。这一时期是毛晋刻书的兴盛时期，绝大多数毛刻本都是这个时期刻印的。从天启四年（1624年）至崇祯六年（1633年），共刻书200余种。其中天启四年到天启七年刻书较少，崇祯元年至崇祯六年平均每年刻书30种左右，崇祯七年至崇祯十七年仍旧保持这个刻书速度。《十三经》《十七史》和《津逮秘书》中的多数图书都是这个时期刻印的。《津逮秘书》收书145种，其中《齐民要术》《周髀算经》《辍耕录》《东京梦华录》《齐东野语》《道德指归论》《泉志》《岁华纪丽》《益都方物纪略》《佛国记》《真灵位业图》《大唐创业起居注》《汉杂事秘辛》《搜神记》《异苑》《周氏冥通记》《搜神后记》《录异记》《乐府古题要解》《春渚纪闻》20种是崇祯三年由所购胡震亨板片而印，其余125种为毛晋自刻。

第三个时期 清朝建立至毛晋去世（1659年）。这一时期，毛晋的主要工作是针对《十七史》进行修补，直至顺治十三年（1656年）才得以修补完毕。毛晋晚年钟情佛典，所刻佛教著作有汉释安世高译《佛说本相猗致经》，晋释竺法护译《尊上经》，竺昙无兰译《寂志果经》，姚秦释鸠摩罗什译《禅法要解经》，刘宋释沮渠京声译《末罗王经》和《摩达国王经》，梁释僧祐撰《出三藏记集》，陈释真谛译《涅槃经本有今无偈论》和《遗教经论》，北魏释菩提流支译《百子论》，唐释义净译《佛为海龙王说法印经》，宋释法天译《外道问圣大乘法无我义经》，明释明河撰《补续高僧传》，牧云撰《懒斋别集》《病游草》等。毛晋还刻有明憨山大师撰《梦游全集》。

毛晋刻书专门建有刻书作坊，据民国《重修常昭合志》载：“毛氏所用纸，岁从江西特造之，厚者曰毛边，薄者曰毛太，至今犹存其名不绝。”

毛晋代人刻书 除自己刻书之外，毛晋还代师长、友朋刻了不少书。据不完全统计，有《七歌》《甲申集》，余怀著；《龙乘》，胡世安著；《二如亭群芳谱》，王象晋著；《昨非庵日纂》，郑瑄著；《汉魏六朝百三名家集》，张溥辑；《唐诗类苑》，张之象编；《南史》，李延寿撰；《神农本草经疏》，缪希雍著；《冯定远全集》，冯班著；《列朝诗集》，钱谦益选编；《怀古堂诗选》，杨炤著。

毛晋刻书系列 毛晋刻书除《十三经注疏》《十七史》之外，毛刻本还有《周易》系列、两汉魏晋南北朝文集系列、唐诗系列、宋人文集系列、宋词系列、宋代题跋系列、元人文集系列、明诗系列、诗话系列、杂剧系列、小说笔记系列、书画系列等。《周易》系列包括《焦氏易林》《苏氏易传》《京氏易传》《陆氏易释文》等，共计10种1447页；两汉魏晋南北朝及隋代文集系列包括西汉文集9种、东汉11种、魏12种、晋22种、南朝宋8种、南齐6种、梁19种、陈5种、北魏2种、北齐2种、北周2种、隋5种，共计103种7304页；唐诗系列包括《盛唐二大家》《三唐人文集》《四唐人集》《五唐人集》《六唐人集》《八唐人集》《唐三高僧诗集》《唐人选唐诗八种》《唐诗类苑》《众妙集》等，共计11526页；宋人文集系列包括《苏门六君子集》《陆放翁全集》，共计5368页，其中《陆放翁全集》含《渭南文集》《剑南诗稿》《逸稿》《南唐书》《老学庵笔记》《家世旧闻》《斋居纪事》7种，共计4335页；宋词系列包括《珠玉词》《六一词》《东坡词》《山谷词》《淮海词》等宋代名家词61种，共计2695页；宋代题跋系列包括《东坡题跋》《山谷题跋》《淮海题跋》《南丰题跋》等20种，共计2221页；元人文集系列包括《元人集十种》《元四大家》等，共计2551页；明诗系列即《列朝诗集》，该书收录明代1600余位诗人的作品，共计3087页；诗话系列包括《全唐诗话》《六一诗话》《沧浪诗话》《石林诗话》等17种，共计2200多页；杂剧系列包括杂剧60种，7986页；笔记小说系列包括《西京杂记》《东京梦华录》《搜神记》《癸辛杂识》《挥麈录》《梦溪笔谈》等57种，共计6909页，其中《癸辛杂识》分为前集、后集、续集、别集4种，《挥麈录》分为前录、后录、三录、余话4种；书画系列包括《法书要录》《东观余论》《广川书跋》《宣和书谱》《历代名画记》等书画名作14种，2036页。

毛晋刻书底本 毛晋刻书的底本主要有自编本和古籍善本两类。自编本即由毛晋亲自搜集整理或在原有基础上补充而成，如《苏子瞻外纪》《家世旧闻》《倪云林遗事》《海岳题跋》等。毛晋刻书底本使用古籍善本甚多，如《诗外传》《郑注尔雅》《后村题跋》《芥隐笔记》《孟东野集》《歌诗编》《元英先生诗集》《松陵集》《花间集》《片玉词》

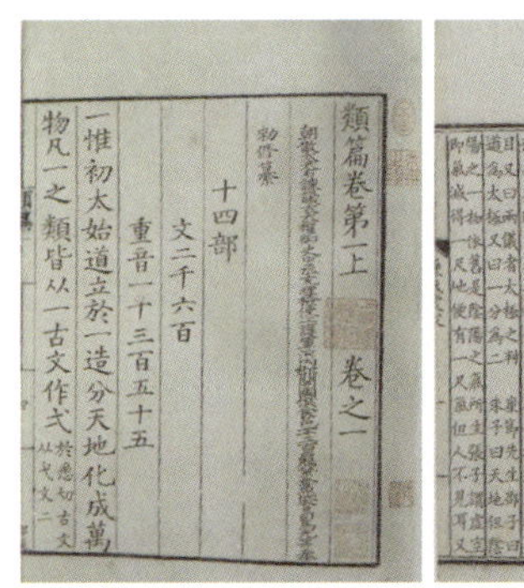
類篇卷第一上　卷之一
十四部
文二千六百
重音一千三百五十五
一惟初太始道立於一造分天地化成萬
物凡一之類皆从一古文作弌

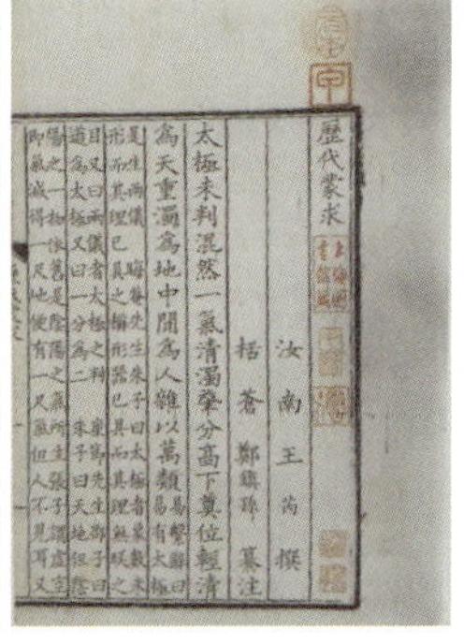
歷代蒙求
汝南王芮撰
栝蒼鄭鎮孫纂注
太極未判混然一氣清濁肇分高下奠位輕清
為天重濁為地中間為人雜以萬類

毛晋所刻之书

《史记索隐》《姚少监诗集》《乐府诗集》《吴郡志》《杜工部集》《孟襄阳集》《晋书》《剑南诗稿》等书均以宋刻本作为底本。今藏国家图书馆南宋淳熙十四年（1187年）严州郡斋刻本《新刊剑南诗稿》，即为当年毛晋刻《剑南诗稿》所使用底本。

毛晋校宋周邦彦《片玉词》等三本，一名《清真集》，一名《美成长短句》，一名《片玉词》。其中《片玉词》所收词最多，共计一百八十多首。校宋计有功《唐诗纪事》两本，一为明嘉靖二十四年（1545年）刻本，一为万历二十二年（1594年）刻本。两本讹误甚多，毛晋参之本集及《太平御览》《文苑英华》《唐文粹》《唐僧弘秀集》诸书二百余种，一一纠正。在校勘时，不轻改原文。如果确实有错误，才作改正。在校书过程中，发现内容不全，则搜集各种版本，作补遗工作。毛晋在校书过程中，凡遇伪作及重复的内容，一并删去。

毛晋刻书众多，一人难以胜任校勘工作，为此招录了不少文人学士共事丹铅。为给文人学士创造一个良好的工作环境，毛晋分别为儒、释、道三家名流修汲古阁、双莲阁、又一阁三座楼。汲古阁是毛晋收藏儒家著作的地方，博学鸿儒住在这里校书极为方便。双莲阁供有佛像，是僧人生活的最佳去处。又一阁，又名“关王阁”，是道家住的地方。又一阁不远处，有曹溪一滴（又名“一滴庵”）。汲古阁周边有绿君亭、二如亭等，也都是校书的地方。参与《神农本草经疏》校勘的有李枝、康元宏、顾澄先、戈汕等人，参与《十三经》《十七史》补遗的校勘人员有陶介立、王元之等。

毛晋刻书保存珍本　中国历代许多珍贵古籍，都因毛本得以流传至今。如毛本《南唐书》是明末以来的唯一传本。《孔子家语》明代罕传，到明崇祯末年（1644年），毛晋始据北宋本刊刻，该书得以行世。唐李善《文选注》自南宋以来多与“五臣注”合刊，名曰《六臣注文选》，李善注单行本极为罕传，除毛本之外，别无他本。司马贞《史记索隐》，宋代以后多与“集解”“正义”合刊，单行本除毛刻之外，亦无别本。《说文解字》元无刻本，明代刊刻者仅毛刻一种。毛刻《宋六十名家词》为宋以后大规模刊刻词集之始，在清代学者中广为传诵，清冯煦曾据以辑《六十一家词选》，该书也是1965年中华书局本《全宋词》的主要依据之一。同时，不少古籍的毛刻本是传世唯一的全本。如明人刻印《武林旧事》往往随意删除原作，或六卷，或不足六卷，只存故都、宫殿、教坊等门，唯毛刻本十卷，首尾完具，足资参考。明《汉魏丛书》本《神仙传》，据《太平广记》所引抄合而成，而毛刻本据原本重刻，与裴松之《三国志注》引文一一相合。《花间集》是中国文学史上第一部文人词总集，自面世以来，坊间妄增篇目，原貌尽失，而毛晋重刊宋本，尤为精审，为难得的善本。李一氓在《花间集·校后记》中说：“（毛本）的好处是目录完备。虽然刊刻时间较晚，明末，但比起其他万历、天启本子来，还算是规矩的，没有乱分卷帙、臆改字句之处。”

毛晋终生刻书，可谓鞠躬尽瘁。他在刻完《十三经注疏》《十七史》之后说：“回首丁卯至今三十年，卷帙从衡，丹黄纷杂，夏不知暑，冬不知寒，昼不知出户，夜不知掩扉，迄今头颅如雪，目睛如雾，尚矻矻不休者，惟惧负吾母‘读尽’之一言也。”晚年，他对儿子毛扆说：“吾缩衣节食，遑遑然以刊书为急务，今板逾十万，亦云多矣。”可见，为了刻印图书，毛晋省吃俭用，呕心沥血，一息尚存，刻书不止。

毛晋六十大寿时，其友在祝寿诗中亦盛赞毛晋刻书影响之大。如杨补诗云：“天下皆传汲古书，石仓未许方充实。购求万里走南北，问奇参秘来相率。隐湖舟楫次如鳞，草堂宾客无虚日。”钱嘏诗云：“辞林争纸贵，奇书走八埏。或慕汲古名，积书齐山巅。”毛晋刻本在明末清初已经影响很大，东南文宗、邑人钱谦益称“毛氏之书走天下”，藏书家、邑人钱曾称“启、祯年间，汲古之书走天下”。

附一：参与毛晋刻书、校勘的相关人员

周荣起，字砚农（一作研农、仲荣），江苏江阴人，藏书家。

戈汕，字庄乐，号岂庵，毛晋之舅，先后参与《神农本草经疏》《径山藏》等书的校勘工作。

陈瑚，字言夏，号确庵，江苏太仓人。明崇祯年间举人。

顾梦麟，字麟士，号中庵，江苏太仓人。明清之际学者。

陆贻典，字敕先，号觌庵，常熟人。毛晋挚友，毛扆之岳父，藏书家。曾校《唐英歌诗》《稼轩词》等。

王咸，字与吾，号拙庵，学者、书画家。曾校对郭茂倩《乐府》。《金台集》是由王咸手写上版的。崇祯十五年秋，王咸还为毛晋绘《虞山毛氏汲古阁图》，王咸在图上题词云："余寓读湖斋，遂盈一纪，所得于翻阅者迨半。"且有诗："居恒每共登，鱼亥相雠稽。"王咸襄助毛晋校书时间长达12年，读书、校书和抄书甚多。

冯武，字窦伯，号简缘，常熟人。毛晋之婿，藏书家。所校书有《元人集十种》《元四大家》等。

附二：清代古籍中有关毛晋刻书的记载

毛子晋居昆湖之滨，以孝弟力田世其家。父虚吾强力耆事，尤精于九九学。子晋生而周谨，好书籍。父母以一子，又危得之，爱之甚。而子晋手不释卷，篝灯中夜，尝不令二人知。蚤岁为诸生，有声邑庠。已而入太学，屡试南闱不得志，乃弃举业，一意为古人之学，读书治生之外，无所事事矣。江南藏书之富，自玉峰菉竹堂、娄东万卷楼后，则数海虞。然顺治庚寅十月，绛云楼不戒于火，而岿然独存者，惟毛氏汲古阁。

登其阁者，如入龙宫鲛肆，既怖急，又踊跃焉。其制上下三楹，自子讫亥，分十二架，中藏《四库》书及释、道两藏，皆南北宋内府所遗，纸理缜滑，雅可宝玩。又有金、元人本，多好事家所未见。子晋日坐阁下，手翻诸部，雠其讹谬，次第行世。滇南官吏，至不远万里，遗厚币以购毛氏书，一时载籍之盛，近古未有也。

盖子晋髫龄即好锓书，有屈、陶二集之刻。客有言于虚吾者曰："公拮据半生，以成厥家。今有子不事生产，日召梓工弄刀笔，不急是务，家殖将落。"母戈孺人钱牧斋《初学集》有《毛母戈孺人序》，亦空文不具事实。解之曰："即不幸以锓书废家，犹贤于摴蒲六博也。"乃出橐中金助成之。书成，而雕镂精工，字绝鲁亥，四方之士，购者云集。于是向之非且笑者，转而叹羡之矣。其所锓诸书，一据宋本。或戏谓子晋曰："人但多读书耳，何必宋本为？"子昇（应为“晋”——编者注）辄举唐诗“种松皆老作龙鳞”句为证曰：“读宋本，然后知今本‘老龙鳞’之为误也。”

子晋固有巨财，家畜奴婢二千指，同釜而炊，均平如一。躬耕宅旁田二顷有奇，区别树艺，农师以为不逮。竹头木屑，规画处置，自具分刌，即米盐琐碎，时或有贻一诗投一札者，辄举笔属和，裁答如流。其治家也有法，旦望则率诸子拜家庙，以次谒见师长，月以为常。以故一家之中，能文章，娴礼义，彬彬如也。生平无疾言遽色，凝然不动，人不能窥其喜愠。及其应接宾朋，等杀井井。顾中庵尝笑曰：“君胸中殆有一夹袋册耶？”明崇祯壬午、癸未间，遍搜宋遗民忠义二录、《西台恸哭记》与月泉吟社、《河汾谷音》诸诗，刻而广之。未几，遂有顺治甲申、乙酉南北之事。每自叹曰：“人之精神意思所在，便有鬼物凭依其间，即予亦不知其何为也。”

明亡，子晋杜门著书以自娱，无矫矫之迹，有渊明乐天之风，与耆儒、故老、黄冠、缁衲十数辈为佳日社。又为尚齿社，烹葵翦鞠，朝夕唱和以为乐。闲或临眺山水，当其得意处，则留连竟日。遇古碑文碣志，急嘑童子摹搨数纸，然后去。

子晋雨后与太仓陈言夏探乌目诸泉，穷日之力，言夏饥且疲矣，回顾子晋，方行步如飞，登顿险绝，乐而忘返，其兴会如此。居乡党，好行其德，于亲戚故旧。其师若友，如施万赖、王德操辈，或橐饘终其身，或葬而抚其子。建黄泾诸桥，亘一十八里，无望洋褰涉之苦。岁大饥，则赈谷代粥，周邻里之不火者。司李雷雨津尝赋诗赠之曰：“行野渔樵皆拜赐，入门僮仆尽钞书。”见之者皆谓为实录也。

——〔清〕徐珂《清稗类钞·鉴赏类·毛子晋刻书》

红色旅游

抗日战争时期，沙家浜是新四军重要的抗日游击根据地。1939 年 10 月“江抗”西移时，留下了一所后方医院和 36 位新四军伤病员，得到了当地人民群众的掩护和帮助，谱写了一曲军民鱼水情的赞歌。2001 年 6 月 28 日，沙家浜革命传统教育馆迁至芦苇荡新馆，更名为沙家浜革命历史纪念馆。从此，沙家浜革命历史纪念馆与沙家浜风景区融为一体，成为“红色游”的一个重要景区。

晨雾中的沙家浜

旅游景点

沙家浜风景区　沙家浜风景区于 1989 年筹建，1991 年 4 月 19 日正式挂牌对外开放。初建时，面积 4 公顷，配套设施仅有茅舍、竹桥、凉棚，设施简陋，近似原始状态。2000 年由镇政府接管以来，景区进入快速发展阶段。景区充分利用丰富的特色人文资源和得天独厚的自然资源，积极发展旅游产业，形成以红色教育旅游为基础、绿色生态旅游为重点、金色美食旅游为特色、影视文化旅游为配套的旅游产业，共有员工 207 人。

沙家浜风景区总占地面积 400 公顷，已建成革命传统教育区、水生植物观赏区、红石民俗文化村、横泾老街影视基地、芦苇迷宫、沙家浜湿地公园、美食购物区等功能区域，形成“东进春晓”“红石环翠”“芦荡烟雨”“隐湖秋雪”“田园短笛”“渔舟唱晚”“汲古钩月”“东来米市”八大景观。

进入芦苇荡景区，首先是一座全长39米的东进桥，该桥为纪念新四军六团于1939年东进抗日而建。跨过东进桥，便是占地面积1.33万平方米的瞻仰广场。这里有大台、中台、小台和过道；有全国人大常委会原副委员长叶飞亲笔题词的沙家浜亭；有中共常熟市委、市政府为芦苇荡扩建而撰写的碑文；有象征着36位新四军伤病员、矗立于广场两旁的18块形态各异的自然石；有生动逼真的“军民鱼水情”立体群雕；有被命名为全国爱国主义教育示范基地的沙家浜革命历史纪念馆。

红石民俗文化村为江南水乡典型的古村落，以明清建筑为主，屋前有宽阔的水面，屋后有新篁、篱笆、桨声和灯影。村里有文昌阁、土地庙、春来茶馆、根雕馆、戏台等建筑，是沙家浜民俗文化的见证。

横泾老街为典型的江南古镇街区，这里小桥流水，人家枕河，还有城门老街和客栈店铺，还原了江南水乡的小镇风貌。

新建成开放的沙家浜湿地公园，内有粉墙黛瓦、小桥流水的芦荡人家，有飞鸟闲逸、游鱼戏水的渔乐园，有荇菜参差、苇叶摇曳的植物园，还有柿子洲、钓鱼岛、叠翠桥、鳄鱼潭、秋雪滩、玉蟹池、觅虾台、渔乐轩、云庆堂、凌波阁、荻花楼、纯阳亭、四季田、连理树等，充满自然乐趣。

双莲湖韵

隐湖，有“小阳澄湖”之称，位于沙家浜风景区的中心，每年在这里举行两次龙舟赛。湖边停靠着各种游览船，游客可坐上游船，听船娘唱石湾山歌，观芦荡迷宫美景。沿湖系绿色旅游带，分布在这条旅游带上的景点众多，有隐湖长廊、游船码头、万竹岛、江南小渔村、国防教育园、船桥、文脉流长、水上舞台、休闲小木屋、双莲轩、芦花村、农家乐等，游客可乘坐电瓶车或马车，听导游讲抗日故事，感受水乡的独特意境。

沙家浜革命历史纪念馆 1970年11月16日和23日，苏州军分区司令员刘金山（《铁道游击队》中队长刘洪原型）、南京军区政治部主任杨广立（《铁道游击队》中政委李正原型），先后到横泾人民公社考察工作。公社于11月25日召开建设“今日沙家浜”誓师大会。会后，县革委会立即成立筹建“横泾地区抗日斗争展览”领导小组。1971年11月，在广征博采的基础上，沙家浜革命传统教育陈列室正式开展，主要展出一些革命文物，有老战士的手枪、《大众报》、《江南》半月刊、军用水壶等，有从民间征集到的铁筛、榔头、铁墩、风箱等修枪所的工具，有普通老百姓捐赠出来的蚊帐、藤椅、棉胎等，还有新四军后方医院使用过的医疗器具以及一条曾护送过新四军伤病员的交通船等。这座简陋的陈列室从1971年11月建办，至1974年5月停办，历时3年，接待参观者11万人次。

沙家浜革命历史纪念馆

1971年，现代京剧《沙家浜》拍成电影在全国放映后，慕名前来参观的人络绎不绝。为此，1972年4月，横泾人民公社党委确定了一批参观点，主要分布在湖浜、龚浜、芦荡、曹浜4个大队，确定的参观点有印报所、修枪所、新四军后方医院、弹壁洞、歼敌弄、擒敌处、庆功场等，还在歼敌弄、擒敌处、庆功场三处立碑纪念。

1988年7月22日，应广大游客的要求，沙家浜革命传统教育展览室重建并再次对外开放。展出面积仅48平方米，展出内容有农民暴动、“江抗”东进、芦荡养伤、重建武装、后方基地、浴血奋战、宁死不屈、迎接解放、今日芦荡9个部分，图文并茂，受到参观者好评。与之配套的有昆承湖天然游泳场。一时间，游客纷至沓来，最多时一天达1.73万人次，上海《新民晚报》刊文：“大上海挤垮了沙家浜！”

1990年5月5日，芦荡乡政府投资80余万元，重建沙家浜革命传统教育馆，并于建党70周年之际，举行隆重的落成典礼。新馆主体工程面积1300平方米。2001年6月28日，沙家浜革命传统教育馆迁至芦苇荡新馆，更名为沙家浜革命历史纪念馆。新馆建筑面积1860平方米，陈列了400多幅革命历史照片、60件革命文物和200多个常熟市双拥成果展板，总造价700多万元。是日，还举行了“全国爱国主义教育示范基地”命名大会，省委副书记兼宣传部部长任彦申为新馆剪彩并授牌。从此，沙家浜革命历史纪念馆与沙家浜风景区融为一体，成为“红色游”的一个重要景区。

2006年9月16日，第三次移地重建的新馆竣工并落成。新馆占地面积6400平方米，建筑面积4492平方米，布馆面积2400平方米，其中平面展示区1800平方米、声光电展示区600平方米。新馆进一步完善展示功能，将沙家浜的历史人文展览厅和会议接待厅等有机结合。沙家浜革命历史纪念馆现已成为国内同类馆中设施一流、富有特色的纪念馆。

革命传统教育区

照壁 照壁上的题词，为全国人大常委会原副委员长叶飞的手迹。时任新四军六团团长的叶飞，曾于1939年5月率部东进，创建了苏常太抗日游击根据地。1990年5月5日叶飞故地重游时，欣然命笔，写下了“沙家浜的意义”这段著名的文字。

东进桥 以《新四军军歌》首句歌词命名的东进桥，桥长39米，代表着新四军东进抗日是在1939年；桥宽7.7米，意在告诫人们不忘“七七”卢沟桥事变；桥上有36块石刻，象征当年有36位新四军伤病员在沙家浜养伤。

沙家浜亭 1999年10月，中共常熟市委、常熟市人民政府为纪念新四军东进和

照壁

“新江抗”成立 60 周年而建造了沙家浜亭。沙家浜亭高 5 米，顶呈方形，周长 16 米。石碑高 3 米，宽 1.2 米，正面“沙家浜”三字由叶飞亲笔书写；背面是碑文，记述了新四军东进与“新江抗”成立始末。

常熟市法制宣传教育中心　位于瞻仰广场西侧，展示面积 1200 平方米。中心设有十大功能厅，集中展示了近年来常熟市法制宣传教育工作和反腐倡廉工作取得的丰硕成果。

东进桥

沙家浜亭

瞻仰广场

国防教育园

瞻仰广场　占地面积1.33万平方米，由碑亭、柱雕、主题群雕、锻铜浮雕等部分组成。这里有大台、中台、小台和过道，有象征着36位新四军伤病员的形态各异的柱雕，有生动逼真的锻铜浮雕。广场中央的“军民鱼水情”主题群雕，高6米，重70多吨，由当代著名革命题材雕塑家叶毓山设计创作。

常熟市禁毒教育馆　位于瞻仰广场西侧，常熟市法制宣传教育中心楼上。禁毒教育馆运用声、光、电技术，营造惊心动魄的场景，并以大量翔实的图文资料、生动的实物模型，让人深刻认识毒品的危害；识别、防范、拒绝毒品等禁毒知识介绍，让人保持清醒，杜绝毒源。

沙家浜廉政教育馆　位于瞻仰广场西侧。2009年9月，沙家浜廉政教育馆被授予为江苏省廉政教育示范基地。展馆占地面积460平方米，展示了在沙家浜地区战斗和工作过的28位仁人志士的廉政事迹。

国防教育园　位于沙家浜革命历史纪念馆北侧，占地面积8.7公顷，有射击运动中心、军事武器展示区、成人拓展训练区、户外野营帐篷区等。在这里，可以体验战地生活，历练人的意志，挑战自我极限。2010年9月，国防教育园被命名为“全国国防教育示范基地”。

环湖绿色游览区

游船码头　位于隐湖南侧，隐湖长廊附近，有手摇小木船、竹筏船、画舫和龙舟。坐上手摇小木船，在芦苇荡里转一圈，听船娘唱歌，看芦荡美景，在波涛上搏击，在风浪里逗乐，别有一番乐趣。

隐湖柳堤 又名“隐湖长廊”，全长175米，是为纪念在这片芦苇荡里诞生的济南军区二十集团军一七五团而设计建造的。附近有淼亭、观景亭、问渔亭等，在长廊里漫步，仿佛与大自然融为一体。

江南小渔村 其间有茅屋、竹桥、菜园、草地等，再现了二十世纪三四十年代的渔民小村景像。电视连续剧《沙家浜》中沙奶奶的房屋就是在这里拍摄的。

万竹岛 这是一个占地面积2.3公顷的小岛，岛上种植着3.65万株竹子，有100多个品种，故名“万竹岛”。

印报所 这里是再现当年新四军用来印刷《大众报》和《江南》半月刊的场所，全称江南出版社，简称江南社，社长冯二郎。

船桥 用16条木船连接后，在船上铺上木板可供部队通行的临时桥梁。沙家浜以水多著称，抗日战争时期，新四军大部队在这里行动不便，当地老百姓就用船桥作为临时桥梁供部队通行。

文脉流长 是近年开发的毛晋纪念广场。这里展示的毛晋坐像高1.65米，10根参差不齐的石柱象征毛晋坎坷的人生。左边的黄石假山上展示的是他的部分印章，他用过的印章总共有100多方。

芦花村 三面环水，在水中央。既是风景秀丽的江南村落，又曾是抗日战争时期新四军隐蔽的战场。这里有现代京剧《沙家浜》“智斗”一折戏中的人物雕塑，是当年阿庆嫂智斗顽敌的情景再现。

水上舞台 每遇重大节庆活动，艺术家们可以在此尽情展示才艺。在水上欣赏艺术家们精彩表演，别有一番情趣。中央电视台曾多次在这里拍摄《乡村大世界》等节目。

毛晋纪念广场

水上舞台

双莲轩

双莲轩 位于隐湖南侧，沿湖建筑。北面碧波荡漾，虹桥倒影，白帆点点；四周芦荡绰约，睡莲溢香。在此倚窗品茗，清风送爽，醉人心肺，令人流连忘返。

红石民俗文化村

牌坊 典型明代风格的牌坊，正面、背面均有楹联和横额。正面是“积耻填膺丸泥劫寇名天下，同仇敌忾苇渚藏兵旌义乡”，横额“天开波镜”；背面是“漫天烽火幸喜江山一孤注，扑地狼烟邑乘无遗众庶功”，横额“光争日月”。这两副对联是由著名国画大

师张大千的关门弟子曹大铁晚年撰书。曹大铁在书画、作对、赋诗等方面功底深厚，他的晚年作品流传不多，件件均系珍品。

文昌阁 原址在沙家浜镇湖浜村，由本镇望族石氏所建，清代状元、两朝帝师翁同龢题匾。文昌阁于 1998 年重建。沙家浜镇历史上第一个共产党支部在文昌阁成立，是革命烈士石楚材的重要活动场所。石楚材是土地革命时期的地方领袖，后因叛徒出卖而被捕牺牲。

文昌阁

土地庙 1939年11月6日，以新四军36位伤病员为骨干的“新江抗”在此成立。第二天，他们袭击了一艘下乡抢粮的日军汽艇，打响了“新江抗”抗战第一枪。土地庙是“新江抗”成立的纪念地。

根雕馆 为农民收藏家唐祥元的私人收藏馆，收藏品为形态各异的根雕艺术品。唐祥元从20世纪60年代开始，不惜花资万元，走遍全国各地，节衣缩食，呕心沥血，百般寻觅。这里展示的根雕作品共60件，其中《万花聚瓔》《升腾》《双狮滚球》《水上眉梢》等均为艺术珍品。馆内辟一角为“水倚风”，展示蓝印花布等旅游产品。

婚育馆 大门上方有“天锡纯嘏”匾额，意为上帝赐予好福气，是旧时大户人家通常使用的吉祥话。堂屋里展示有现代京剧《沙家浜》里土匪司令胡传魁结婚时

土地庙

婚育馆

的场景。

红石村春来茶馆与戏台 茶馆建于2001年，又称“第三代春来茶馆”，由现代京剧《沙家浜》郭建光原型之一的夏光题写匾额。傍水建筑，古色古香。茶馆对面建有戏台，每天有早、晚两场演出，在春来茶馆边品茶边观戏，有一种身临其境的感觉。

迷宫与休闲

水上迷宫 再现当年新四军藏身养伤的地方。伤病员往往备有一条小木船，与下乡扫荡的日伪军在芦苇荡里“捉迷藏”。芦苇荡里地形复杂，如果没有向导引路，往往驶得进、走不出。

陆上迷宫 略小于水上迷宫，里面有小径、竹桥、凉亭。游人走累了，可以在凉亭休息；迷失了方向，可以到问渔亭问路。

百菜园 昔日的百草园，如今的百菜园，是集现代农业展示、生态、旅游、采摘于一体的小型现代农业展示区。这里有露地种植、防虫网栽培、水生蔬菜及瓜果种植，还有禽类养殖等。园区引进以色列先进喷、滴灌系统，应时蔬果，四季皆有。

休闲小木屋 竹木结构，濒水而筑，散落在芦苇迷宫深处。屋内设施高档，吃、用、住俱全，可休息，可聊天，可垂钓，可烧烤，可品茗饮酒，可吟诗作画，被人们称作“景中乐园，天然氧吧”。

农家乐 有风车、人力水车和第一代春来茶馆。古色古香的房子，原汁原味的桌椅、吊闼门窗，复原了当年《沙家浜》剧中阿庆嫂智斗胡伟魁、刁德一的场景。

芦苇迷宫

百菜园

横泾老街影视基地

由美术设计师路奇设计。2005 年 3 月 23 日，沙家浜风景区横泾老街影视基地正式竣工落成。该影视基地还原了 20 世纪 30 年代横泾古镇风貌，有地主庄园、特色店铺、小石桥、老街、更楼、碑亭、民居、戏台、城墙、茶馆、市河、廊棚等建筑 32 处，总投资 2000 万元，占地面积 2 万平方米，建筑面积 1 万平方米。

由中国新四军和华中抗日根据地研究会、江苏省广播电视总台、常熟市人民政府联合摄制的 30 集电视连续剧《沙家浜》在这里拍摄，制片人朱学峰（朱洪），总导演黄蜀芹，由许晴饰阿庆嫂，任程伟饰郭建光，陈道明饰刁德一，刘金山饰胡传魁。2006 年 4 月 22 日，举行首播仪式。2006 年 5 月，在全国各电视台同步播出。

继而，在此拍摄的电视连续剧有《三言两拍》《金色年华》《闪闪的红星》《谭老板》《陆小凤》《中国酒王》《霍元甲》《茉莉花》《军医》和《奶娘》等。

老城墙 位于横泾老街影视基地以北。于 2004 年 12 月动工建造，至 2005 年 3 月竣工。城墙高 4.5 米，宽 2.6 米，长 73 米。中间建有城楼，城楼高 6.5 米，城门宽 3 米，城门顶高 3.5 米。电视连续剧《沙家浜》拍摄时，被选为常熟城城墙背景。

老河道 系横泾老街影视基地的市河，河面宽 5 米，全长 120 米。河面上有 3 座小石桥，分别是平安桥、聚隆桥、长生桥。该老河道是影视基地唯一的小河道。

钓渚渡桥 又名“云庆桥”，三孔石拱，位于横泾老街城墙以北。建于明崇祯年间（1628 年~1644 年），清康熙、嘉庆年间重修，现为常熟市文物保护单位。

江南农俗馆 2008 年开馆。在封闭式结构的江南大户人家宅院内，由水乡生活展示区、农家生活展示区、纺纱织布展示区组成，展厅面积 400 平方米，通过声、光、电模型和多媒体等方式，重现江南水乡人家的生活场景，展现了江南农耕文化和水乡民俗风情。展示的农机农具均由民间收藏家沈月英提供。

城墙

市河

刁宅大院

翁家糟坊 江南酿酒术源远流长，其传统工艺在民间代代传承。糟坊内的发酵、压榨、蒸馏等流程，至今仍保存着原生态的操作法。这继承了翁同龢家族的制酒方法，故名“翁家糟坊”。2005 年，移进风景区并重新开张，占地面积 300 平方米。翁家糟坊制作工艺完备，自酿土烧、黄酒、白酒等，现做现卖。

刁家大院 横泾老街影视基地规模最大的宅院，总面积 2000 多平方米。大院后面还有后花园、假山、池塘、厢房等配套建筑。此院是电视连续剧《沙家浜》的重要拍摄场景地。

横泾老街春来茶馆 “垒起七星灶，铜壶煮三江。摆开八仙桌，招待十六方。”电视连续剧《沙家浜》中“智斗”一场就在此拍摄完成。茶馆内的大水缸不禁让人回想起阿庆嫂机智地让胡传魁躲进大水缸逃过追捕的情形。

蓝印花布染坊 据常熟地方文献记载，当地的印染工艺起始于元代初期，已有 700 多年的历史。到清代末年，这里的印染行业已具有一定的规模。印染主要是蓝印花布，民间十分流行。染坊展示区有 50 平方米，摆放了许多染坊设备，供游人参观。

苏绣绣坊 苏绣起源于 2000 多年前春秋时期的吴国。江南妇女素有绣花的传统习俗。民间绣品中，有绣花鞋、绣花枕头、绣花被、嫁衣等日常用品。随着纺织手工业的发展，苏绣工艺也得到了进一步发展。表现的题材有花鸟鱼虫、人物风景。作品具有图案秀丽、色彩鲜艳、线条明快、针法活泼的地方特色。这里的绣坊于 2005 年开张，占地面积 100 平方米，展示的苏绣工艺品，既供大家欣赏，也供大家选购。

古街铁匠铺 以前的小镇上都有铁匠铺，主要生产各种简单的农具及菜刀、火钳等生活用具。随着时代的进步，铁匠铺已越来越少见了。这里再现了旧式铁匠铺模样，占地面积 20 平方米。有一位铁匠师傅在此演示，也可以与游人互动，制作的铁制品可供出售，有锄头、鱼叉、花铲等。

染坊

铁匠铺

沙家浜湿地公园

沙家浜湿地公园

《沙家浜湿地公园总体规划》于 2009 年 11 月 6 日接受专家评审，常熟市政府领导出席评审会。经过将近一年的建设，一期工程至 2010 年 9 月竣工，是月 10 日正式对外开放。先后被评为国家城市湿地公园、国家湿地公园。

沙家浜湿地公园总占地面积 333.3 余公顷，其中湿地面积占 75%。通过建设，形成了生态保护、景观修复、观光游赏、科普教育等主要游览区域。具体划分为生态湿地保育区、水绿植被恢复区、宣传教育展示区、革命文化传承区、拓展休闲游览区和绿色服务接待区等。其中生态湿地保育区是沙家浜湿地公园的核心地域，以原有的自然生态风貌，建立完善的湿地构架生态系统，建设科普观鸟基地和湿地科普基地。宣传教育展示区主要展示亚热带地区湿地植被、水生动植物和鸟类，使游客认识湿地、了解湿地，达到科普教育的目的。湿地公园还提供餐饮、购物、住宿、表演等服务。

芦荡人家　芦荡人家还原了常熟典型的江南水乡古镇村落风貌。该区以芦荡水街为主，有结合云庆堂和乡间农舍的特色化餐饮住宿。

植物园　湿地植物园是一个以展示芦苇、菖蒲、香蒲、荇菜等江南湿地植物品种为主的专类植物园。由高到低、由大到小、由整到零的景观结构，将破碎的湿地景观串联，形成整体，打造了富有江南水乡气息的多元化生态环境系统。

渔乐园　湿地渔乐园中各种不同的景点，形成了河藕飘香、雪融芦花、四季如诗如

芦荡人家

画的江南湿地景观。这里有蟹趣滩、觅虾台、净水潭、浊水潭等展示湿地生态循环系统的景观设计，全方位、多侧面地揭示出湿地作为“地球之肾”的奥秘。

旅游线路

红色教育游 红色教育游的主体是革命传统教育区，包括沙家浜革命历史纪念馆、法制宣传教育中心、禁毒教育馆、廉政教育馆、瞻仰广场、国防教育园、拓展基地、伤病员之墓等。游览线路是：照壁—东进桥—法制宣传教育中心—禁毒教育馆—廉政教育馆—瞻仰广场—伤病员之墓—沙家浜革命历史纪念馆—国防教育园—拓展基地。

绿色生态游 浩浩荡荡的芦苇丛，宽阔的水域，茂密的绿化以及多样的水岸线，形成沙家浜“水与芦荡”交替融和的幽美格局，绿色生态游的主体是芦荡迷宫、渔乐园、植物园、沙家浜湿地公园等。

绿色生态游

金色美食游

游览线路有甲、乙两条，甲线路是：红石民俗文化村—游船码头—双莲轩—劳模林—横泾老街—沙家浜湿地公园—渔乐园—植物园—芦苇迷宫—芦荡剧场—江南小渔村—万竹岛—红石总站—出口；乙线路是：红石总站—江南小渔村—文脉流长—芦花村—横泾老街—沙家浜湿地公园—横泾剧场—劳模林—芦苇迷宫—第一代春来茶馆—卧波桥—美食街—出口—春来坊。

金色美食游 芦苇丛中，江南岸边，饮一杯淡酒，喝一杯浓茶，品蟹赏菊，看芦花轻舞，闻芦苇细语，别有一番情趣。沙家浜的美食特产除了有“荤八鲜”（河蟹、河虾、鳗鲡、白鱼、黑鱼、鳜鱼、昂丝鱼和花郎季）、“水八鲜”（莲藕、菱角、慈姑、茭白、芋艿、水芹、芡实、荸荠）外，有名的水产有鳑鲏鱼、凤尾鱼、甲鱼、鲶鱼、翘嘴黄颡鱼、塘鳢、青鱼、黄鳝、螺丝、河蚌等，特种水产有长江刀鱼、富贵喜鱼、冷水狗鱼、鲥鱼、金斑鱼、胭脂鱼、太阳鱼等；有名的素菜有马兰头、荠菜、枸杞头、菜花干等。名点心有冰冻绿豆汤、囫囵月饼、桂花糕、豇豆麦糕、青团、南瓜粥、南瓜饼、韭菜饼、虾饼等。另有沙家浜爊鸡、金唐市青鱼干等。景区里美食街、美食店随处可见，如果一时找不到，可以问一下问渔亭里垂钓的渔翁或春来茶馆里的茶客，好客的主人会热情招呼。

实景剧《让子弹飞》

演艺文化游 观众在轰鸣的炮火声中感受真实的革命场景，古色古香的横泾老街可以亲身感受民俗风情。实景剧《让子弹飞》《芦荡烽火》，使人感受到战争年代的惊心动魄；样板戏《智斗》《军民鱼水情》，使人体会鱼水情深的瞬间；水乡婚俗、石湾山歌，使人难忘民俗文化的魅力。

休闲养生游 这里有春来茶馆、温泉度假中心和还原古镇村落的芦荡人家。还可以坐上手摇木船，在芦苇迷宫里转一圈，尽情呼吸新鲜空气，看水上碧波荡漾，望两岸一片翠绿，听船娘渔歌声声，使人心旷神怡，遐想连连。

休闲养生

游览观光

附：游沙家浜风景区定制活动的项目

沙家浜风景区水如蛛网，绿树成荫，芦苇密布，小桥流水，充满野趣。在这里，你可以移步在碧波河畔、绿芦丛中，或林间散步，或茶室品茗，或酒家小憩，或乘上一艘快艇，在水上冲浪，或坐上一条木船，在芦苇迷宫中自由自在地划行。让青青芦叶擦肩而过，尽情享受这绿色生态美景。

游沙家浜风景区有10个定制活动项目：

一是参观沙家浜革命历史纪念馆，了解“江抗”历史，重温沙家浜军民抗击日军的英勇无畏的崇高精神。

二是在茶馆边品茶边观看现代京剧《沙家浜》精彩片断。在红石民俗文化村和横泾老街有两个戏台，每个戏台每天上午和下午均有演出。

三是乘船游芦苇迷宫，看两岸美景，听船娘唱当地民歌，亲身体验芦苇荡里复杂的构造。

四是现场观赏实景剧，在横泾剧场看《让子弹飞》，在芦荡剧场看《芦荡烽火》。精彩的武术表演，高科技的声、光、电，轰鸣的枪炮声，将你带入战火纷飞的年代。每天有上午和下午两场演出。

五是游湿地公园，亲近大自然，观野生植物、飞禽虫鱼，休闲垂钓，享受天然氧吧带给你的怡悦。

六是逛横泾老街影视基地，这里有春来茶馆、刁宅大院、芦荡人家、特色店铺和古宅城墙。品名点小吃，购地方特产、地方工艺品。还能欣赏到由民间艺术团即兴表演的石湾山歌、打莲厢、水乡婚俗表演等。

七是游国防教育园，这里有水上战舰游乐场、军事展示区、拓展训练区、野营帐篷区等，集游乐、健身、休闲、军训于一体。

八是品尝阳澄湖大闸蟹，“不到芦荡辜负目，不吃螃蟹辜负腹”。这里有众多的饭店、酒家，以湖鲜、地产素菜为主菜，随时都可以一饱口福。

九是光顾红色书屋，观赏沙家浜风景，购买沙家浜革命书籍，把沙家浜的红色印象带回家。其中书屋里的沙家浜红色连环画，是广大青少年最喜爱的读物。

十是到沙家浜温泉浴场泡一泡温泉，这里有适合各类人群、让你感受人与自然共和谐的温泉池以及温泉游泳馆。

节庆活动

沙家浜旅游节 2000年10月1日~11月10日，沙家浜风景区举办了江苏常熟沙家浜旅游节，“阿庆嫂回娘家”文艺专场、“今日沙家浜”名人摄影展、“芦荡风情”戏曲专场、“游沙家浜芦苇荡，品阳澄湖大闸蟹”专题旅游等10多项活动。2001年9月20日，“芦苇青青水乡行”第二届沙家浜旅游节开幕，历时2个月，有上海沪剧演员马莉莉首次到沙家浜重演沪剧《芦荡火种》、“水上迎亲做新人”表演、“沙家浜啤酒”喝饮比赛、芦荡风情插花比赛、瞻仰广场灯谜活动等项目。2002年9月21日开幕的沙家浜旅游节，成为中国苏州国际丝绸旅游节的组成部分，历时3个月，有沙家浜阳澄湖大闸蟹旅游节、华东18个城市沙家浜游联动首游仪式、中秋赏月夜游、戏曲专场、民间文艺表演、水乡渔猎表演、龙舟赛、民间小吃展示等。至2006年，沙家浜旅游节改由常熟市政府主办，以后每年举办一次。

沙家浜旅游节盛况

挑花担

阳澄湖大闸蟹美食节 2000年10月10日，首届沙家浜阳澄湖大闸蟹美食节在沙家浜风景区开幕，历时2个月。以后每年的9月～10月，沙家浜镇都要举办阳澄湖大闸蟹美食节。其间，阳澄湖大闸蟹全面上市。沙家浜镇境内2个大闸蟹交易市场全部开张营业，同时，开展丰富多彩的文娱活动，每天慕名而来的食客、游客达1万余人。美食节期间，沙家浜风景区推出《欢乐沙家浜》“十一”黄金周特别节目、“江南寻梦找童年”全国老年合唱活动、中秋之夜焰火晚会、夜游影视基地、沙家浜影视文化月、农民龙舟赛、大闸蟹美食、“情系沙家浜”书画展、水乡船文化博览等活动。

阿庆嫂民俗风情旅游节 2003年6月8日，沙家浜镇在芦荡风景区举办的首届沙家浜阿庆嫂民俗风情旅游节开幕，历时3个月。主要活动内容有沙家浜踏青节、苏州国际风筝节、“春来沙家浜”、亲子家庭游园会、沙家浜端午文化节民俗文化展示、民间工艺展示、各类民间游乐等活动。以后每年举办一届，一般定在每年的4月～6月间。

啤酒节 “沙家浜牌”啤酒是海虹啤酒厂生产的名牌产品。2006年9月17日，海虹啤酒厂与沙家浜风景区联合举办首届沙家浜啤酒节。以后每年举办一届，历时1个月。

风筝节 风筝，俗称“鹞子”。每年一到春天，沙家浜民众素有放风筝的习俗。田野之间，男女老少均踊跃参与，相与竞赛，至清明结束，俗称“清明断鹞”。2006年，首届沙家浜风筝节开办。2008年5月1日，第三届苏州国际风筝节在沙家浜风景区开幕，参赛者制作形式各异的风筝放飞天空，有蝴蝶鹞、八角鹞、蜈蚣鹞、飞机鹞、大鸟鹞、巨龙鹞等。有人别出心裁，制作出一只仿制《沙家浜》“智斗”场景的大风筝，高低参差，串联成珠，在蓝天衬托下，蔚为壮观。风筝节为期1个月。

龙舟赛节 划龙舟，俗称“摇龙船”。在古代荆楚地区是为祭祀屈原，在吴越地区是为纪念伍子胥，而在沙家浜镇，传说是为纪念、祭祀李王和金大人。李王，即宋代的李禄，他在生前为民驱瘟免灾，救民于灾难。民间传说他死后化为水神（海神），护卫海漕，保佑四方平安，为百姓所崇敬。金大人，名金七，常熟西北乡人，明代抗倭英

阳澄湖大闸蟹

风筝节

龙舟赛

雄。传说死后化为神，守护黄河堤坝，保护百姓免受水灾。沙家浜地区民间的龙舟赛事活动，到1956年以后才消失。2004年4月20日，沙家浜风景区在隐湖水域举行“中利杯”全国龙舟精英赛，来自全国各地的各路精英云集芦苇荡，一显身手。是年5月4日，举行2004沙家浜“中利杯”全国龙舟精英赛。2005年10月3日，举行“今越杯”沙家浜龙舟赛。2006年5月28日，举行2006“中国电信杯”沙家浜龙舟对抗赛。是年10月6日，举行2006“百天奴杯”沙家浜龙舟邀请赛。2007年5月6日，举行2007“白雪杯”沙家浜农民龙舟对抗赛。是年10月5日，举行2007“星辉实业杯”江苏省全民健身运动会社会体育部龙舟比赛；6日，举行2007“星辉实业杯”中国沙家浜江浙沪龙舟邀请赛。2008年5月6日，举行“紫荆花杯”江苏省第六届农民运动会暨省全民健身运动会农民体育部“金牛华尔车杯”龙舟比赛。是年6月8日，举行沙家浜端午景观龙舟表演赛。是年10月3日，举行“南厨杯”第十届沙家浜龙舟对抗赛。龙舟赛节恢复至今，沙家浜风景区已举办龙舟赛上百次。

湿地公园文化节 2014年10月，沙家浜风景区举办首届湿地公园文化节。节日期间，景区还和台湾关渡自然公园湿地管理处共同举办一期管理增训班。此后，两家湿地公园将联手共同关注和支持对湿地的保护，进一步发挥国家湿地公园的社会效益。

其他节庆活动 每年春节、清明节、端午节、中秋节等传统节日和“三八”妇女节、“五一”劳动节、“五四”青年节、“六一”儿童节、“七一”建党节、“八一”建军节、“十一”国庆节，以及11月6日“新江抗”成立、新四军东进、抗日战争胜利等重大节日，沙家浜风景区都有不等规模的节庆纪念活动。节庆期间，开展的活动有荡湖船、打莲湘、水乡婚嫁仪式、评弹演唱等。

旅游服务

餐饮 沙家浜经济繁荣，物产丰富，素有“鱼米之乡”美称。沙家浜人通过各种烹饪手段，结合传统的制作方法，制作了各类特产，彰显了地方特色。美食街区，入景区大门，位于照壁西面、第二代春来茶馆周围有 3 家。春来街坊，景区出口处，在行政中心周围有 5 家。餐饮区，景区大门左侧，停车场北面，共有 6 家。草荡面上，位于景区向南过锡太公路，共有 10 家。芦苇荡路，沿路农家菜小饭店共有 3 家。特色小吃、名品特色小吃、名品有沙家浜爊禽、叫花鸡、冰冻绿豆汤、囫囵月饼、桂花糕、青团、南瓜粥、南瓜饼、韭菜饼、鸭血糯、武大郎烧饼等。

特色演出

水乡婚俗表演 定期在横泾老街进行水乡婚俗表演，有迎亲船、花轿、鼓手乐队、喜娘、茶担师傅。新郎、新娘随着迎亲队伍穿过古城门，缓缓地行进在石板街上，步入大院，拜天地，结连理，在众人的声声道喜中，一场旧式婚礼在热闹地进行着。

石湾山歌表演 枕河而居的芦荡人家，用山歌隔河对唱，这种原生态的石湾山歌表演，吸引游人止步听赏。如今，在横泾老街每日表演 5 场，歌声依然是那样原汁原味、宛转悠扬。

剧场演出

芦荡剧场 位于横泾老街北侧，占地面积 1.7 万平方米，容纳观众 3000 人。演出剧目《芦荡烽火》，每天上午 11：00 至 11：30，共半小时。演出运用火爆、水爆等高科技手段，配合水上飞艇等特技表演，场面震撼，仿佛身临其境。

横泾剧场 位于横泾老街东侧湿地公园，占地面积 1.5 万平方米，容纳观众 2600 人。演出剧目有《让子弹飞》，每天下午 2：00 至 2：30，共半小时。精彩的杂技、武术表演融入其中，同时，伴随轰鸣的炮声和枪声，让人仿佛身临其境，领略到沙家浜军民不屈

水乡婚俗

石湾山歌表演

现代京剧《沙家浜》折子戏《智斗》

《芦荡烽火》

不挠的战斗精神。

舞台表演

红石村戏台 位于红石民俗文化村第三代春来茶馆前，每天上午和下午各演出一场，剧目是现代京剧《沙家浜》折子戏《智斗》，每场约半小时。

横泾老街戏台 位于横泾老街影视基地，临街而建，每天上午与下午各演出一场，剧目同上，每场约半小时。

水上舞台 每逢重大节庆活动，艺术家们可以在此尽情展示才艺。游人在水上欣赏艺术家们的精彩表演，别有一番情趣。中央电视台曾多次在这里拍摄《乡村大世界》等节目。

游娱活动

水上游芦苇迷宫 有限乘 6 人的手摇船、限乘 8 人的机动竹筏、限乘 14 人的机动小画舫、限乘 40 人的机动大画舫等。在水上游览，观周围美景，跟船娘学唱当地民歌，听导游讲抗日战斗故事，让人流连忘返。

儿童乐园寻觅童趣 位于沙家浜革命历史纪念馆西侧，过隐湖桥。活动项目有租小划船，玩碰碰船，走水上步行球，还可以玩钓金鱼游戏，以及自驾电瓶车周游景区。

国防教育园游乐 位于沙家浜革命历史纪念馆北侧，活动项目有坐水上小型战舰、汽步枪射击、抢滩登陆射击，还有走趣味桥、勇攀高峰、卓别林竞走、空中排球、跋山涉水、徒手营救等活动。

休闲场所

第一代春来茶馆 位于陆上芦苇迷宫出口处，总面积 100 平方米，是一座古色古香的仿水建筑，木格板窗，屋角挑一面“春来茶”店旗。因建于芦苇荡开发之初的 1990

年，故称第一代，是游客休闲品茗的场所之一。

第二代春来茶馆 位于照壁西侧，系傍水仿古建筑，占地面积180平方米。建于1996年，匾额由当年“新江抗”司令夏光题写，室内七星灶、八仙桌、铜壶、水缸等应有尽有，是游客休闲的好场所。

第三代春来茶馆 位于红石民俗文化村，总面积300平方米，分上下两层，建于1999年。“春来茶馆”四字由夏光题写。茶馆对面的戏台上，每天定时演出现代京剧《沙家浜》选段，游客在这里边品茗边看戏，别有一番情趣。

双莲轩茶馆 位于游船码头东侧，占地面积180平方米，名曰“双莲轩”，采杜甫“并蒂芙蓉本自双”的诗意，取明末清初藏家书毛晋的藏书楼之名而来。双莲轩三面环水，矗立在碧水绿波之上，设施现代，窗明几净，室内四季如春，窗外碧波荡漾，四周风景如画。

横泾老街“春来茶馆” 横泾老街影视基地的一幢仿古建筑，东面背靠老街，西面紧挨隐湖，与茫茫芦苇荡隔水相望。2004年10月，为拍摄电视连续剧《沙家浜》而建。茶室内厅由方砖铺地，并备有八仙桌、七星灶和胡传魁司令当年藏身的大水缸。大门口还有现代京剧《沙家浜》“智斗”的一组雕塑，再现了阿庆嫂智斗顽敌的场景。茶室占地面积400平方米。

第三代春来茶馆

住宿

常熟是国际花园城市，礼仪之地，至诚服务，宜游宜居，旅游服务设施配套齐全。仅沙家浜风景区及周围，有上海总工会沙家浜度假中心、沙家浜凤凰度假酒店、网络神卡通假日酒店、阳澄湖大酒店、沙家浜温泉国际度假中心等。截至 2014 年年末，拥有星级标准客房 966 间（套），可同时接待 3000 人食宿。景区内尚有小木屋 14 间（套）、芦荡人家 5 间（套），均可供游人食宿。在常熟市区，还有 21 家星级宾馆、饭店供游人食宿，汽车从城区到景区直达仅 15 分钟。

上海总工会沙家浜度假中心　地址在沙家浜镇沙南路 101 号昆承湖畔，建于 1992 年，当时总投资 4.5 亿元。中心内有国际会议厅、高级宾馆、保龄球健身房、网球训练场、电子游戏城、水上游艇等。2005 年，被授予“全国劳动模范休养基地”称号。拥有床位 2000 张，可供 3000 人食宿，被汪道涵称为“家外之家”，并留下了“家”的题词。

沙家浜凤凰度假酒店　与沙家浜风景区毗邻，是集商务、会展、教育培训、旅游、度假、疗养、娱乐为一体的综合型酒店。占地面积 2.7 万平方米，拥有主楼 1 幢、副楼 6 幢，有客房 92 间（套）。具有高星级设施标准，备有大型宴会厅，可容纳 450 人就餐，中餐包厢 14 个，西餐厅（自助餐厅）可一次容纳 100 余人。

网络神卡通假日酒店　与沙家浜风景区毗邻，共有 33 间（套）豪华舒适的客房，所有房间配备宽带上网，为客人提供宾至如归的优质服务。拥有风格典雅的中餐厅、宴会包厢和高档宴会厅，共计 400 个餐位。主要以淮扬菜为主，结合苏帮菜和传统地方特色菜。

阳澄湖大酒店　位于沙家浜风景区东侧，拥有 130 间（套）客房，具有星级设施标准，是举办各种会议的首选地。集餐饮、住宿、娱乐、休闲于一体，酒店推出“荤八鲜”“水八鲜”“老八样”等特色美食，深受食客欢迎。

沙家浜温泉国际度假中心　位于沙家浜风景区西侧，是一个集温泉、休闲度假、五星级酒店及配套的水上乐园、康乐中心等为一体的度假休闲场所。在 2013 年第十四届沙家浜阳澄湖大闸蟹美食节蟹菜烹饪技艺大赛中，选送的“灌蟹龙虾球”特色蟹菜荣获一等奖。

芦荡人家　位于沙家浜风景区湿地公园，还原水乡古镇村落，提供高品质、原味的乡野生活。配套民俗民风特色住宿，是集休闲、垂钓等一体的场所，是一次身心融入自然的体验。

购物

景区内横泾老街有各种水乡风味小吃、水乡服饰及地方工艺品。景区大门出口处有地方特色产品购物店，有沙家浜爊禽、叫花鸡、王四桂花酒等。

阳澄湖水产交易市场 沙家浜水产交易市场境内有2家，总摊位200多个，分别为沙家浜阳澄湖大闸蟹交易市场，位于常台高速公路沙家浜入口处，有摊位112个，是常熟市境内规模最大、摊位最多、设施较为完备的大闸蟹交易市场；还有阳澄湖水产品交易市场，位于常昆公路北段，交易大闸蟹、虾、鱼类等水产品。

服装城 与景区相距10千米的是常熟服装城，连续三届名列“中国十大服装专业市场”榜首。各类时装、时尚饰品、床上用品等应有尽有。

交通

水路交通 沙家浜镇是典型的江南水乡，境内大小河流交织成网，是天然航道。境内主要航道，南北向的有张家港航道、苏（苏州）虞（虞山镇）航线，东西向的主要航道有戚浦塘、大滃江、山泾塘、金庄泾等。在沙家浜风景区内，有水上环游线，码头为水路和陆路交通的节点，主要景点码头有红石村游船码头，位于红石民俗文化村；东摊码头，位于横泾老街影视基地；北荡码头，位于隐湖南侧，双莲轩附近；万竹码头、春来码头，位于革命文化传承区；芦荡码头、潜伏码头、逆行码头，位于拓展休闲游览区；翠竹码头、芦映码头、鸟息码头、科普码头，位于湿地保育区；悠悠码头、英雄码头、芳草码头，位于水绿植被恢复区。水上交通运输工具有：手摇木船，限乘6人，共40条；机动竹筏，限乘8人，共12只；机动小画舫，限乘14人，共4条；机动大画舫，限乘40人，共3条。

陆上交通 沙家浜风景区是长江三角洲高速公路网中的一个重要节点。常台高速公路在沙家浜风景区附近设有互通立交，往东北方向，在董浜枢纽与沿江高速公路立体交会后，直行通往苏通大桥至苏北，转沿江高速可通达上海或南京；在沙家浜互通立交北往1千米，可与锡太公路交会，转行可达无锡或昆山；往南直行，可与苏州绕城高速公路交会，通达苏州、嘉兴、杭州；从沙家浜风景区至常熟市区的干道有新世纪大道、227复线、沙常公路和昆承湖环湖公路。境内公路全长120千米，常熟市区至沙家浜风景区的公交汽车有5路、224路，每10分钟～20分钟有一次班车。沙家浜风景区至尚湖风景区有专车，每天2班。无论从哪个方向到沙家浜风景区，交通十分方便，上海到沙家浜风景区直达1小时，杭州到沙家浜风景区直达2小时，苏州至

常台高速沙家浜站

沙家浜风景区直达仅半个小时，常熟市区至沙家浜风景区直达只需 15 分钟。景区大门外设有停车场。

沙家浜风景区陆路交通 乘坐观光电瓶车从景区入口处红石总站上车后，中途停靠的站点有国防教育园站、文脉流长站、芦荡剧场站、横泾老街站、双莲站等。观光电瓶车，限乘 13 人；观光马车，限乘 11 人；自助式游览车，限乘 2 人或 4 人。

附一：沙家浜风景区内的桥（共 18 座）

东进桥，位于革命传统教育区，为纪念新四军东进抗日而建。

双莲桥，位于双莲湖韵，延用明末清初藏书家毛晋的藏书楼名。

荷花桥，位于双莲湖韵，取周围荷花盛开的美景而定名。

长生桥

横泾桥，位于横泾老街西入口处，延用横泾老街名。

八字桥，位于横泾老街东入口处，为纪念1941年6月10日的八字桥战斗。

长生桥，位于横泾老街之北，具有“吉祥长生”的意思。

聚隆桥，位于横泾老街西岸之北，意为聚集财源、生意兴隆。

平安桥，位于横泾老街西岸之南，意为祝愿游人吉祥平安。

天寿桥，位于湿地公园南入口，天寿是长寿的意思，吉祥话。

钓渚渡桥，位于湿地公园北入口，市级文物，原是撒满鸟尿的渡口，建桥后俗名“鸟尿渡桥”，因名太俗，后人更名为“钓渚渡桥”。

听雨桥，位于沙家浜湿地公园芦荡人家民居附近，取唐代诗人孟浩然“夜来风雨声”的诗句而得名。

乌木桥，位于湿地公园西北角芙蓉岛附近，原桥用乌木搭建而成，延用旧桥名。

合欢桥，位于湿地公园之北，因桥建在合欢树旁而得名。

涌绿桥，位于湿地公园之南、横泾剧场东侧，因这里被绿树环抱而得名。

蒹葭桥，位于农家菜园附近，取《诗经》中“蒹葭苍苍，白露为霜”之诗句而得名，蒹葭即是芦苇的古称。

白露桥，位于陆上芦苇迷宫北侧，取二十四节气之一的“白露”命名。

卧波桥，位于景区南出口处，桥似横卧在绿水碧波之上，故名。

隐湖桥，位于儿童乐园西入口，俗名“铁索桥”。因地处隐湖附近得名。

附二：自驾游线路推荐

①上海—沙家浜（1小时）

a. 上海—沪嘉高速—沿江高速—常台高速（苏嘉杭·苏州方向）—沙家浜出口下

b. 上海—沪宁高速—常台高速（苏嘉杭·常熟方向）—沙家浜出口下

②杭州—沙家浜（2小时）

杭州—沪杭高速—常台高速（乍嘉苏）—沙家浜出口下

③南京—沙家浜（2.5 小时）

南京—沪宁高速—常台高速（苏嘉杭·常熟方向）—沙家浜出口下

④南通—沙家浜（1 小时）

南通—苏通大桥—常台高速（苏嘉杭）—沙家浜出口下

水乡风物

沙家浜镇属江南水乡低洼之地，河多水多，水产资源十分丰富，饮食文化充满水乡特色。

商末时，太王欲传位季历及其子昌（即周文王），太伯与仲雍让位三弟季历而以采药为名，率部分周人长途跋涉来到江南，教当地民众种桑养蚕，饲养家禽家畜。相传，他们采用“以石为纸，以炭为笔，以歌为教”的方式传播文化，把周人的诗歌和当地的蛮歌结合起来创作出新的民歌。沙家浜人的非物质文化遗产充满了水乡韵味，石湾山歌被赋予了原住地民众的文化个性，这与太伯、仲雍传播中原文化并融入当地文化有密切关系。

特色物产

阳澄湖大闸蟹 沙家浜镇地属太湖流域水网圩区，土地肥沃，水源充足，气候温和，物产丰富，为典型的江南鱼米之乡。阳澄湖、昆承湖为太湖地区著名的淡水湖，由于湖底土质硬实，湖水清澈，水草繁茂，食料丰富，形成了螃蟹生长得天独厚的生态环境。

“沙家浜牌”阳澄湖大闸蟹以青壳、白肚、黄毛、金爪为特征，将大闸蟹置于平滑玻璃上也能悬空撑立，爬行自如。这种蟹不仅健壮有力，而且肉质鲜嫩，脂厚膏盈，蟹黄凝结成块，尤以“九月团脐十月尖”为珍，即农历九月要食雌蟹，十月要食雄蟹。每年 8 月～ 11 月，各地到沙家浜品食大闸蟹的食客络绎不绝。擂姜拨醋，持螯品酒，为大饱口福之乐事。

文人墨客将吃蟹视为一种闲情逸致的文化享受，早在魏晋时期，就已蔚然成风。把吃蟹、饮酒、赏菊、赋诗作为金秋韵事，已被文人士大夫们普遍接受，并渐渐发展为邀集亲朋好友共享美味、各展才艺、联络感情、增进友谊的“螃蟹宴”。

在沙家浜，螃蟹的食用方法很多，有清蒸、水煮、酒醉、油炸、面拖、红烧等，各具风味。

阳澄湖大闸蟹

清蒸是最常见的一种方法，将个大、肢全、活动有力的螃蟹洗净，用绳或草将蟹的八条腿扎紧成团状，入锅隔水蒸熟，这样的蒸法不会走味。也可以水煮，下锅时锅里放一些生姜、紫苏、黄酒、盐，与螃蟹同煮，可以避寒解腥。食用时，以醋、糖、姜丝、酱油等拌匀，作为佐料蘸食。酒醉蟹是取健壮的活蟹，在清水里暂养，并换两三次水，使其排除体内的污物，然后捞出沥干水分，放置半小时，让其吐尽体内水分。在蟹脐内放少许盐，以精盐、葱、老姜、桂皮、八角、花椒配制成醉液，入锅后用旺火烧沸，稍熬片刻，捞去桂皮、花椒、葱、老姜等，用纱布过滤除去杂质，冷却后倒入洗干净的坛中，再以白糖、味精和高粱酒制成卤液，将蟹放入，充分搅拌并全部浸没，密封保存，10 天左右便可食用。面拖蟹是将蟹洗净后一切为二，涂上面粉，放入油锅内煎熟，加入料酒、姜末、葱、酱油、糖等调料，烧片刻即成；有的还在面拖蟹中加入少许毛豆，并将面粉制成面糊，别具风味。油炸蟹可直接油炸，也可放入辣椒。红烧蟹也是一种常见的烹煮方法，不再细述。

讲究的吃蟹方法是用专门的吃蟹工具，包括精巧的剪刀、小踯头、钳子、夹子、挑针、小叉等，完整的一套有八件，人称“蟹八件”。吃时，把蟹“大卸八块”，用工具挑出甲壳里所有的蟹肉，细细品尝。吃蟹以后，手上沾腥，要用茶叶水或菊花泡的水洗手去腥。吃过蟹后，往往要喝一碗红糖姜汤，可以暖胃，保持健康。有的老吃客用蟹壳作诱饵，投入攀网，去河边诱捕鳑鲏鱼，会收获一顿额外的美餐。

“沙家浜牌”阳澄湖大闸蟹是江苏省名牌产品。阳澄湖大闸蟹注册品牌还有“金唐市”“西凤王”等。

时鲜农家菜

沙家浜的农家菜，根据一年四季的不同而出产，且富有水乡特色。

氽鳑鲏鱼 “水乡农家尽枕河，清清河水多水鲜”。旧时到河埠水栈淘米洗菜，用筲箕饭箩捕捞到鳑鲏鱼、蹿条等小鱼，可谓毫不费功夫。将活蹦乱跳、刚捕捞到的小鱼带回家，挤去腹中肚肠，洗净沥干后，入锅油氽，蘸葱、姜、酱油入口，松脆鲜美。而且可连骨头嚼食，能补充人体钙质，营养极为丰富。

螺蛳、河蚌 水乡特产。河螺体小、肉嫩，塘螺个大、壳青、肉肥，因捕捉方便，又价廉物美，所以螺蛳一直是勤俭人家桌上的“小荤”。人们戏称螺蛳为“罐头里笃肉”，形象逼真，让人不由得吃起来更有滋味。清明前后的螺蛳，螺肉肥美，是食用的最佳时令，故有“清明螺，肥如鹅”之说。下河捕摸螺蛳的同时，经常能捞到长或扁圆形的河蚌。蚌肉鲜美可口，营养丰富，亦是农家菜之一。据营养学家研究分析，蚌肉中含蛋白质 40%，碳水化合物 30%，脂肪 20%，还含有钙、磷、铁等有益于人体健康的矿物质。蚌肉还可以用作食疗，明代药物学家李时珍记载其“能止渴除热，解酒毒，去眼赤，明目除湿”。故河蚌最适宜夏秋季节食用。蚌肉有多种烧法，农家常以蚌肉烧青菜为最。雪白的蚌肉配以青菜，菜爽而蚌肉肥，色味俱佳。

水八鲜 以素为主的水鲜有水芹、莲藕、菱角、慈姑、芡实、芋艿、茭白、荸荠，统称“水八鲜”。水芹，采摘洗净后，根茎雪白而枝叶嫩碧，用沸水烫之，拌以酱油、醋、麻油，色香俱佳，生脆可口。茭白，农历三四月采摘，剥去其外裹的包叶，内芯肥白娇嫩，蒸、煮、油焖，皆为佳肴。莲藕，生可作水果，熟可为菜肴或点心。在藕孔中灌入糯米，蒸、煮熟烂后，切成“藕断丝连”的片块，可制成筵席上的上品甜点。菱角，生食多汁甜脆。煮熟后，皮色由红泛紫而肉质香糯，称为“紫熟菱”，热吃甘美，齿颊留香。芡实，叶似荷叶，皮皱有刺，花托形如鸡头，故俗称“鸡头米”。可以生吃，也可以与糯米磨粉蒸糕焙干，食用时别有风味，因易消化，尤适宜孩童食用。慈姑，水乡低洼地多有种植，金秋时节上市。煮熟食用，口感细腻香滑，略带苦味，具有清热、解毒、降压的作用，是理想的保健食品。用以蒸鸭煮肉，酥软入味，老人食之有益健康。荸荠，因生食味如雅梨，故又称“地梨”。生熟皆可食用，还可榨汁。旧时农家守岁，常以大红枣、福建莲子、菱肉煮羹，称之为“洪福齐天汤”。芋艿，生长在水乡沼泽地中，叶似荷叶，根部呈球状。去皮煮熟后，香糯酥软，入口即化。也可以与糯米圆子混合后煮熟，加糖，俗称“糖烧芋艿”。沙家浜人有农历八月十五吃“糖烧芋艿”的习俗。

湖荡水鲜 沙家浜境内的湖泊河浜是各种水生动物的生长繁殖场所，除了养殖鲢鱼、鳊鱼、草鱼、青鱼四大家鱼，虾类以及阳澄湖大闸蟹外，还有“小三白”“小三黑”“小三黄”“小三鲜”“小三特”“小三滑”。“小三白”：鳑鲏鱼、凤尾鱼、白丝鱼；“小三黑”：塘鳢鱼、泥鳅、黑鱼；“小三黄”：花郎季、昂丝鱼、翘嘴黄颡鱼；“小三鲜”：螺蛳、田螺、河蚌；“小三特”：河豚、甲鱼、鳜鱼；“小三滑”：鳗鱼、鲶鱼、黄鳝。

特色菜肴

2011 年，常熟市被中国烹饪协会命名为“中国江南美食之都”。是年，常熟市举办首届蒸菜大赛和由江、浙、沪各地选手参加的“沙家浜”杯江南烹饪大赛。沙家浜也先后多次开展“十大蒸菜”“十大蟹菜”的评选活动。现介绍部分获奖的特色菜肴。

阳澄湖

菜花甲鱼 4月～5月是江南地区油菜花盛开的时节，正是品尝“菜花甲鱼”的大好时机。其时的甲鱼，经冬服后裙边宽厚，肉质紧密，香气充足，营养丰富，可益气健脾。甲鱼有多种烹法，唯干蒸菜花甲鱼为最。主要原料为野生甲鱼一条，调料有盐、味精、葱、姜、黄酒。烹饪方法是：甲鱼去盖后除去内脏和黑衣，洗净；甲鱼身及腿肉切块状并加入调味，完整的甲盖覆盖于面上；上笼蒸后，用旺火干蒸25分钟即成。

塘鳢鱼蒸蛋 取鲜活塘鳢鱼若干条，去鳞，从鱼鳃部除去内脏后洗净；然后加水、盐、酒、葱、姜，上笼蒸至断生即可；再将预先备好的鸡蛋打散，加入蒸鱼的原汤调匀装盆，放入塘鳢鱼上笼蒸熟即成。

毛豆子蒸六月黄 “六月黄蟹”洗净后一斩两段，挑去肠子；取毛豆子洗净沥干后，铺在盘子底部；然后将蟹铺在毛豆子上，上面再覆盖一层毛豆子；最后，用酱油、盐、鸡精、胡椒粉、菜油、葱、姜、黄酒等调料调制成汁浇在其上，上笼旺汽蒸15分钟即成。蟹黄豆青，色泽诱人。

鸡笃面筋 草鸡1只，宰杀后切块，焯水洗净待用；取麸皮面筋嵌入调好的猪肉馅中，放入锅中煮至涨发，待用；鸡块、面筋加高汤、盐、味精、葱、姜、黄酒等调味品后上笼；然后，中火旺汽蒸30分钟即成。

鲫鱼嵌肉 鲫鱼一条，去鳞，清内脏洗净后备用；取鲜肉剁成肉馅，加葱、姜、黄酒调味后放入鱼腹中；然后，加高汤、盐、味精、葱、姜、黄酒等调味品后，上笼用中火蒸20分钟即成。

八宝血糯 八宝饭的主要原料是糯米加鸭血糯，是沙家浜的土特产。鸭血糯颜色紫红，富含铁质，能补血补气。在《红楼梦》里被称为“御田胭脂米”。血糯属籼型糯稻品种，故做八宝饭时需加入六成白糯米，经淘净蒸熟，再加入瓜子、蜜饯、糖、桂花等，成为八宝粥，嵌入碗中蒸透，使八宝粥中的各种独有香味融入糯米里，再放入盆中。食用时，应先用公勺搅拌，入口香、糯、肥、甜，一齐到位。

豇豆糕 旧时，沙家浜地区农家常以糯米粉拌豇豆在饭锅上蒸煮，因状似乌龟，故俗名“豇豆麦乌龟”。抗日战争时期，当地老百姓常用豇豆麦糕慰问新四军战士。豇豆麦糕虽非名贵美食，但凝结了军民的鱼水深情。如今，人们边品尝豇头麦糕，边重温芦荡烽火，自有一番滋味在心头。制作豇豆糕的原料是糯米粉、粳米粉、豇豆若干，加上红糖后用清水拌匀，静置后揉成糕粉，上笼蒸15分钟即成。

青团 取雀麦草汁备用，将糯米粉与雀麦草汁搅拌揉成团粉待用，在豆沙馅中加入糖、油调味后拌匀，将团料做成团子后包入豆沙馅，然后将团子上笼，用大火旺汽蒸10分钟左右，冷却后出笼刷油，盛盆即成。

沙家浜“老八样”　“老八样”是沙家浜的传统菜。据民间传说，因汉钟离、张果老、铁拐李、韩湘子、曹国舅、吕洞宾、蓝采和、何仙姑“八仙”而得名，依据天宫食府菜谱，取地方原产食材烹制而成，专供凡人百姓品尝。原“老八样”菜名为“菊花爆鱼”“翡翠金砖”“招财进宝”“金屋藏娇”“神仙草鸡”“白汁银蹄”“鸡汤三丝”“南腿鸭方”。经历代传承并推陈出新，更具江南乡土气息。当地有谚语：“水乡多佳肴，迎客好热闹。传统老八样，鲜得掉眉毛。”

沙家浜爊禽　沙家浜爊禽已有数百年历史，现已发展成江南名产。其主要原料是当地养的脚黄、皮黄、嘴黄的草鸡、草鸭、草鹅，用传统的烹煮工艺加工，配以十余种天然香料，采用现代真空包装和无菌技术精制，以文火焖煮而成。爊禽的肉质鲜嫩甘鲜，卤味芳香诱人。难怪唐伯虎也曾赋诗歌颂其“十景风光似建康，物产丰富名外扬”。沙家浜爊禽不含任何添加剂，开袋即食，是家庭佐餐或馈赠亲友之佳品。

叫花鸡　又名“煨鸡”，是常熟百年老店山景园名厨朱阿二在吸收传统烹饪的基础上，根据民间传说而创制的，以酥嫩、喷香、鲜美而著称。叫花鸡现已列入《江苏菜谱》和《中国名菜谱》。

乡村稻扎肉　选用上等五花肉，切条，同棕叶焯水，取出，用棕叶将五花肉包起来，并用青稻草扎紧，茴香、桂皮、葱结、姜块用纱布扎成香料包，锅中放入鲜汤、香料包、酱油、糖、黄酒、扎肉，烧开后转小火加盖煨烧2小时，直至肉酥、味浓、清香四溢，方可收汁。其特点是色泽光亮，清香爽滑，肥而不腻，酥而不烂。

非物质文化遗产

沙家浜水乡婚俗　江苏省非物质文化遗产。2003年以来，每年在沙家浜风景区举行阿庆嫂民俗风情旅游节期间，举办水乡婚典活动。2008年11月16日，共青团常熟市委、沙家浜风景区与常熟电视台联合举办“相会芦苇荡，情定沙家浜”首届沙家浜传统水乡婚典活动，盛况空前。2012年9月29日，沙家浜水乡婚育馆在沙家浜风景区开馆。沙家浜镇的水乡婚俗是江南地方文化的重要组成部分，具有浓厚的吴文化特色。除了一般常见的婚俗礼仪之外，沙家浜水乡婚俗还有其独特形式。

沙家浜水网致密，河道纵横，往来交通多用船只，婚嫁迎亲也不例外，须准备迎亲船迎接新人，嫁妆船运输嫁妆。船队首尾相衔，装扮华丽，主要向亲戚和乡亲们展示。

新娘子出嫁由兄长背（抱）上轿，上轿时，新娘子要哭哭啼啼，亲娘也要跟着哭，哭唱《哭嫁囡》歌，显得依依不舍，磨蹭的时间较长。民间认为，此时哭反而会大吉大利。这种风俗过去在当地十分盛行。

新娘子坐迎亲船离岸后，娘家人要泼出一盆水，表示嫁出去的女儿如泼出去的水，所以有“嫁出囡，泼出水”之说。

在迎亲船行驶的过程中，船上有三支橹、六个人，必须有人“外出跳”，即摇船时，有人与摇船人以相反方向站立，扭绷（橹上的绳子）而不落入水中，以此显示船家和水手的高超技巧。当迎亲船到达男方家时，不直接停下来，须来回摇三次，称为“摇出水”，以增强迎亲的声势和热烈的氛围。同时，迎亲船到达男方家前，男方的父亲必须背着竹篓，并拿两个提桶，抢在新娘起岸前，到迎亲船前飞快地提起两桶水，放于厨房中落团圆，这便是俗称的“公爹抢水落团圆”，含有祝福新人的美好意愿。

到男方家后，送嫁妆人要“长发落”（讨红包喜钱），新娘子要跨“三灯火旺”（用

沙家浜水乡婚俗

石湾山歌

稻草扎成三个脚，点燃，新娘子用脚跨一下），表示为男方家带来旺财。

在婚嫁过程中，还必须有堂名鼓手的演出、司仪和茶担师傅的点缀、新房的布置等其他一些民间风俗和说法，以此来烘托整个婚礼的喜庆气氛。

石湾山歌 苏州市非物质文化遗产，山歌传唱在江南已有3000余年历史，因流传在沙家浜镇石湾村一带而得名。“石湾人喜欢唱山歌，肚皮里搜搜刮刮几大箩，抬到苏州城里卖，卖仔十万两银子勿算多。”至2010年年末，共收集整理到石湾山歌826首、曲谱40种。石湾山歌起源自农民劳动之中。农耕时代，农民生活非常简单枯燥，“锄禾日当午，汗滴禾下土”，面朝黄土背朝天，温饱常常得不到保障，山歌给予了农民精神上的慰藉，也是他们辛苦劳作中自娱自乐的重要方式。

石湾山歌内容丰富，有地名歌、物名歌、节会歌、长工歌、情歌、历史传说歌、划龙船歌、摇船山歌、农活歌等。歌词具有浓厚的生活气息。石湾山歌讲究比兴的运用，句式以四句七字韵文为基础，但不受七字约束，可以根据内容尽兴发挥，特别在第三句上，衬字可达两百多字。这种长短句参差不齐又不失音乐节奏的特点，是吴歌的一大特征。

沙家浜地处常熟、昆山、吴中区交界处，方言更具有兼容性。石湾山歌蕴涵了昆曲曲韵，唱起来具有古音的韵味。山歌曲调优美，特别是女歌手所唱情歌，轻柔婉约，分外缠绵。石湾山歌在长期的传唱过程中，逐渐形成自己独特的山歌风格，并一直流传至今，成为吴地民歌的杰出代表，无论内容、形式、曲调，在吴歌中堪称一绝。石湾山歌世代相承，与人民群众生活密切相关，以声音、形象和技艺为表现手段，口口相传直至当代，是“活”的文化。主要传唱人：何林妹、王小和。

《沙家浜石湾山歌集》及CD封面

石湾山歌在景区表演

为保护好石湾山歌，沙家浜镇人民政府除了出版《沙家浜石湾山歌集》（上海文艺出版社出版）以外，还为山歌传唱人建立艺术档案，在镇文化站建立石湾山歌馆。2010年5月，举办了包括江、浙、沪以及台湾地区选手参加的民歌邀请赛，以达到弘扬民族文化、更好地保护石湾山歌的目的。2009年，中央电视台开展寻访石湾山歌活动。2010年3月，吴歌学会专家对石湾山歌进行了研讨。唐市中心小学成立了小小石湾山歌队，由石湾山歌传承人进行辅导，使石湾山歌得到了很好地保护和传承。

江南船拳 苏州市非物质文化遗产，起源于春秋时吴越地区。因江南为水网密集之地，水路交通发达，船为当地必需的运输工具；加之一方霸主十分重视水军的武术操练，保平安，强体魄，船拳自此在江南兴起。船拳是在取武术百家之长的基础上形成的独特的一个拳种，拳术有“小红拳”“岳家手”“小金枪”“八虎闯幽州”“猴拳”“醉八仙”“梅花桩”等。至明清时，每逢佳节，沙家浜地区有出拳船的风俗，水乡拳师齐登拳船表演。民国时期亦称“档船”。在唐市镇，每逢龙舟赛事，备四五条敞口船，四周围彩绸，船头上有一个八仙桌，陈列刀枪剑戟等十八般武器及石担、石锁之类，表演者在船头上献艺，打拳踢脚，耍刀舞剑，丢石锁，盘石担，飞钢叉等，后船之技以头船为准，舱里有锣鼓助威，船后有师傅押镇，小辈首先献艺，最后师傅出场，精湛的功夫将表演引入高潮，两岸观众一片喝彩声。

为保护和传承好这一民俗文化，沙家浜镇唐市小学成立了船拳队，由船拳传承人负责指导。

沙家浜龙舟赛 端午节有划龙舟的习俗，沙家浜镇的龙舟赛事活动，自1956年停止后，直至2004年4月20日，沙家浜风景区在隐湖水域恢复龙舟赛，举办了“中利杯”全国龙舟精英赛，来自全国各地的各路精英云集芦苇荡一显身手，一度成为全国各大媒

江南船拳

沙家浜龙舟赛

沙家浜水乡木工圆作技艺

体聚焦的热点。从此以后，沙家浜镇每年举行两次龙舟精英赛或对抗赛。沙家浜镇由于重视龙舟赛这一传统项目的继承和开发，于 2007 年分别被命名为“江苏省龙舟之乡”和“中国景观龙舟名镇”称号。

沙家浜水乡服饰　沙家浜作为江南水乡，过去几乎家家有纺车，水乡女子从小先要学纺纱。因此，沙家浜民间纺织业较为发达。沙家浜水乡服饰在色彩、结构上讲究实用和美观相结合，师法自然，有浓郁的水乡地方特色。还曾出现在多部戏剧中，如沪剧《芦荡火种》和现代京剧《沙家浜》。新中国成立以后，专为党和国家领导人设计及制作服装的著名服装大师田阿桐，就是沙家浜镇籍的水乡服饰传承人之一。沙家浜镇服装企业众多，是中国休闲服饰名镇。沙家浜水乡服饰系常熟市非物质文化遗产。

沙家浜宣卷　沙家浜宣卷是佛、道二教制度下的产物。讲时用“白”，即散文；唱时用“偈”，也叫“吟”，即韵文。把散文、韵文两种文体结合一起，作为宣传佛教教义和劝人为善的手段，并逐渐运用胡琴、笛、锣、钹等传统乐器伴奏讲唱，进而演化成一种近似曲艺的艺术形式，具有较强的艺术魅力。其活动程式依次按拣日、搭佛台、上香烛、请佛、开卷、退星、解结散花、送佛、结卷等步骤完成。

沙家浜宣卷内容丰富，门类齐全，有许多颂扬本地英雄豪杰、仁人志士的宝卷，具有鲜明的地方特色和深厚的人文价值。这对激发邑人热爱家乡、报效祖国及尊老爱幼、助人为乐等品德，提高公众道德品质，发挥了积极的作用。沙家浜宣卷现为常熟市非物质文化遗产。

沙家浜水乡木工圆作技艺　木工圆作又叫“箍桶匠”，因为所从事的都是圆形的生产生活器具，四周用十多块造型相同的木片围成一圈，配上底板，外用两三个铁箍箍住成器，故谓“箍桶”。随着木制圆形器具不再是生产生活的必需品，逐步被塑料、金属器具替代，这一技艺面临消亡，亟须抢救。沙家浜水乡木圆作技艺系常熟市非物质文化遗产。

麝香埋藏疗法 简称“埋香疗法”，是沙家浜镇伤科名医薛鹏飞经过数十年经验积累，独创的一种治疗胸、腰椎、膝关节损伤等，疗效十分明显的治疗方法。埋香疗法已被沙家浜镇卫生院继承，第三代传承人主要是薛菊明、徐明安。麝香埋藏疗法现为常熟市非物质文化遗产。

水乡方言

沙家浜镇方言与常熟方言基本一致，与标准常熟话仅有细微差别，也有那种重浊顿挫、厚朴质直的独特风格，富有表达力。全镇除新泾村明显具有原吴县方言特色之外，其余村的方言基本相似，只是在习惯用词上，少数村之间有微小差别。

天气

天好天（晴天）

迷露（雾）

星搬场（流星）

忽险（闪电）

冰牌（冰雹）

凌塘（冬季檐下的冰柱）

亮星（有月亮的夜晚）

暗星（无月亮的夜晚）

时间

个尼子（前天）

上尼（昨天）

后尼（后天）

开年（明年）

热里（白天）

夜快（傍晚）

早晨头（清早）

随夜快（傍晚）

大清老早（清早）

旧年（去年）

辰光（时间）

称谓

姆妈（妈妈）

好婆（祖母）

好公（祖父）
尼子（儿子）
细娘（女孩子）
小官人（丈夫）
家主婆（妻子）
娘妗（舅妈）
宿姆娘（产妇）
小囡（小孩子）
媛（女儿）
娘子（妻子）
亲眷（亲戚）
十三点（傻）
好伯（大姑母）
好叔（小姑母）
新妇（儿媳妇）
伯姆淘里（妯娌）
小干（小孩）

身体

手撑跟（肘部）
膝馒头（膝盖）
牙须（胡子）
颈嘴角（颈脖）
大块头（胖子）
大膀（大腿）
勿起劲（身体欠佳）
瘦骨头（瘦子）
饭怪（妊娠引起的饮食反映）
屎孔（肛门）
死血（冻疮）
注车（晕车）
抓手（手掌、手指变形）
薄浪汤（稀粥）
煨灶猫（精神不振的人）
奶奶（乳房）
拆水（小便）
瘪路痧（霍乱）
兴活（肿大的淋巴结）
拆疖（痢疾）
乳娥胀（扁桃腺炎）
蚕痧（中暑）
发寒热（发烧）
标致、出客（漂亮）
扎顿（健壮）
勿滋润（身体不舒服）
磕趴（俯卧）

饮食

馒头（有馅包子）
包子（无馅包子）
御麦（玉米）
饭迟（锅巴）
沿篱豆（扁豆）
香瓜子（向日葵籽）
水留寒（豌豆）
斜菜（野生荠菜）
长生果（花生）
小菜（菜肴）
时件（内脏）

动物

瘌团（瘌蛤蟆）

老虫（鼠）

赚节（蟋蟀）

百脚（蜈蚣）

田鸡（青蛙）

瘌团乌（蝌蚪）

曲蟮（蚯蚓）

偷瓜畜（刺猬）

器用

家生（家具）

绢头（手帕）

眼线（缝衣针）

叉袋（装米用的口袋）

白席（草凉席）

抱裙（婴儿用的小被）

筲箕（淘米箩）

洋煤头（火柴）

捻凿（螺丝刀）

梗灰（生石灰）

超（调羹）

性格

稀牙（炫耀）

眼热（羡慕）

贩嘴（吵骂）

吃瘪（碰壁、受挫）

惹厌（小孩吵闹）

腔三（样子）

弄怪帐（开玩笑）

打棚（说空话）

骂（吵架）

骂山门（骂街）

扳岔头、扳鹊丝（找岔子）

塌台、塌铳、塌朝水（丢脸）

做人家（节俭）

着港（目的达到）

穿绷（败露）

做假痴（装聋作哑）

别苗头（比高低）

派拉（泼辣）

曹荐（占便宜）

劈脱（办事麻利）

恶塞（心情抑郁）

热吼司（心情郁闷、发愁）

尖钻猴急（性子急）

躁猛门（蛮横不讲理）

搭浆、贾乌（差劲）

啥抓（聪明能干）

豪燥（快、抓紧）

粒漆（心烦、不安宁）

七七促促（窃窃私语声）

难为情（害羞）

触采（挖苦、训斥）

上腔（硬）

干木角（不灵活）

变死（变坏，自甘堕落）

豁燥（做事利索）

祭凑（不顺手）

牵脚板（翻老账）
奥门痛（后悔）
横东道（打赌）
叛弄（躲藏）
谷谷立立（干脆，没商量）
卑称衣齐不出（尴尬，不自然）
極空（白费工夫，说空话）
杀爬（利害）
介乌（马虎）
觅屑（斤斤计较）
宕空（无依据、无着落）
勒杀吊死（做事不爽快）
脱根落襻（说话、做事十分荒唐）
落脉（悠然自得）
小气货（不大方）
度死日（不负责任）
快嘴连天（快嘴快舌）
七勿老欠（不正派）

生活

孵太阳（晒太阳）
热脚（日子、生活）
勒色（垃圾）
烂泥（泥土）
么事（东西）
灶下（厨房）
窗盘（窗）
面汤水（洗脸水）
混堂（浴室）
馋痨虫（馋鬼）
将缸浪头（首脑人物）
笨思虫（笨蛋）
阿曲西（少见世面、不懂行、易上当的人）
场化（地方）
打赖茄（打退堂鼓）
人情（礼物）
勿色头（倒霉、触霉头）
噱头［能力（贬义）有趣］
街路底（地痞）
掼长袋（乞丐）
宿芒气（空气不流通而产生的气味）
腌脂（出汗后身上不爽）
一干子（一个人）
两家头（两个人）
个郎（那里）
俚郎（这里）
啊搭、啊里（哪里）
哪能（怎么样、怎么办）
难末哪能（现在怎么办）
来事（可以）
本事（本领）
实梗（这样）
啥体（什么事）
矮模样（差不多、到时候）
几化（多少）
有世（可以）
碍事（妨碍）
呒不（没有）

牵记（挂念）
白相（玩）
出松（溜走）
过人（传染）
讲章（说话）
唱社（跪拜）
豁浴（洗澡）
扼塞（天气闷）
迭程（特地）
结棍（厉害）
写意（容易、舒服）
豁边（出乎意外）
精刮（精明）
悠悠扭扭（半干不湿）
爱歇会（等一会儿再见）
海外、杭尽、交关（许多）
一塌刮子、亨白冷打（总共）
险关关、险贾乌（险些）
定见（果然）
陌生头里（突然）
偷畔里（暗地里）
墨墨黑（像墨一样很黑）
喧喧红（像血一样很红）
雪雪白（像雪一样很白）
碧碧绿（像碧玉一样很绿）
蛮蛮粗（很粗）
绝细（很细）
甜眯眯（甜滋滋）
咸塌塌（咸味）

近零共隆（器物碰撞声）
急历刮辣（挤压松脆物的声音）
毕历百辣（竹子燃烧时的爆裂声）
困出忽（睡过头）
豁虎跳（侧手翻）
部下来（蹲）
触祭（吃的）
硬黄（质量好，真实）
推板（差劲）
奥灶（不清洁）
作兴（也许）
壳胀（难道）
专门（经常）
稳吃（容易）
舒齐（宽绰有余，安排就绪）
浑淘淘（很多）
做生活（干活）
煞煞畅畅（尽情）
默出头里（突然之间）
瞎天忙地（没有方向，忙碌）
飞发飞烫（很烫）
吸历豁辣（形容风吹布、纸的声音，畅气）
乒零乓冷（乒乒乓乓）
险令令（非常危险）
小寿子（近似“小鬼”的意思）
厌气（寂寞）
难看（丑）
酸济济（酸溜溜）

红喜喜（绯红）　　滴溜滚圆（很圆）
亮旺旺（有亮光）　　滴角四方（很方）
暗洞洞（黑暗）

岁时节令

春节

正月初一　俗称“大年初一”，也称“新年”。1911 年以后，开始采用公历纪年法，因而，便把公历的 1 月 1 日称为“元旦”，而将农历的正月初一称为“春节”。春节是我国汉族民俗中最重要的传统节日。零点时，家家户户开始燃放开门爆竹，辞旧迎新，祈求新的一年交好运。老板及佛、道信徒们去庙里烧头香，祈求来年步步高升交好运。男女老少要穿新衣服，谓之过新年，象征万象更新。小辈向长辈拜年，亲友、熟人见面互道“恭喜”，早餐吃团圆糕点，以取“团圆”“高升”之意。泡茶放青橄榄（谐音“减难”），有吉祥消灾之意。中午吃面或馄饨，以求“长寿”和“兜财”。入夜后，各家提早入寝，称“关日头困”。是日，一般不串门，合家团聚，全天不借火、不汲井、不扫地。商店休业，街上多设摊售卖年画和儿童玩具等。还要在正堂或祖宗神像前放置饭山一座，用淘箩盛满白米，上插冬青柏枝，并嵌上染色的花生、橘子，口竖小秤一根，旁竖甘蔗两根，寄寓米粮如山、万年常青、称心如意、节节高等祝愿。

正月初二　开始走亲访友，俗称“跑亲眷”。亲朋好友互相拜年，馈赠礼品，互请吃饭，彼此应酬。长辈还要给小孩“压岁钱”。

正月初三　称“小年朝”，吃“百岁圆”。是日，农家把节日积存的垃圾倒在田角上，称“划田财”。夜间，因传说是“老鼠做亲”之日，可有“五子登科（窝）”之喜，故而家家应及早安寝，敬而避之。

正月初五　祀财神日。早晨，户户供奉五路财神佛码，举行“接财神”祭仪，俗称“烧路头”。祭仪完后，旧时，商家在店内吃“路头酒”，祈求财源茂盛，生意兴隆。是日，商店开市，曰“应市”。

正月初八，称“谷神诞辰”。正月初九，称“天诞日”，又称“天生日”。正月初十，称“地诞日”，又称“地生日”。各户都要焚香祭祀。

元宵 农历正月十五日为上元（俗以元月、七月、十月三望日为上元、中元、下元）。上元之夜叫“元夜”，也叫“元宵”。是日，家家吃元宵（或汤圆），户户焚香点烛，迎接“灶神”。“灶神”在腊月二十四夜送上天后，今日是下界之日，须得迎接，以保平安，故有“上界言好话，下界保平安”之说。

春龙 农历二月初二，俗称“二月二，龙抬头”，又叫“春龙节”。相传要贴“蜒蚰榜”，上写“二月二，蜒蚰百脚才下地”。贴于台脚、床脚、灶脚、水缸、墙脚之处，以示告诫诸虫，其意为驱虫、消灾、健身。是日，农家要吃米糕，俗称“撑腰糕”，据传，吃了“撑腰糕”，农忙干活不腰痛。小孩都要剃头（理发），俗称“剃虫豸”，祈求小孩不生疮疖。

二月十二 为百花诞辰日，剪红纸贴于名贵盆景和花树上，或系红布于花树上，名曰“赏红”。

清明 冬至后的第106天为清明节，公历大约在4月4日、5日或6日。清明节又称“思亲节”，是民间祭祀先人的日子，有“上坟”“扫墓”“踏青”的习俗。清明节又是旧俗中三大“鬼节”（清明、七月十五中元、十月初一寒衣）之一。是日，一般先在家祭祀，然后举家前往祖坟祭扫，寄托哀思。新亡者，须在清明当日上坟祭扫，谓“新清明”，并要连续三年当日上坟，要携带香烛纸钱、碗筷菜肴和水果等物，在墓前作拱叩拜。

寒食 清明前两日为寒食节，相传起源于春秋时期。是日，禁火，吃冷食。青团、焐藕等点心，为清明节、寒食节祭先之用。儿童放鹞（风筝）到此日停止，因麦苗拔节践踏易伤，民谚有“清明断鹞”之说。新中国成立后，在清明节时，学校组织学生以及机关团体各界人士祭扫烈士园陵（墓）已成新俗。

立夏 二十四节气之一，即夏天开始的意思。立夏日，家家户户都要用大秤“称人”，到立秋再称，以计夏季壮瘦。立夏日要吃咸鸭蛋，用草头（苜蓿）摊面衣，以此希望孩子夏天仍然白白胖胖，能“混”过关不生病，平安康泰过夏季。

端午 农历五月初五，又称“端阳节”。人们截蒲为剑，割蓬作鞭，以艾草、蒜头扎在一起，悬于门首、床头等处，贴神符，挂钟馗像，以示祛邪逐鬼。成人饮雄黄酒，小孩穿老虎衣，着老虎鞋，额上用雄黄写一“王”字。用雄黄涂抹小孩的耳、鼻、额部和手心、足心，据说这样夏天能避蛇、虫叮咬。还用雄黄酒和着艾枝蘸的煮粽子水，遍洒住房四壁角，或在室内焚苍术、白芷，以驱蛇、虫、百脚（蜈蚣）。是日，还要吃粽子，赛龙舟。

夏至 二十四节气之一。这一天是全年白天最长的一天，意即夏季已经到来，气温逐渐升高。这天，人人要吃夏至粥，粥里有红赤豆、蚕豆、玉米粒等，有的还放入莲子、桂圆肉、栗子等，并调以白糖。本地有谚语：“端阳勿吃粽，死了无人送；夏至勿吃粥，死了无人哭。”农历六月初四、十四、二十四三天均要祀灶神，谚语云：“六月里祀三次灶，赛过做台蘸（法事）。”

七夕 农历七月初七，民间有牛郎织女“鹊桥相会”的美丽故事。妇女有“乞巧”穿针引线之习俗，为心灵手巧之意。家家吃“巧果”，或馈送亲友。巧果以面粉或米粉制成花篮状，入油余热，松脆可口。如今果被转音为考果，已失原意。旧时，境内女孩采凤仙花加明矾、蝉衣拌烂后涂于指甲上，用豆叶包扎好。翌日，拨去豆叶，指甲就染上了红色，一时不易褪色。现今，“七夕”已成为中国的情人节。

中元 农历七月十五日为中元节，俗称“七月半”，又称“鬼节”。是日，新亡者之家，家人必须在这天祭祀，谓之过“新七月半”。在中元节之前，家家要祭祀祖先，称“过七月半”。这就是“超前七月半，落后过清明”之说。

七月十四夜 俗称“鬼放假”。传说是夜阴司会把丰都城中的“鬼”放出来，叫“鬼放风”。所以，旧时常约束子女不许晚上外出。睡时，鞋要翻转底朝天，以不让“鬼”挂走。并要把晒衣服的竹竿移入室内，以防“鬼”晒衣服。

中秋 农历八月十五为中秋节，俗称“八月半”。“月到中秋分外明”，是人们公认的团圆佳节。是日，家家吃月饼、糖烧芋艿。入夜，各户在庭中置一方台，供月饼、瓜果，点亮红烛一对置于“香斗”两侧，称之“斋月宫”，又叫“赏月华”。

重阳 农历九月初九为重阳节。九为阳数，这天，两阳数重叠在一起，故称“重阳”，又叫“重九”。是日，有吃糕之俗。糕饼店出售重阳糕，糕上插一或红或绿的三角小旗，糕面上浇满糖浆，味美可口。重九登高，旧时，有“登高避邪”之说。1989年，把重阳节定为老人节、敬老节。

十月朝 农历十月初一至初十，统称“十月朝”，这是旧俗中一年三大鬼节中的最后一个节，也称“亡人节”。家家户户要祭祀祖先。若家中有年内新亡者，名为“新十月朝”，祭礼更为隆重。

冬至 二十四节气之一。其时已是农历十一月中旬，有吃冬至夜饭的风俗。新中国成立之前，富商缙绅在这天晚上大张宴席，贫寒百姓则愁年关将近，忧债务紧促，故有“富门冬至夜，贫户冻一夜”之谚。又有“冬至大如年”之说。冬至是一年中白天最短的一天，故有谚语：“夏至不要帮人莳秧，冬至不要去望爷娘。”冬至之后，白天渐长。

腊八 农历腊月初八，吃腊八粥。一般农户用青菜、豆腐、胡萝卜同米煮粥。讲究的人家还杂以花生米、莲心、红枣、白果、栗子等物，可口好吃，营养丰富，吃了可健身消灾。旧时，寺院也煮腊八粥，用于施舍结缘。

廿四夜 农历腊月二十四夜，俗称“廿四夜”。是日傍晚，家家要祭祀灶君，送灶君上天庭。祭灶时，在灶上供奉果品、糖圆子等供品，焚香点烛。祭毕，将纸码灶神放入纸轿子里，或用稻柴扎的三脚架子，连同火纸在庭内一起焚化，让吃甜了嘴的灶神坐上轿子上天庭言人间好事。至明年正月十五接灶，灶神从天庭返回此家保平安，祈求合家平安康泰。是日或前几天要掸檐尘，将里外打扫干净，准备过年。晚饭家家都要吃团子。廿四夜，本地农村还有烧“田角落”的习俗。农民边走边摇晃手中点燃的稻草把，在田角落烧毛草，孩子们跟在后面唱着民谣：“廿四夜，炭（烧）茅柴，炭炭田角落，明年收成三石六。”

除夕 农历年最后一天称“除夕”，也称“大年夜”，又称“年三十”。民间很重视这个节日，常年在外的人都尽可能回家过年。是日，家家户户张贴年画和对联，及写大福字倒贴于门上。家家户户要悬挂神轴、佛码，敬神敬佛。祭祖宗，以求新岁平安。送神时，要大放鞭炮，以示敬贺。除夕之夜，家家聚宴，叫作“吃年夜饭”，亦叫“团圆饭”，席上菜肴丰盛，且各有美名，蛋饺称“元宝菜”，黄豆芽称“如意菜”，青菜称“长庚菜”，其意是招财进宝，事事称心如意，长命百岁。有的人家用暖锅烧饭，边烧边吃，因而把暖锅誉为“聚宝盆”。有的人家在饭里埋黄豆或去皮荸荠若干，把吃饭称为“挖金掘银发横财”。餐毕，每人饭碗里必须有剩余，以取“岁岁有余”的口彩。吃了年夜饭，就算长了一岁。饭后，长辈给儿孙“压岁钱”。除夕之夜，全家人欢聚一堂，堂上点“守岁烛”，半夜不寝，俗称“守年岁”。深夜，各家就寝前，要放“关门爆仗”。

新中国成立之前的除夕之夜，各店铺遣人手提灯笼，向债户收账，负债人还不了债，只好外出躲债，至次日清晨（大年初一）方能回家。故有年夜“三逼”之说。

此外，还有如下习俗：在除夕夜炒蚕豆或黄豆等，炒时发出“毕剥”声，称“炒发禄”。将连根的青葱或瘦长木炭用红纸封束，倚门枢间，称“倚门葱”“撑门炭”；门口屋边用脚炉盖盛石灰筛印，称“印石基”；以冬青、柏枝集束悬挂屋檐，以祈吉祥。道家门徒在大门贴“百无禁忌”的门签，后门贴“钟进士”，意为有神灵护卫，太平无事。

华阳旭日

革命活动

1928年4月，沙家浜镇成立第一个农村党支部。1939年5月，叶飞领导的新四军六团以“江南抗日义勇军”（以下简称“江抗”）名义，奉命东进到常熟，驻扎在唐市、横泾等地区。“江抗”西移后，在沙家浜留下后方医院和36位伤病员。是年11月6日，部分伤愈归队的新四军伤病员，在唐市附近的一所破庙里成立“江抗”东路司令部（以下简称“新江抗”）。1940年，新四军三支队副司令谭震林（化名林俊）到唐市建立中共东路军政委员会。沙家浜镇成为苏常太抗日游击区的活动中心。

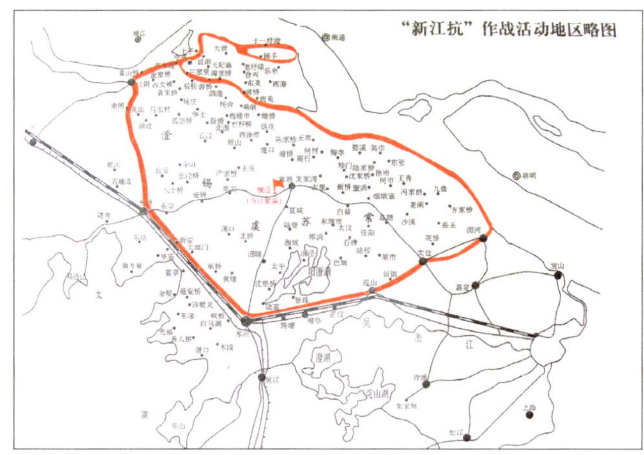

“新江抗”作战区域

革命武装

横泾农民暴动委员会　1927年3月，北伐军进驻常熟时，共青团员石楚材等人在唐市、横泾帮助国民党组建区党部和区分部。蒋介石发动“四一二”反革命政变以后，石楚材等人毅然退出国民党，以横泾小学教师身份为掩护，在家乡发动农民成立横泾农民暴动委员会，提出“打倒土豪劣绅”“耕者有其田”等口号，负责人石楚材。暴动委员会下设农暴队，后发展到100多人。同年，八七会议后，石楚材到江阴、无锡、常熟三县交界处活动，参加杨舍等地的农民武装暴动。同年11月，石楚材计划年底利用横泾保卫团进行会操的机会，由全体农暴队人员夺取枪支，举行武装暴动。但由于计划泄露，武装暴动未成，石楚材被迫离乡。

红军游击队　1928年7月，中共党员石楚材在农村帮助农民协会建立赤卫队，然后从赤卫队中选拔出勇敢分子组成地方红军游击队。各地赤卫队纷纷成立后，在王庄镇举行红军游击队成立大会，石楚材任负责人（一说任司令）。是年9月20日，在王庄镇外黄草荡举行澄、锡、虞三县军事工作负责人联席会议，决定扩大武装，并讨论解决武器不足、经费困难的办法。会后，与会者分散到各地执行任务。但不久，国民党警察实施大逮捕，县委书记朱文元等被捕，石楚材等遭通缉。黄草荡事件后，石楚材继续坚持斗争，在横泾、苏家尖、梅李、浒浦、唐市等地建立活动点，每个活动点上各有五六人，约30余人跟随他一起活动。后来，石楚材又设法从常熟城里取回了当初红军藏匿起来的枪支，重组红军游击队。

1929年夏秋间，石楚材带领战士30多人，发动农民400余人，到东张、徐市、赵市肖家宅基等地进行“吃大户”斗争，还进行武装抗租。为了筹集活动经费，石楚材节衣缩食，风餐露宿，并将打土豪、分浮财得来的钱财交给党组织。

石楚材率领的红军游击队在农村频繁活动，影响很大，国民党当局下令驻常熟军警全面出动，到处“兜剿”。一次，水警队汽艇驶近一个名叫观音堂的地方时，遭到石楚材所率红军游击队伏击，汽艇被击沉，水警队队长只得泅水逃走。国民党当局无计可施，遂以银洋200元悬赏通缉。是年10月19日，石楚材在赵市师桥一茶馆内投宿，翌日早晨，突遭国民党警察包围，石楚材身中4弹被捕，因伤势过重，于11月2日牺牲于狱中。这支红军游击队前后坚持斗争了一年有余。

苏州县常备队 1938年5月，中共常熟县委重建后，在梅李塘桥附近的杨西段、周家宅基举办了一期流动军事训练班。训练班有三四十人，横泾派出王明、王农、周醒民等一些青年参加。训练班结束后，正式成立常熟人民抗日自卫队。翌年6月，成立民抗自卫总队，司令任天石，参谋长薛惠民，政治主任李建模。其任务是领导和组建地方武装，并管理地方行政工作。

唐市常备队 1939年12月，东唐市成立一支有30余人的常备队，队长先后由诸敏、许铁、平强担任。常备队成员有来自上海的工人、当地的贫雇农民、唐市镇爱国青年。这支队伍经常跟随中共东路特委和“江抗”东路办事处流动，负责保卫任务。1940年4月，诸敏调离，部队由许铁负责。不久，部队上升为苏州县常备队。苏州县常备队发展很快，人员不断充实，是年5月，已发展成一个连队，大部分队员成为“江抗”三支队主力。6月，常备队尚有40余人。苏州县抗日民主政府成立后，常备队队长由苏州县军事科科长高山兼任，继续活跃在唐市镇周围，肩负着保卫中共江南特委和苏州县委的重任。

横泾区常备队 1940年9月，成立横泾区常备队，队长马冲（又名马义生），后由王雪良接任，指导员吴魁，队员130人。横泾区常备队经常配合“江抗”作战，参加过八字桥战斗。翌年7月，日伪“清乡”期间，常备队大部分战士疏散后留在当地坚持斗争，其中许多战士被日伪军残酷杀害。

抗日自卫队

唐市镇自卫队 唐市镇自卫队是一支不脱产的地方武装。1940 年 12 月，镇自卫队扩建成一个大队，政治指导员陆汉民（字镇汉），骨干有俞鸿元、陈剑飞等。经过两期训练，队员的素质普遍提高，在防匪除奸方面发挥了重要作用，同时，也成为充实主力部队的后备力量。在日伪“清乡”期间，有 20 余人被日伪军逮捕，受尽折磨，部分人被押送到南京服苦役。

横泾区乡、村自卫队 1940 年 8 月，横泾区各乡、村相继建立不脱产的自卫队组织。主要任务是进行军事训练，组织值班夜防，维护地方治安，保护抗日民主政权等。各村建自卫队，设队长；乡建中队，设中队长。横泾区建立了 8 个中队：一中队，又称独立中队，设在横泾镇，中队长毛儒英；二中队，设在横东乡，中队长苏贻山；三中队，设在横南乡，中队长桑鸿芳；四中队，设在横西乡，中队长金生年；五中队，设在横东乡，中队长黄根才；六中队，设在横南乡，中队长顾虞民；七中队，设在横北乡，中队长陈阿根；八中队，设在横西乡，中队长朱汉泉。翌年 7 月日伪“清乡”期间，自卫队组织遭到严重破坏，仅新泾村就有 15 位队员被捕，其中 6 人被杀害，其余被关押服苦役。

敌后武工队 1941 年 7 月，反“清乡”斗争失利后，新四军主力部队撤离，留在当地的少数干部发动群众，组建敌后武工队，坚持在唐市、横泾一带进行武装游击斗争。1943 年春由朱英带领的新四军挺进小分队和 1945 年 11 月由卢毅、陆建南带领的东横区武工队，在当地继续坚持敌后斗争，直到 1949 年 4 月该地解放。

革命斗争

农民武装 1927 年 3 月，北伐军进驻常熟时，已加入共青团的石楚材，在家乡发动农民成立横泾农民暴动委员会，开展土地革命运动。农民运动席卷横泾、唐市每个村庄，土豪劣绅闻风丧胆。同月，他又参加了江阴的“后塍暴动”。1928 年 4 月，石楚材化名沈怀思，从江阴回到常熟。当时，常熟处在一片白色恐怖之中，党团组织遭到严重破坏。石楚材回到常熟后，冒着生命危险，逐个找到一些失去联系的党团员，组成了一个临时委员会。经过一段时期的活动，恢复建立横泾、白茆、徐市、苏家尖、王庄等农村党团混合支部。同年 5 月，中共常熟县委成立，石楚材被选为县委军事委员。不久，常熟红军在王庄成立，石楚材当选为红军负责人。

这支农民武装队伍先后参加了周庄、东胶山、二官厅等战斗。黄草荡暴动失败后，石楚材等继续在横泾、唐市、浒浦、赵市一带开展游击战争，为江苏省委筹集党的活动经费。1929 年 10 月底，石楚材在赵市师桥遭国民党警察伏击，伤重被捕，数日后，在狱中壮烈牺牲。

迎接“江抗”进驻　1937 年 7 月 7 日卢沟桥事变发生后，中国共产党领导全国民众投入到了轰轰烈烈的抗日战争中。同年 11 月 13 日，日军分别在高浦口、野猫口、白茆港口登陆，沿途烧杀抢掠，无恶不作。19 日，常熟沦陷。1938 年年初，日军侵占整个宁、沪、杭地区。根据党中央、毛泽东主席发展华中敌后抗日游击战争的战略方针，开始积聚抗日力量，收集枪支弹药，筹建抗日武装。翌年 5 月，中共常熟县委在梅李镇重建，李建模任书记，委员有杨浩庐、赵伯华等。当时，唐市、横泾一些热血青年自发成立抗日宣传队。他们利用茶馆、商店和农村人多的地方，以演讲、文艺说唱、刊登墙报等形式，揭露日军侵华暴行，进行抗日宣传。与此同时，中医出身的任天石在梅李塘桥建立起一支保家卫国的抗日游击队。不久，在县委领导下，这支游击队扩建为常熟人民抗日自卫队（以下简称“民抗”），“民抗”初露锋芒，不断打击日伪军匪的联合进攻，扩大了政治影响。

1939 年 5 月 13 日，叶飞奉陈毅指示，率领新四军六团到沙家浜地区，开展抗日游击战争。从此，唐市、横泾就成为苏常游击区的组成部分。“江抗”中的战士都是身经百战的老红军，作战非常勇敢。“江抗”一直挺进到上海近郊，袭击了日军重兵把守的虹桥机场，炸毁了日军停在虹桥机场上的数架飞机，从此，新四军声威大震，日伪军闻之丧胆，人民群众的抗日热情日益高涨。8 月，“江抗”大军到阳澄湖畔进行休整，“民抗”和周文在率领的“新六梯团”等常熟地方抗日武装编入“江抗”的两个支队。同时，还与当地人民群众建立了深厚的鱼水之情。部队从村里经过，人民群众纷纷送来慰问品，有的老大娘、老大爷还拉着战士的手，问寒问暖。看到部队在水乡行走困难，群众还主

叶飞（中立者）与“江抗”战士在阳澄湖上

“江抗”在水乡行军

动让出船只为战士摆渡。

“江抗”以自己的模范行为赢得了东路人民群众的信赖，与国民党部队和土匪部队形成鲜明的对照。国民党顽固派为此十分害怕，与“江抗”不断制造摩擦，挑起流血事件。“江抗”为了顾全抗战大局，避免冲突，并执行中央关于向苏北发展的战略任务，于同年 10 月，撤往苏北。

掩护伤病员养伤 “江抗”西移后，苏常地区党领导的抗日力量除了少数地方干部外，仅有“民抗”部队的 1 个警卫班和常备队数十人以及在唐市、横泾等地隐蔽流动的后方医院和 36 位伤病员。这时的后方医院，处在十分艰难的游击环境中，他们完全依靠地方党组织和人民群众的支持和掩护。农家的客堂、牛棚、猪圈、船坊给伤病员作病房，农民卸下门板给伤病员当病床，用捕鱼的小船作为转移伤病员的运输工具。在最紧张的时候，一个晚上，后方医院就要流动两到三次。在日军、土匪、国民党顽固派的包围中，后方医院的每个行动都分外谨慎，晚上不能照明，又不能有其他的响声。后方医院的医护人员在恶劣的环境中，利用天然芦苇荡这一有利的地形，与敌人玩起了“捉迷藏”。因此，敌人虽然经常下乡“扫荡”，但总是扑空。

日伪军找不到新四军伤病员，就采取封锁交通要道、盘查过往行人的恶毒措施，企图将后方医院困死在芦苇荡中。当时的伤病员处在缺粮少药、与新四军的部队联系中断的情况下，乡亲们和卫生员因陋就简，以土代洋，克服了医疗器械不足和药品缺乏的困难，积极为伤病员治疗。手术用的钳子不够，就用劈开的竹筷装上木塞做成土钳子代替；没有胶布，就在牛皮纸上抹上胶水代用；没有消毒器械，就用农家的蒸笼蒸煮消毒。医生和卫生员还把自己的蚊帐、被单撕成布条，蒸后作为纱布；将棉被中的棉絮扯出来，消毒后用作棉花球。他们还采集止血草、压血草、落得打等草药来替代洋药，给伤病员治病。这些措施曾发挥过很大的作用。一些来自上海的医生还冒着生命危险，通过各种关系从上海采购医药。

由于敌人的包围、封锁，伤病员的给养十分困难。当地群众就送来可口的饭菜，曹家浜的徐巧珍、龚家浜的范惠琴、庙王村的殷阿巧等老大娘经常为伤病员送饭送茶、缝补浆洗，与新四军的伤病员亲如一家。有一次，日军突然包围曹家浜，老大娘沈阿翠机智地将5位重伤员和1位男医生分别藏匿到稻草堆中，躲过了日军的搜捕。

支持重建武装 1939年10月中旬，共产党员杨浩庐奉命率领陈岳章、张梦堂、章秩民三人返回常熟，传达陈毅司令员的指示，重建抗日武装，坚持原苏常太地区的斗争。是年11月6日，在中共常熟县委的支持下，“新江抗”在东唐市正式成立。由病愈的“江抗”五路参谋长夏光任司令，杨浩庐任副司令兼政治处主任，黄烽任政治处副主任。一部分治愈的伤病员吴立夏、张世万、叶成忠等为骨干，组成一个特务排。“民抗”司令任天石、参谋长薛惠民等也开始扩大“民抗”武装。

“新江抗”成立的第二天，就在横泾北桥村附近打了一战，主要是伏击从常熟城下乡抢粮的一艘日本汽艇，敌人遭打击并抛下几具尸体后匆忙窜回。这给沦陷区人民群众巨大的鼓舞，人们奔走相告：“新四军打回来了！”人民群众的抗日热情又高涨起来，许多青年纷纷加入“新江抗”，部队在战斗中得到成长。

“新江抗”成立旧址

"新江抗"继承老"江抗"的传统，每次总是悄悄地进村，轻轻地敲门："我们是'江抗'，是老百姓自己的队伍。"人们一听到"江抗"的名字，就热情地开门迎接并腾出屋来，让他们居住，并说："我们的老亲眷来了！""新江抗"战士一进村，村里就热闹起来，男女老少，有的送来糕点、粽子和茶水，有的送来青菜、萝卜和猪肉，妇女们送来新做的一双双军鞋，有的还争抢着为士兵缝补衣服。"新江抗"战士一进村就帮助乡亲们扫地、提水、干杂活，临走时还反复问有没有少了什么东西。部队出发后，乡亲们还摇来船，只要部队需要，马上就人到船到。一些老船工还冒着枪林弹雨运伤员，送子弹，一起参加战斗。

成为游击根据地的后方基地 1940 年 4 月，谭震林化名林俊，按新四军总部和中共中央东南局指示到常熟，组建东路军政委员会，主持党、政、军的全面工作，并出任"江抗"东路指挥部司令。谭震林一到常熟就发动人民群众，开展了轰轰烈烈的"红五月"活动，建立县、区、乡、村各级政权机构。广大人民群众纷纷响应号召，组织农民抗日协会、职工抗日协会、青年抗日协会和少年儿童团等抗日组织，这些组织在中国共产党的领导下，广泛地开展各项抗日活动。当时，横泾区、唐藕区（当时属于苏州县的抗日民主政权区划，下辖横泾、唐市、藕渠等地）的大片土地成了"新江抗"进可袭敌、退可休整的后方基地。

1939 年 9 月，中国共产党在东路地区创办的机关报刊《江南》半月刊和《大众报》，其编印人员随特委机关转移到横泾地区，流动于横泾、唐市及古里、徐市之间。并开始将原油印的《大众报》和《江南》杂志改为铅字印刷，发行遍及东路地区。不久，还成立了江南社，横泾的鲍家河湾由于偏僻隐蔽，是江南社水上印刷所船队经常驻扎的地方。船队一进村，当地群众就划出自己的农船，让江南社的船只歇进船棚里；水上印刷所把一时用不上的铅条等印刷器材交给当地群众，当地群众就把一只只木箱堆砌在野外坟地上，筑成瓦庐棺椁的样子，妥善地保护起来。1941 年 2 月，日军在横泾鲍家坝搜出部分印刷器材，咬牙切齿地烧毁了数千本《江南》半月刊（第三卷第十二期）。江南社被迫从东唐市、横泾一带转移到澄锡虞地区，继续从事出版工作。

"新江抗"成立后不久，修枪所在唐市附近正式建立，后流动到横泾乡的长浜、草荡等芦苇丛生的村子里，还在四面环水的北长浜租了一间小屋，开始枪械的修理与制作。修枪所工具简陋，一条木船，几个铁墩，还有些榔头、钳子、炉子等。战士们利用这些简陋的工具修理旧枪，改装子弹，自制手榴弹和刺刀，又及时把这些武器送到抗日前线。有一次，一小队日军突然冲进草荡村，几名群众立即把修枪所的船伪装成瞎子算命船，在日军的眼皮底下安全转移。

参与浴血奋战 “新江抗”在成立后的短短一年中，组织参加了大、小战斗 47 次，击毙日军 147 人、伪军 357 人，击伤日军 113 人、伪军 433 人，生俘伪军 298 人，缴获步枪 266 支、轻机枪 13 挺、驳壳枪 29 支、手枪 6 支、各种子弹 1 万发。1940 年 2 月 8 日，驻扎在阳澄湖阳沟溇村子里的“新江抗”东路司令部，与来犯的昆山巴城日军展开了激战。日军一个小队和伪军 60 余人分乘 3 艘汽艇，带着一挺轻机枪和一个掷弹筒，企图以优势兵力将“新江抗”一举消灭。“新江抗”战士迅速抢占村庄的高地和屋顶，进行顽强抗击，双方展开了激烈的村落战。战斗从一个村庄打到另一个村庄，直到天黑方止。这次战斗击毙日军指挥斋藤（音译“萨一岛”）和士兵 10 多人，击伤日军 20 余人。“新江抗”一连指导员褚学潜等 17 人壮烈牺牲，副司令杨浩庐、特务连连长吴立夏、排长费介成等光荣负伤。这次战斗打破了“日军不可战胜”的神话。同年 12 月 13 日，驻苏州日军 80 余人在胡肇汉部队的暗中配合下，偷袭“新江抗”驻地张家浜，并不断从苏州、吴塔方向出兵增援。日军汽艇由原来的 3 艘增加到 12 艘，参战人员增到 200 余人。“新江抗”战士在战斗中前仆后继，许多摇船民工也纷纷投入战斗，水南村民工沈义祥在掩护后方机关人员撤退时饮弹牺牲。这次战斗从上午 9 时一直进行到下午 3 时，“新江抗”增援部队从侧翼发起攻击，日军才慌忙撤离。共毙敌 43 人，“新江抗”战士牺牲 20 余人。部队于当夜撤退到横泾附近的双浜村休整。

开展反“清乡”斗争 1941 年 6 月 26 日，苏州、常熟两县的县、区干部和五十五团干部集中在横泾龚浜村北泗泾召开反“清乡”斗争动员大会，新四军六师十八旅政治部主任张英在会上作报告。是年 7 月，日伪军以总兵力 4 万余人，对苏常太地区开始了大规模疯狂的“清乡运动”。当时，苏常太地区总兵力不足 1000 人，为保存实力，在党组织的领导下，大部分武装撤出“清乡”区，一些地方武装和行政人员采用“化整为零”的方法分散隐蔽下来。由于敌我力量悬殊，苏常太抗日根据地遭受重大损失，唐市、横泾地区的抗日干部和群众也做出了重大牺牲。据不完全统计，被日军杀害的县、区、乡干部和武装战士有 39 人，一些群众和民主人士也惨遭毒打、逮捕和杀害。日军还丧心病狂地焚烧房屋 32 间，其中新四军流动宣传队经常开展活动的关帝庙也被烧毁。日军还抢走农船 12 只，掠去粮食 1.95 万石。至 1942 年年初，撤往苏北的抗日力量着手进行苏常太地区的恢复工作。1945 年 1 月，东横区政权机构重又恢复。从此，在共产党

武工队员在水乡

北泗泾召开反“清乡”斗争动员大会旧址

员卢毅等领导下，一直坚持战斗，直到抗日战争胜利结束。

坚持敌后斗争 1945 年 10 月，中国共产党经与国民党谈判，签订《国民政府与中共代表会谈纪要》(即《双十协定》)，此后，根据党中央指示，东横区大部分干部和武装人员北撤到苏中。国民党政府趁机夺取抗日战争胜利成果，开始大规模的“剿匪”“剿共”。留守在江南的共产党员组成秘密党组织，与敌人开展反“清剿”斗争。新的中共东横区区委由朱英、陆建南、戈仰山、卢毅、季元福等组成，区委组建武工小组，在国民党统治区内开展活动。他们依靠人民群众，宣传党的政策，发展党员，扩大武装力量，打击和惩治国民党中的顽固势力。

时驻扎在常熟的国民党青年军，千方百计对武工小组进行破坏。不久，区委书记陆建南遭伏击牺牲。随后，接任不久的季元福又遭杀害。后由卢毅负责区委工作，带领人民群众进行武装斗争，直到解放战争的胜利。

1947 年 4 月，卢毅、李赓泉带领武工小组宿营在徐石周泾徐金生家里，突然遭横泾镇伪自卫队包围，女主人赵彩珍不顾一切地喊：“敌人来了，快跑！”卢毅、李赓泉等越过河浜，冲出重围，但入伍不久的新战士张根金被困在屋里。敌人围而不攻，企图要他投降。张根金宁死不屈，用手枪不断还击，与敌人相持了 4 个多小时，后不幸中弹牺牲。同年 7 月，武工队员钱阿坤在巷埭附近执行任务，突然遭遇迎面而来的敌人。敌人以排枪射击，钱阿坤随即拔枪抵抗。后因寡不敌众，身中数十弹牺牲。

1947 年至 1949 年 3 月间，东横区先后吸收了 13 位人民群众加入党组织。1949 年 4 月 22 日，为配合解放军南下，中共党员发动群众连夜拆桥 13 座，以阻止国民党军南逃。是年 4 月 27 日，武工小组正式接收唐市、横泾等乡镇，沙家浜地区全境解放。

革命遗址

文昌阁 原址位于沙家浜镇湖浜村第三村民小组张林保家之南。原有仙台楼阁，西侧松柏茂盛。1927 年 11 月，横泾农民暴动委员会在此成立。翌年 4 月，中共横泾农村支部成立后经常在此活动。原建筑于 1946 年被拆除，1998 年在沙家浜风景区重建。

文昌阁

“江抗”东路司令部 建于唐市镇宗戈村太阴庙。1939 年 10 月，任天石、薛惠民、李建模、蔡悲鸿、杨浩庐、张英、夏光等在此集会。据夏光《纪要》记载：“当时举行会议，由东路特委代书记张英主持，地点在东唐市以西约三里的庙里。”翌年 4 月以后，谭震林来到东路，负责全面领导工作，改部队番号为江南抗日义勇军。太阴庙也成为江南抗日义勇军司令部，谭震林就此在庙里办公。据尚存老同志回忆，当时唐市镇及附近乡村干部、积极分子经常要在夜里到太阴庙开会，庙外戒备森严，庙内灯火通明，人头攒动，听首长讲革命形势和布置工作，会后大家四散回家。新中国成立后，由于镇村建设，太阴庙已拆毁。

“江抗”后方留守处 位于唐市镇宗戈村张家大房子里。1940 年 7 月以后，由主任杨浩庐兼任政治委员，统一领导后方医院、修械所、东唐市和董浜两个办事处以及财务工作。财经委员会同留守处在一起。上海来的工人、职员、青年学生下乡参军，都须经后方留守处审查、分配。新中国成立后，进行土地改革，将此房分给了农民。以后，农户翻建新屋，原房已不存在。

苏常反“清乡”斗争大会会址 位于唐市集镇龚浜村第一村民小组，旧名“泗泾”。1941 年 6 月，苏州、常熟两县县、区中共党员干部和主力部队干部在此召开反“清乡”斗争动员大会。苏常太反“清乡”斗争委员会书记、新四军六师十八旅政治部主任张英在会上作反“清乡”斗争动员报告，号召全体共产党员不怕牺牲，坚决斗争，争取最后胜利。泗泾一带河港纵横，芦苇丛生，新四军部队及后方机构常在这里驻扎。遗址原是一片宽阔荒野地，在该村东部，现大部分土地已盖上民房。

环段战斗处 1941 年 3 月 11 日，新四军一支队的船队在戴克林、吴立夏、陈岳章带领下，行至今沙家浜镇南湖村毛家段（溇梢西）环段水域，在一环水墩上准备煮饭时，突遭日军三路包围，教导员陈岳章和战士 100 多人牺牲，仅有 50 多人脱险。现原址基本保持原貌。

八字桥歼敌处 1941 年 6 月 10 日，新四军十八旅五十四团和一营痛歼胡肇汉、郭墨涛部于此，击溃进犯的国民党顽固派的 1 个团，敌人死伤 100 余人。现该处通公路，建有公路桥。

歼敌弄、擒敌处、庆功场旧址 旧址均在沙家浜镇湖浜村。1940 年 6 月 10 日，国民党顽固派“忠义救国军”郭墨涛部与胡肇汉部出兵 1000 余人侵入抗日根据地，进入横泾区。在八字桥东邵家坝遭到新四军还击，敌军固守八字桥，经军民合力猛攻，敌军惨败。新四军全线追击，其中一股顽军退至湖浜村，全部被俘。新四军围歼顽军之弄，现为歼敌弄；活捉顽匪之处，现为擒敌处；军民共庆胜利，进行军民集会的场地，现为庆功场。歼敌弄，在湖浜村第五、六组，从村民顾德桂老屋角向西至沿河处，全长 80 米。擒敌处，在该村第五组村民姚阿林屋西沿河处，原河旁有船坊，战后，一顽敌藏在破船里，打扫战场时被几个小孩抓获。庆功场，在该村第四组，原为毛阿松砻坊场地。当年，新四军战后在此集合，村民纷纷送来慰劳品庆贺胜利。1971 年，横泾人民公社在上述三址建立纪念碑。

“江抗”东唐市办事处 位于唐市集镇河东街钮家弄望贤楼茶馆内。抗日战争期间，办事处负责人蔡悲鸿、沈云康常在此与有关干部会面，谭震林也到办事处出席过会议。现茶馆已改建为居民住宅。

东土地堂 位于唐市镇华阳桥堍，名东林庵。抗日战争期间，“江抗”干部曾在此举行了几次重要会议。新中国成立后，庵舍曾被企业改建成厂房。在上级领导关心下，东林庵重建并恢复原貌。

烈士墓 原位于沙家浜镇厍浜村十队，1995 年，迁至唐市集镇南约 1 千米处。中间是高大水泥墓台，围有栏杆，为徐青萍烈士之墓。有墓碑，碑背面刻《唐市革命烈士英名录》。墓周围遍植苍松翠柏。墓道长约 100 米，两旁种植水杉。

四县自卫队大会操旧址 位于沙家浜镇溪沿村沈浜积善庵旁，原有一块荒田约 7 公顷，叫“下六白”。1940 年 9 月，苏、常、昆、太四县自卫队千余人在此会操。现该地已成为经济开发区。

八字桥战斗旧址

位于曹浜村的新四军后方医院旧址

“江抗”“新江抗”活动旧址 在沙家浜镇双浜村。抗日战争时期，“江抗”和“新江抗”均在此活动。旧址为平房建筑，正屋朝南3间，有围墙，面积为190平方米。原房主沈少卿，后为村民邓小弟住宅，在新村建设时拆除。

新四军后方医院旧址 其一址在草荡村黄桥孙大生家。1939年6月，新四军一批伤病员到此养病、治伤1个月。是年9月，伤病员第二次到此，住了20天。伤病员多为闽东老红军战士，以后两年间，部队常到此处。另有一址在曹浜村陈阿生家。抗日战争时期，新四军后方医院曾多次流动驻扎在该地，得到人民群众的帮助，留下了许多反映军民鱼水情的佳话。是年12月，后方医院遭日军袭击，许多战士在人民群众掩护下脱险，也有部分战士被捕牺牲。后方医院随军流动，原有多处，现仅存1处，平房5间，在新村建设时已拆除。还有一址在宗戈村张家大房子，医院负责人是林震，之后是林立。其他如溪沿村沈浜、南桥村陈家湾部分农民家中，也都住过新四军伤病员，一有情况随即转移，不留遗迹。村民摇船接送伤员，新四军也各方照顾村民，军民亲如一家。该房现已不存。

修枪所 “江抗”修枪所一址在沙家浜镇宗戈村张家祠堂，三面环水，比较隐蔽。负责人是苏剑雄、程远。新中国成立后，祠堂被没收，分配给农民。之后，农民在该地建房，原房已不存在。另一址在龚浜村第九村民小组。修枪所移驻此地时，租小屋1间。修枪时曾因枪走火，壁上留有穿洞1个。20世纪70年代拆除。

新四军印报所旧址 在沙家浜镇龚浜村于银生家，旧屋原有3间。这里四面环水，便于隐蔽。如遇紧急情况，印报机随船转移。后在一次转移时，曾留下铅字20箱，交于银生保存。于银生将铅字运至野外，构筑成瓦庐棺椁，躲过日军搜寻。

芦苇荡飞鸟

红色经典《沙家浜》

一曲《沙家浜》，在毛泽东和其他中央领导的关心下，唱响全国，这在中国的文艺发展史上是史无前例的。《沙家浜》的诞生，充满传奇经历，演员的倾心演出也让他们蜚声舞台。自此，一个水乡小镇一夜之间名闻天下，并赋予她“全国爱国主义教育基地”称号，成为启示当代、教育后代的革命传统教育的活教材。

现代京剧《沙家浜》演出场景

现代京剧《沙家浜》由来

1959年，上海市人民沪剧团编剧文牧和党支部书记兼团长陈荣兰，计划写一部反映新四军在江南艰苦奋斗的现代沪剧，在阅读了崔左夫的纪实文学《血染着的姓名》后，两人颇受启发。后又看到刘飞将军的回忆录《火种》，两人一致认为，这两部作品可以作为素材，创作一部抗日传奇剧。于是，他们采访了刘飞将军，刘飞将军热情地接待了他们，还安排他们深入部队采访收集材料，参观军史展览馆，并看到了36位伤病员名单。不久，由上海市人民沪剧团集体创作、文牧执笔的现代沪剧《碧水红旗》诞生。受刘飞将军回忆录《火种》的影响，1960年，文牧把剧名改为《芦荡火种》。为提高该剧的思想水平和艺术水平，剧组全体人员深入到故事发生地常熟横泾（今沙家浜镇）体验生活，采访新四军老战士和当地的地下党老同志，聆听他们讲述芦荡斗争故事，参观抗战遗址。剧组还到浙江某部与战士们一起生活、一起操练，后沪剧《芦荡火种》剧本经过三次大的修改，日趋成熟。沪剧表演艺术家丁是娥饰阿庆嫂，解洪元饰陈天民，张清饰郭建光，石筱英饰沙奶奶，陆敬业饰沙七龙，邵滨孙饰刁德一，俞麟童饰胡传魁。1964年3月5日，重新修改后的沪剧《芦荡火种》在上海演出，连演370场，观众达56万人次。该剧连续演出7个月仍经久不衰，这在新中国成立15年来的上海戏曲舞台上尚属首次，成为上海市人民沪剧团建团十多年来演出的全部剧目中，连续上演时间最长、上座率最高的剧目。1964年1月22日，沪剧《芦荡火种》进京演出，刘少奇、李先念、薄一波等党和国家领导人出席观看，在戏剧界和观众中引起了强烈反响。仅上海一地，就有不同剧种的9个剧团对沪剧《芦荡火种》进行移植演出，在全国演出《芦荡火种》剧的剧团有31个之多。

1963年，北京京剧院将沪剧《芦荡火种》改编为京剧，随即成立由汪曾祺、杨毓珉、肖甲、薛恩厚组成的创作组。在4位创作组成员中，杨毓珉是艺术室主任，肖甲是剧团团长，薛恩厚是剧团党委书记，因此，剧本改编的主要任务落在汪曾祺身上。汪曾祺对剧本地改编，主要功夫放在剧本的文学性上。如“智斗”那场戏，将刁德一抓住阿庆嫂说的“司令常来又常往，我有心背靠大树好乘凉”改为：阴险地提出：“新四军久在沙家浜，这棵大树有阴凉，你与他们常来往，想必是安排照应更周详？”这时，阿庆嫂洞察刁德一的蛇蝎心肠，她唱道：“垒起七星灶。铜壶煮三江。摆开八仙桌。招待十六方。来的都是客。全凭嘴一张。相逢开口笑。过后不思量。人一走，茶就凉，有什么周详不周详？”后汪曾祺说这段唱词是从苏轼的《汲江煎茶》中的“大瓢贮月归春瓮，小杓分江入夜瓶”中脱化出来的。汪曾祺还注意吸收京剧折子戏的长处，尽可能地把每场戏写得集中、紧凑，防止松散、拖沓。如今，这出戏中的“智斗”“授计”“斥敌”等场都已成为久演不衰、脍炙人口的折子戏，他们既能独立成篇，又是全剧中不可分割的核心组成部分。

在人们对京剧演现代戏的一片叫好声中，毛泽东主席也心动了，在众多现代戏中，他选择了观看北京京剧团演出的现代京剧《芦荡火种》。1963年7月23日，毛泽东主席同其他党和国家领导人来到剧场，观看了该剧。在演出结束后，毛泽东走上舞台与演员们亲切握手，合影留念。毛泽东还掰着手称赞道："阿庆嫂演得好，郭建光演得好，刁德一演得好。"有人提出请毛主席提些意见，毛泽东想了一下，幽默地说："芦荡里都是水，革命火种怎么能燎原呢？再说，那时抗日革命形势已经不是火种，而是火焰了嘛！故事发生在沙家浜，中国有许多戏用地名为戏名，我看这出戏可以叫《沙家浜》吧。"为此，他对此剧提了三点意见：第一，新四军的音乐形象不饱满，要鲜明地突出新四军战士的音乐形象。第二，军民鱼水关系不够突出，要加强军民关系的戏。第三，戏的结尾是新四军利用胡传魁结婚，化妆成吹鼓手、轿夫，搞出其不意的袭击。这样的结尾成了闹剧，全剧就成为风格不同的两截子了，应该改为新四军正面打进去。要突出武装斗争的作用，强调用武装的革命消灭武装的反革命。关于剧名，在这以前，谭震林也曾对《芦荡火种》这个剧名提过同样的意见。他认为《芦荡火种》所描写的这段历史，革命已成燎原之势，称之为"火种"给人以软弱之感。汪曾祺说："毛主席的意见都是有道理的，而且不强加于人。"毛泽东最后还嘱咐说："戏，改起来不难，不改，就这样演出也可以，戏是好戏。"汪曾祺遵照毛泽东的指示，对剧本进行了修改。1965 年 3 月 18 日，《人民日报》在发表剧本时将剧名改为《沙家浜》。

《沙家浜》其他形式

交响乐《沙家浜》 1965 年，北京京剧院演出现代京剧《沙家浜》，中央交响乐团观摩后，团长李凌等人决定将其改编成交响乐。由指挥李德伦找来业余创作组的几个人开始进行创作。主要执笔者为杨牧云、邓宗安、谈炯明和罗忠。罗忠是乐团专业创作人员，首先谱写出"坚持"一场，描写郭建光在芦苇荡中坚持斗争一段，有独唱、合唱，有主旋律，乐队演奏效果很好。上报中宣部副部长兼文化部副部长林默涵后，便共同构思，分头执笔，3 个月后草成初稿。不久，中央乐团在中央音乐学院的音乐礼堂进行汇报演出，审查通过，并正式定名为交响音乐《沙家浜》。随即在北京音乐厅向公众首演，获得成功。作品在保留现代京剧《沙家浜》中几乎所有正面人物唱腔的同时，在“序曲”“坚持”“奔袭”“胜利”等乐章中，由作者创作了大量交响合唱段落，使整个作品既具有京剧韵味，更具艺术感染力。“文化大革命”开始后，罗忠被隔离审查，创作组被诬为“裴多菲俱乐部”，原作《沙家浜》受到严重删改，音乐被改得面目全非，原序曲用的是《新四军军歌》的旋律，后被改成《三大纪律八项注意》，原开场是京剧锣鼓，后改为纯乐队。此后 11 年，这部作品在全国范围内演出，成为当时经常上演的现代文艺作品之一。

2001 年 1 月 20 日 ~ 21 日，这部作品再次被中国国家交响乐团在北京中山公园音乐堂演出。

电视剧《沙家浜》 由中国新四军暨华中抗日根据地研究会、江苏省广播电视总台、常熟市人民政府等单位联合摄制的 30 集电视连续剧《沙家浜》，借用戏剧《沙家浜》的人物名字，并对剧情作较大改动。

该剧主要剧情为抗日战争时期，江南新四军浴血奋战，某部指导员郭建光带领 36 位新四军伤病员在沙家浜养伤，“忠义救国军”胡传魁、刁德一假意抗战，暗投日军，中共地下党员阿庆嫂依靠以沙奶奶为代表的进步抗日群众，巧妙掩护了新四军安全伤愈归队，最终消灭了盘踞在沙家浜的敌顽武装。

该剧由许晴饰阿庆嫂，任程伟饰郭建光，陈道明饰刁德一，刘金山饰胡传魁。2006 年 4 月 22 日，在常熟市沙家浜影视基地举行华东四省一市（江苏、浙江、安徽、山东、上海）联合首播仪式，2006 年 5 月起在全国同步播出。

电视剧《烽火沙家浜》 抗日电视剧《烽火沙家浜》，共 7 集，由夏和平、左百学、赵三强、王华英主演，导演张培根。主要剧情为“七七”事变后，苏南各城重镇相继沦陷。在中国共产党的领导下，以常玉山、江天明为首的沙家浜军民成立抗日游击队，不断扩大军民武装，并积极配合新四军，与以真野一郎为首的日本侵略军、伪军、汉奸三方反动势力展开迂回、曲折、残酷而激烈的斗争。在错综复杂的政治、军事斗争中，军民们始终坚持党的民族统一战线，鱼水相依，艰苦奋战，最终迎来抗日战争的胜利。该剧获“江苏省‘五个一’工程奖”。

长篇小说《芦荡金箭》 抗战题材长篇小说《芦荡金箭》，由常熟市儿童文学作家金曾豪创作。小说主人公 14 岁的金端阳是阳澄湖上的牧鸭少年，专门为常熟城里的著名酒家山境园提供“阳澄飞鸭”。山境园的首席大厨大福师傅是中共地下工作者。由于一次突发事件，金端阳成为县城和新四军后方医院之间的小通信员，他团结一群少年朋友，为新四军传递情报，运送药品，诱捕叛徒特务，营救特派员，闯据点，下苇荡，最终成为了一名出色的少年特工，展现了英雄少年的不凡身手和爱国情怀。

原创动画片《沙家浜新传》 2006年，由常熟网路神公司下属的天堂卡通数码制作有限公司制作的30集原创动画片《沙家浜新传》完成。《沙家浜新传》以时空穿越的表现手法，讲述一对小姐弟琳琳、小蒲和一位来自日本的小孩山田，在参观沙家浜革命纪念馆时被一幅油画吸入到抗日战争的年代，亲身感受了抗日战争时期沙家浜军民与日本侵略者的斗争。该片生动地展现了沙家浜优美的风景，光荣的革命历史和抗日军民自强不息、勇于斗争的精神。

四位“阿庆嫂”

沪剧《芦荡火种》、现代京剧《沙家浜》、电视连续剧《沙家浜》中扮演阿庆嫂的四位演员特别引人注目，她们分别是丁是娥、赵燕侠、洪雪飞和许晴。

丁是娥 丁是娥（1923—1988），原名潘咏华，浙江湖州马腰镇人，出生于上海虹口虬江桥畔外婆家。丁是娥9岁从师学艺。1952年，文化部举办首届全国戏曲观摩大会，在《罗汉钱》中出演小飞娥的丁是娥受到毛泽东、周恩来等党和国家领导人的亲切接见。1953年，丁是娥赴朝鲜慰问演出。后历任上海沪剧团团长，上海沪剧院院长，中国文联第三、四届委员，中国戏剧家协会第二、三届理事和第四届常务理事、上海分会副主席。1958年，上海沪剧团团长陈荣兰和副团长陈剑云到南京军区寻觅创作素材，从军区纪念建军30周年的征文里发现了崔左夫写的《血染着的姓名——三十六个伤病员的斗争纪实》。陈荣兰原是二十军文工团团员，看到这份素材倍感亲切，同时也意识到这可以创作出一部好的现代剧。1964年1月9日，由中国戏剧家协会出面，文化部艺术局局长周巍峙亲自主持，以沪剧《芦荡火种》组织专题座谈。周巍峙由衷地称赞：

“沪剧团四次来京演出，一次比一次进步。”是年1月23日，刘少奇、李先念、薄一波、张鼎丞、罗瑞卿等党和国家领导人观看该剧，并和全体演职员合影留念。刘少奇肯定了沪剧的长处：“沪剧的阿庆嫂周旋于胡、刁之间，利用敌人矛盾，这一点比京剧好。”沪剧《芦荡火种》的演出，奠定了丁是娥作为沪剧界代表人物的地位。上海沪剧团载誉返沪后，沪剧《芦荡火种》剧组又在美琪大剧院向上海市民作汇报演出，连演连满达9个月之久。1982年9月，上海沪剧院成立，丁是娥任第一任院长。1988年7月9日，丁是娥因病去世，享年65岁。

赵燕侠 赵燕侠（1928— ），河北武清人，出身梨园世家。1943年，15岁的赵燕侠因出演《大英杰列》崭露头角。1947年，赵燕侠组建燕鸣社，在京、津、沪等地演出，所演《红娘》《花田错》《辛安驿》《荀灌娘》《玉堂春》等剧目，深为观众喜闻乐见。新中国成立后，与马连良、谭富英、裘盛戎等同台演出，在《白蛇传》《红梅阁》《碧波仙子》《盘夫索夫》等剧中唱大轴。1964年，赵燕侠主演现代京剧《沙家浜》，成功地塑造了阿庆嫂的艺术形象，这对以往善演传统戏“旦角”的赵燕侠来说，是一种新戏路的开拓。1979年，北京京剧院成立，赵燕侠担任一团团长，积极进行艺术团体的体制改革，并取得一定成效。赵燕侠技艺全面，唱、念、做、打俱佳，达到了字真、情切、韵美的境界。她的演唱形成了自己独特的风格，曾被周恩来总理亲切地称为“赵派”。

洪雪飞 洪雪飞（1942—1994），安徽歙县人，生于上海，从小在杭州长大。1958

丁是娥剧照

赵燕侠剧照

年，洪雪飞考入北方昆曲学院，师从韩世昌、白云生、马祥麟等。后又得姚传芗、周传瑛指授。凭着一股狠劲与巧劲，洪雪飞以新编戏《晴雯》中“袭人”一角脱颖而出。“文化大革命”初，洪雪飞改演京剧。1967 年，饰演《沙家浜》中阿庆嫂这一角色的重担落在洪雪飞肩上。洪雪飞刻苦好学，再加上昆曲和京剧一脉相承，借调到北京京剧团后，由于其嗓音宽亮，做表洒脱，戏路较广，故阿庆嫂扮装一亮相，就得到了剧组人员的认可。随后，现代京剧《沙家浜》被拍成彩色戏曲艺术片，洪雪飞把阿庆嫂那种干练、泼辣、充满智慧、巧于周旋的春来茶馆的老板娘形象，表演得出神入化，炉火纯青，赢得广大观众的一致喝彩。特别是茶馆中的“智斗”一场，历年来演出场次之多，已经数不胜数。20 世纪 80 年代，《沙家浜》被冠以“红色经典”之一，洪雪飞频频出现在各种文艺演出中。其一曲原汁原味的《智斗》，痴迷的观众百听不厌，津津乐道。1994 年 9 月 14 日洪雪飞应邀到新疆克拉玛依油田演出时，遭遇车祸去世，时年仅 53 岁。

许晴 许晴（1969— ），生于北京市，土家族人。1988 年，考入北京电影学院表演系。1992 年毕业后，在北京电影制片厂工作。2005 年，30 集电视连续剧《沙家浜》在沙家浜风景区拍摄，其中阿庆嫂扮演者的要求十分严格，不但要求演技出色，而且人品也要好。经过一番竞争以后，最终由陈道明推荐，演员许晴挑起了这副重担。许晴果然不负众望，演出十分成功，全国放映后，受到观众的高度赞扬。

洪雪飞剧照

许晴剧照

现代京剧《沙家浜》人物原型

郭建光的生活原型刘飞、夏光　刘飞（1905—1984），原名刘松清，曾用名刘清，湖北红安人。1939 年 9 月，“江抗”西移途中在江阴顾山遭顽军阻击，在反击顽军的战斗中，刘飞身先士卒，率队冲锋，不幸被敌人子弹打入肺部，几乎危及心脏，经抢救脱险，留在阳澄湖地区养伤。当时留下来的 36 位伤病员中，刘飞的职务最高。在养伤期间，他组织伤病员克服重重困难，在险恶的环境中坚持敌后战争，发挥着戏里“郭建光”一样的作用。不久，刘飞转移至上海治疗，留下来的伤病员由夏光指挥，坚持敌后斗争。

夏光（1909—2012），原名夏克绍，湖南武岗人。1939 年 8 月，时任“江抗”第五路军参谋长的夏光由于连续作战，经常彻夜不眠，最终体力不支病倒。部队奉命西移时，夏光因病只能留在当地休养，当时他把所有作战文书记录移交给参谋处以后，就化装成平民百姓，在群众的掩护下，越过国民党“忠义救国军”控制区，回到流动在阳澄

郭建光的生活原型——刘飞

郭建光的生活原型——夏光

阿庆嫂的生活原型——范惠琴

陈庆嫂的生活原型——陈二妹

湖地区横泾一带的新四军后方医院，与“江抗”政治部主任刘飞等伤病员会合。刘飞因伤重转移上海治疗后，伤病员们在夏光的领导下，坚持敌后斗争，同样发挥着戏里“郭建光”的作用。

刘飞与夏光生前都否认自己就是郭建光。刘飞曾经说：“郭建光是36位伤病员光辉形象的集中体现……我个人绝不是郭建光。”夏光在接受中央电视台记者采访时，当记者说“你就是郭建光”时，夏光急忙纠正：“不能这样说，郭建光是几个人合起来的名字，‘郭’是指太仓县委书记郭曦晨，‘建’是指常熟县委书记李建模，我只是借了一个‘光’字。”

阿庆嫂的生活原型范惠琴、陈二妹 范惠琴（1911—2003），沙家浜镇横泾北泗泾（又名龚家浜）人，中共党员。1940年5月，当选为抗日民主政权苏州县横泾区横南乡妇女抗日协会主任。同年12月26日，当选为苏州县妇女协会执行委员。因为老家北泗泾村隐蔽，她家便成了新四军和地下党经常活动的交通站，曾接待和掩护过谭震林、夏光、任天石、张英、冯二郎、吴冷西、周波、李正廉、周朗等革命同志。范惠琴的主要工作是护理和掩护伤病员，传递革命情报，发行新四军《江南》半月刊和《大众报》，为新四军做军鞋。1941年日伪“清乡”期间，范惠琴曾被镇上日伪军抓去，在严刑面前坚不吐实，没有暴露身份。出狱后，她继续为党工作。在“文化大革命”期间，范惠琴作为亲身经历过的幸存者，各地造反派多次找范惠琴收集所谓“走资派”的“罪证”，有些不实之词，她拒绝签名。人民日报社原社长李正廉正是因为有了她的作证，才及时恢复了工作。她的回忆录被北京京剧院征集过去，作为创作素材，并于1972年3月28日写信感谢范惠琴。1974年，范惠琴的儿子曾给谭震林写过一封信。是年8月14日，中共中央办公厅信访处返回了回信，信中说：“如生活有困难，可凭这封信到当地民政部门求助。”范惠琴总是对家人说：“比起牺牲的同志，我是幸运的。”在所有阿庆嫂式的人物中，她是唯一与北京京剧院有过联系的女同志。所以，当地人都称她是“绝版阿庆嫂”。

陈二妹（1915—1998），常熟市董浜镇雪沟村人，丈夫陈关林是中共党员，革命烈士，故人称“关林嫂”。抗日战争时期，夫妻二人开了一家涵芬阁茶馆，是新四军地下交通站，陈关林为地下交通员。夫妻二人为抗日做了大量工作。1940年初夏，常熟“民抗”司令任天石把陈二妹介绍给谭震林：“她就是联络站站长陈关林的妻子。”从此，谭震林和其他领导经常到涵芬阁茶馆开展工作。翌年7月，日伪“清乡”期间，陈关林不幸被捕，被关押在苏州长春巷监狱。陈二妹曾四次步行到苏州探监，最后一次是1942年1月11日，以后就再也没有见到过丈夫。陈二妹拖着幼小的儿子家树和女儿慧芳艰苦度日，直到全国解放，才得到丈夫牺牲的确切消息。她曾给谭震林写过一封信，告诉她丈夫牺牲的消息，没多时，谭震林亲笔回了信，他在信中说：“陈关林同志为国捐躯，党和人民永远怀念她。生活上你如有困难，尽管找当地政府解决。”其实，陈二妹从未向政府提过任何要求。1982年5月12日，谭震林故地重游来到常熟，在虞山饭店接待室里，谭震林见到了分别40年之久的茶馆老板娘陈二妹，他竟一下子就认出了她，并脱口而出：“关林嫂！”从此以后，报纸上就有了《陈二妹就是真正的阿庆嫂》的报道。

沙家浜地区类似阿庆嫂式的人物还有很多，有朱凡、陆二嫂、陆钰、卢爱金、干桂宝、徐巧珍等，在她们身上，都有阿庆嫂的影子。

陈天民的生活原型任天石 任天石（1913—1948），又名任启生，常熟梅李人。1932年8月，任天石考入上海的中国医学院，毕业后返乡挂牌行医。在中国共产党抗日救亡运动的影响下，他深切体会到“做个医生，只能救命，若要救民，必先救国”。在他的筹划下，1938年7月1日，组建成立常熟人民抗日自卫队，先后任副大队长、大队长。第二年秋，任天石加入中国共产党。1939年4月以后，在东路军政委员会领导下，任天石从事民主建政工作，先后任中共常熟县委书记、第一行政区督查专员兼常熟县县

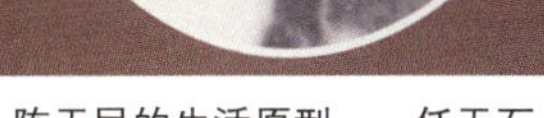

陈天民的生活原型——任天石　　叶世忠的生活原型——叶诚忠

长、苏州县县长、苏常太工委委员。1941 年 7 月，任中共苏中四地委江南工委书记、通海工委书记。1943 年，任苏中区党委巡视员。1946 年后，先后任京沪路东中心县委书记、十地委常委兼社会部部长等职。1947 年 1 月 30 日深夜，任天石在上海不幸被捕。在狱中，他始终坚贞不屈。翌年冬，被杀害于南京雨花台，年仅 36 岁。据文牧称，陈天民，即任天石。天，即任天石的天；民，则“民抗”的民；陈，则是常熟地区较为常见的一个姓。因此，任天石就是沪剧《芦荡火种》中的陈天民，也就是后来移植到现代京剧《沙家浜》中陈谦民的生活原型。

叶世忠的生活原型叶诚忠、张世万　叶诚忠（1914—1944），福建闽东人，放牛娃出身。叶诚忠为红军老战士，历任“江抗”和新四军部队排长、副连长、副营长等职。叶诚忠是威震敌胆的战斗英雄，也是活跃在阳澄湖畔的 36 位伤病员之一。1944 年 1 月 5 日，叶诚忠在苏北大官庄战斗中牺牲，当时已是副营长。当地百姓为了纪念他，把大官庄改名为诚忠乡。

张世万（？—1943），福建闽东人，红军老战士。“江抗”东进时任排长，后历任新四军部队营长、浙东游击纵队二大队大队长等职。他是当年战斗在阳澄湖畔的 36 位伤病员之一，作战勇敢，深受战士们爱戴。1943 年 7 月，张世万在浙江余姚大亭战斗中不幸牺牲。60 年后的 2003 年，张世万生前的通讯班班长徐道明捧着他的骨灰盒，来到沙家浜风景区，把其骨灰撒在沙家浜这块他曾经战斗过的土地上。沪剧《芦荡火种》作者文牧在《创作札记》一文中写道：“剧中的排长叶世忠，就是取叶诚忠和张世万的名字得来的。”

胡传魁的生活原型——胡肇汉

胡传魁的生活原型胡肇汉 胡肇汉（1906—1950），湖南岳阳人。出身贫苦，14 岁起当长工。1926 年，参加国民革命军。1934 年，在岳阳保安团当兵，后辗转于安徽、江苏、上海等一带，混迹于国民党军警界，曾任江苏省第一区水上警察队中队长、青浦县水巡队长等职。1937 年淞沪会战爆发后，胡肇汉参加“忠义救国军”，从事抗日活动。1939 年 5 月，“江抗”东进来到阳澄湖畔，一些地方游击队纷纷接受“江抗”收编，时任“江抗”副总指挥的叶飞邀请胡肇汉接受改编，胡肇汉被收编到“江抗”四路独立第一大队第一支队，任司令。1940 年 6 月起，胡肇汉任国民党保安团团长，后又公开打出国民党“忠义救国军”先遣队的旗号，经常与“新江抗”制造摩擦，捕杀抗日干部及民众。1949 年上海解放后，胡肇汉于 1950 年被逮捕处决。

沪剧《芦荡火种》和现代京剧《沙家浜》中的反面角色胡传魁与现实生活中的胡肇汉有相同的一面，也有不同的一面。相同的一面是部队番号都称“忠义救国军”，都是反共、反人民的国民党顽固派，都是双手沾满人民鲜血的杀人狂魔，而且都姓胡。不同的是，胡传魁是个草包，胡肇汉却不是，倒有点像戏里的刁德一。因此，有人分析说，现实中的胡肇汉，是戏里胡传魁和刁德一的混合体。沪剧《芦荡火种》编剧文牧说：“戏里的胡传魁这个名字是根据他的性格定的，他有点胡搞，便让他姓胡。与胡肇汉同名完全是巧合。”

人物

沙家浜因地处水运要道，又是周边地区货运的集散地，商业发达，商贾云集，达官贵人及各路文人交相往来，形成了当地人民开放的性格，加之历来重视教育，文风繁茂。特别是明清时期，里人杨彝与文人学士，结社吟诗，讲礼论文。顾炎武隐居唐市，著书立说，讲授经史。重视教育和名人的授学，造就了沙家浜镇教育一时的辉煌，培养了许多著名的文人学士。

人物传略

严讷

严讷（1511—1584），字敏卿，号养斋。唐市人。明嘉靖辛丑（1541年）进士，授编修，后迁侍读。严讷善文章、书法、工笔花鸟画。当时，三吴地区屡遭倭寇侵扰，又遇灾荒，百姓流离失所，当地几乎一半人口死亡，而地方官吏仍加紧征粮征款。严讷了解后，上书陈情，极言百姓困苦，朝廷同意免征粮款。后授翰林学士，历任礼部、吏部侍郎，礼部、吏部尚书。面对严嵩专权，严讷不畏权贵，改革朝政，严肃官场歪风邪气，与朝士共同“约法三章”，杜绝拉帮结派。他任人唯贤，破格提拔人才，如海瑞、陆光祖等，官场面貌焕然一新。后兼任武英殿大学士，入参机务。之后因患病辞官回乡，孝养父母。严讷去世后，封赠少保，谥号文靖。有《严文靖公集》《春秋国华》，曾参修《承天大志》《永乐大典》。其第二子严澂（严天池），为虞山琴派创始人。

谭照（生卒年不详），字儒溪。湖乡（今沙家浜镇张泾村一带）人。其弟晓，字镜川。兄弟二人是当地有名的慈善家。因当地地势较低，常遇洪涝之害，许多农民放弃种田而从事渔业，荒芜田亩无数。谭照与其弟谭晓买进大量农田，凿池养鱼，围圩种粮，在低洼地种茭白、菱芡。他们在鱼池上设架搭棚养鸡、养猪，鸡粪、猪粪用来喂鱼。到冬天的时候，又用鱼塘中的塘泥肥田或堆放在池堤上，在鱼池上种植梅、桃等果树或蔬菜。春季来临时，放眼望去，漫山桃李争艳，好一幅“锦绣江南”图。这种似当代粮、畜、鱼、果、菜蔬综合经营的农业产业化和人工生态农业的模式，为当时中国南方农业的一个典范。因悉心经营，地尽其利，家境日渐富裕，“窖而藏者以数万计”。明嘉靖

谭照

三十二年（1553 年），为抵御倭寇侵扰，常熟县令王铁募金筑城，谭氏兄弟捐资“四万余金”修固城防，当时人称“谭半城”。后遇荒年，谭氏散米赈饥。为防止农田内涝，又捐出巨资，筑常熟东门至昆山界岸圩 10 万余丈，建石桥 18 座。当地抚按提请朝廷表彰，朝廷准予建专祠供奉谭氏兄弟。

陆枝（1540—1622），字达卿，号培吾。世居毕泽（今属沙家浜镇）。明万历四年（1576 年）举人，在浙江桐乡县任职。任职期间，陆枝十分勤勉清廉，为当地百姓做了不少好事，得到百姓拥戴。因政绩突出，受到朝廷赏识，升为湖广荆州府彝陵州知州。有一年，朝廷派一名税务官到地方考察。这位税务官在荆州的爪牙认为靠山来了，为非作歹，欺压百姓。百姓心有怒气，却又慑于威势，无可奈何，纷纷到知州府告状。陆枝知道后，拍案而起，带着当地州民捉拿这位爪牙并严厉地惩罚了他。爪牙的家人到税务官处告陆枝的状，希望税务官在朝廷上弹劾陆枝，以报私仇。税务官知道陆枝的威名，不敢过问。陆枝为了警示官员，将这件事刻记立碑，给当地的官场以不小震动。陆枝因廉名在外，又被推选为广西平乐府同知，依旧刚正不阿。后告老还乡，侍奉双老，结交朋友，与红豆山庄的钱谦益成为忘年交。陆枝去世后，葬于毕泽，其墓设墓道，两旁立石羊、石马，其石牌坊书“吾陆公之墓”，墓志铭由钱谦益撰并书。

许重熙（1582—1660），字子洽。沙家浜镇唐市集镇人。以治史名世。从小勤奋好学。明万历三十二年（1604 年），被革职还乡的明代思想家顾宪成修复宋代杨时讲学的东林书院，与当时的一些社会名流讲学其中，人称“东林党”。许重熙仰慕东林书院的声名，也加入其中，与他们谈文论政。至天启年间（1621 年~1627 年），宦官魏忠贤当政，酿成“东林惨案”，成为明代历史上最黑暗的时期。许重熙几次遭捕，皆侥幸脱逃。他开始周游天下，广搜博览。万历四十三年，许重熙到江西临川，拜戏剧家汤显祖为师。后又到南昌，拜谒明朝宗室朱氏。年事已高的朱氏赏识许重熙的才能，将自己不能完成的明史修订任务托给许重熙。告别南昌后，许重熙回到家乡唐市，专心于学业，编成《汤义仍先生文集》10 卷。随后又专注于明史的研究，撰写了被明代思想家黄宗羲称为“奇书”的《国朝殿阁部院大臣年表》18 卷。这是一部始于洪武元年（1368）止于崇祯五年（1632 年）的质量较高的官职表，被后世的史学家所推崇。崇祯六年，撰写明代后期专史《宪章外史续编》，又称为《五朝注略》。《五朝注略》史实详尽，对于今人研究明朝的历史具有很高的学术价值。《五朝注略》中因对明朝晚期一些历史事件和人物提出怀疑和批评，成为禁书，遭到崇祯皇帝“革去衣巾，书板追毁”的厄运。许重熙坚持民族气节，清兵入关后，拒绝降清。死后留下一部未完成的《舆地分指掌图》。

杨彝

杨彝（1583—1661），字子常，号谷园。沙家浜镇唐市集镇人。从小熟读四书五经，精通《诗经》、佛学，博学多才。与因避时乱而住在唐市的太仓名士顾梦麟相互讲说辩难，努力学习《诗经》要义和儒家知识。当时人称他们为“杨顾”，弟子有数百人。明天启四年（1624 年），杨彝与当时太仓名士张溥、张采、顾梦麟等在凤基园成立文社，取名为“应社”。天启五年，在唐市凤基园召开应社成立大会，江南名士数百人与会。清军入关南下后，曾被推荐任都昌知县，但杨彝崇尚民族气节，坚决不与清朝合作，宁可出家为僧。后隐居家乡唐市，闭门谢客。杨彝好藏书，一生读书不辍。其凤基楼藏书逾万卷，与毛晋的汲古阁、钱谦益的绛云楼成为当时常熟三大藏书楼。晚年的杨彝，因病而致眼盲，虽不能读书，但仍好学不倦。他常常叫人在一旁读书给他听，跟弟子们谈起学问来，有时竟通宵达旦。杨彝一生著述颇丰，但留存下来的很少。著有《四书大全节要》《谷园诗文集》《怀旧诗卷》等。

许士柔（1587—1642），字仲嘉，号石门。沙家浜镇唐市集镇人。明天启二年（1622 年）进士，后选为庶吉士，授检讨持节、国子监祭酒，负责管理诰敕，编修史料。与当时的史学家、书法家文震孟，书画家倪元璐，书法家黄道周有“壬戌四翰林”之称。崇祯时，迁左庶子，负责左春坊的事务。许士柔正直敢言，为此多得罪权贵。当时，许士柔负责编写《光宗实录》的史料。《光宗实录》中要记载东林党事件，但在奸臣魏忠贤的干预下，当时朝廷已有定案，容不得翻案。为了如实记载史实，许士柔冲破重重阻力，不断地搜集有关资料，冒着被杀头的危险到处访问那些熟知内情的人。通过整理、分析，把史实如实编入书中。因而，《光宗实录》里所记录的内容，与《三朝要典》所著述的内容相差很大。许士柔立场鲜明地公开批评著录《三朝要典》的那些人，说他们不尊重历史，胡编乱造，应该重修。他坚持要按客观史实来编写《光宗实录》。天启六年，许士柔上疏言《光宗实录》时，险遭治罪。他愤然上书皇帝，说："如果不能把史实详尽地记录下来，暗而不明，缺而不考，这样的历史还会有人相信吗？"由于许士柔不屈不挠地斗争，翌年，朝廷禁毁了《三朝要典》。崇祯三年（1630 年），又因数年前所制诰语有骈俪语违禁，被张至发劾降二级调用，不久移补尚宝司丞，后朝廷选为少卿，但这时许士柔已离世。后朝廷赠詹事兼侍读学士。子许瑶，清顺治九年（1652 年）进士。

陈璧（1605—？），字昆良，别号雪峰。沙家浜镇唐市集镇人。南明弘光年间（1644 年~1645 年），曾任兵部司务。后南明弘光政权灭亡，又任职于永历政权。崇祯十七年（1644 年）五月清兵入关，清帝登基，建元顺治，从此开始了清王朝 267 年的统治。陈璧跟随同乡、时任兵部尚书瞿式耜积极参加反清斗争，为著名的抗清英雄。陈璧曾连续三次向皇帝上书建言，提出"反清复国"的主张，都没有得到回应。清兵攻陷桂林后，瞿式耜被俘，43 天后，从容赴难于桂林独秀山的仙鹤岩下。陈璧怀着痛失山河的悲壮之情，回到家乡唐市，以大明不复故长发不剪，隐居于唐市语濂泾，与顾炎武、归庄等交往非常密切，常常以"生为大明人"自许。1984 年 5 月，上海古籍出版社出版《陈璧诗文残稿笺证》。"一片丹心图报国，千秋青史胜封侯"诗句被收入《中国古代名人名言》。

邱园（1617—1690），字屿雪，戏曲家。沙家浜镇唐市集镇人。明朝灭亡后，邱园隐居在坞丘山，因号"坞丘山人"。邱园平生纵情诗酒，放浪不羁。善画泼墨山水，画雪景更是精妙，自成一家。邱园又善作曲。一生中创作传奇（明清以唱南曲为主的长篇戏曲样式）9 种，现留存下来的有《党人碑》《幻缘箱》《百福带》3 种和《虎囊弹》残本（仅存 6 种单出）。邱园所写作品主要分为历史剧和时事新剧两类。其创作的戏曲作品大多是政治斗争题材，抨击豪门权奸，颂扬忠臣良将，同情劳动人民，爱憎分明。称为"诗坛盟主"的吴伟业（梅村）看了他的时事新剧代表作《蜀鹃啼》后，写下《观〈蜀鹃啼〉剧有感（其三）》："平生兄弟剧流连，高会南楼尽少年。往事酒杯来梦里，新声歌板出花前。青城道士看游戏，白发衰翁漫放颠。双泪正垂俄一笑，认君真已作神仙。"邱园写的《虎囊弹·醉打山门》一出戏，在中国古典名著《红楼梦》第 22 回中提到，贾府为了庆贺薛宝钗的生日，定了戏班子来庆祝。贾母命宝钗点戏，宝钗就点了《鲁智深醉闹五台山》这一出，她还津津乐道地向贾宝玉夸赞这出戏："……这出戏的好处，排场又好，词藻更妙。”“……是一套北《点绛唇》，铿锵顿挫，韵律不用说是好的了；只那词藻中有一支《寄生草》填得极妙。”宝钗的一番介绍，宝玉听了，喜得直拍膝头，称赞不已。随即，宝钗当场还念了一段《寄生草》的词。邱园作为一个戏曲家，对音律有深入的研究。戏曲家尤侗在《题屿雪像赞》中说：“君善顾曲，梨园乐府。吾和而歌，红牙画鼓。”另有诗词集《既耕堂草》《竹溪杂兴》《梅圃诗余》。

唐孙华（1634—1723），字实君，号东江。沙家浜镇唐市集镇人。唐孙华早年失母，他天资聪颖，好读书，善记忆，每天能诵记千言。他写的文章，在当地很有名气。唐孙华博览典籍，能做到融会贯通。尤其是研习史学，《二十一史》读到能出口成诵。当朋友小聚，宾客们谈古论今时，他旁征博引，史实随手拈来，滔滔不绝，听的人常常被他渊博的知识所折服。祖籍唐市，官至大学士、刑部尚书的徐乾学，敬重唐孙华的学识。当时，徐乾学正负责编写《大清一统志》，需要人手，他认为唐孙华正是这方面的人才，于是就招唐孙华进京参与修编。唐孙华后与家人移居苏州太仓。清康熙二十七年（1688年）中进士后，却迟迟没有被授予官职，六年后方选为陕西朝邑知县。赴任前，因大臣明珠的推荐，得到康熙帝的召见，“试以诗赋制艺”。授礼部主事，兼翰林院行走，又调任吏部。康熙三十五年，充浙江乡试副考官。后因受一桩案子的牵连而落职，回到家乡。弟子纳兰揆叙虽多次劝他复出，他终没有答应。晚年，与同里老友纵情山水，吟诗作赋，活到90岁。著有《东江诗钞》行于世，诗歌大部分反映的是民生疾苦。

嵇永仁（1637—1676），字匡侯，又字留山，号抱犊山农。沙家浜镇唐市嵇家荡人。明末诸生，入清后屡试不第，以教书、行医为生。嵇永仁崇尚气节，以经世之才自负。后进入福建总督范承谟幕府，任掌书记。其时，正值耿精忠响应吴三桂背叛清廷，叛军设宴诱捕了范承谟和嵇永仁，把他们囚禁起来。嵇永仁在狱中三年，不为叛军的劝说利诱所动，始终坚贞不屈。范承谟被害后，嵇永仁悲愤交加，昼夜痛哭，在狱中自缢而亡。他善诗文，喜中医理论，通晓天文、水利、兵刑礼乐，尤其擅长戏曲创作，著有杂剧《续离骚》、传奇《扬州梦》《珊瑚鞭》《双报应》等，是清初剧坛“杂剧三大家”之一。另著有《抱犊山房集》《东田医补》等。后朝廷抚恤，赠国子监助教。其妻杨氏，青年励节，抚养儿子嵇曾筠，其子官至大学士。

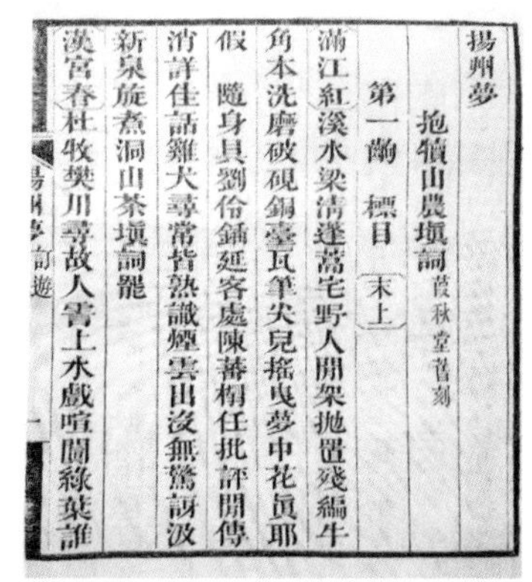
揚州夢
抱犢山農塡詞 葭秋堂舊刻
第一齣 標目 末上
滿江紅 溪水梁清逢蒿宅野人開架拋置殘編牛角本洗磨破硯銅臺瓦筆尖兒搖曳夢中花眞耶假 隨身具劉伶鍤延客處陳蕃榻任批評閒傳消詳佳話雞犬尋常皆熟識煙雲出沒無驚訝汲新泉旋煮洞山茶塡詞罷
漢宮春 杜牧樊川尋故人霅上水戲喧闐綠葉誰
揚州夢 詞遊 一

嵇永仁《扬州梦》

陈芳绩（？—1670），字亮工。沙家浜镇唐市集镇人。祖父陈梅，与顾炎武交好。陈芳绩从小好学上进，10 多岁便能赋诗作画。明崇祯十七年（1644 年）四月，顾炎武为避兵乱，隐居在唐市语濂泾，刚好与陈梅一家为邻。陈芳绩学业上得到了顾炎武的悉心指导，政治上受业师爱国主义思想影响，处处显露出明朝遗民坚强的民族骨气。他拒绝参加清朝的科举考试。清朝建立后，要求汉族人按照满族人的装束，剃头发，留辫子，违者处死。陈芳绩冒着被杀头的危险，“坚守毛发，历四五年”。之后，他对地理产生了浓厚兴趣，发现历代史书上的地理记载与各府、州、县志的记载大有出入，说法不一。于是，开始“究心于天文地理之书”，广泛地搜罗、阅读各种资料，经多方考证，编著了《天下郡县舆图》，成为当时最具权威性的地图册。陈芳绩编撰的《历代地理沿革表》共 47 卷，内容涉及上古到明代的历代地理沿革，年代跨度 2000 多年。在编撰该书过程中，他不仅通读了《二十一史》，还广泛地阅读各种地方志书，汲古阁、绛云楼、凤基园三大藏书楼都留下了他的足迹。清康熙六年（1667 年）冬，陈芳绩终于完稿，并请著名学者、文学家归庄为书作序。遗憾的是，陈芳绩积劳成疾，三年后离开了人世。直到 156 年后才有人发现这份遗稿，并延请学士 12 人用了整整 10 年时间校勘，此书得以与读者见面。《历代地理沿革表》对研究中国历代地理沿革、行政区划具有极高的参考价值。

吴绡（？—1671），女，字冰仙，一字片霞，又字素公，出身望族。长洲（今苏州）人。因堂兄吴伟业（梅村）的牵线搭桥，嫁到唐市望族许家，配与许瑶为妻。清顺治九年（1652 年），许瑶进京赶考，中进士，任广平知府。吴绡在家侍奉公婆，孤灯独眠，以弹琴、作词、绘画消愁。她的词虽然很多是闺阁词，但宛转新异的语调是一般人无法写出的。她常常向时称“海虞二冯”之一的冯班请教，学问不断长进。又因父亲的关系，她称著名词人、柳州词派领袖曹尔堪为年伯，得到曹尔堪的指导。在吴绡的词中，有不少内容揭露所谓“大丈夫”“正人君子”以及社会对妇女的歧视、摧残乃至迫害。吴绡的词与苏州女清词领袖徐灿齐名，其影响不同一般。她是位才女，除了善写清词以外，也善书法，善画花卉，当时人们有这样一种说法：“吴中闺秀徐小淑（徐灿）能诗文，赵瑞容善画，有盛誉，惟夫人（吴绡）兼此二长。”著有《啸雪庵诗余》。

陶元淳（1646—1698），字子师，号南崖。沙家浜镇唐市集镇人。清康熙二十七年（1688 年）进士，任海南昌化知县。翌年，又代署崖州知州。海南在当时是一个比较闭塞的地方，昌化县兵乱频繁，册籍全被烧毁，豪强地痞趁机霸田占地，百姓外出逃荒，

陶元淳

流离失所。陶元淳上任后，重新清丈田地，编户造册，动员逃荒百姓返回家园发展生产。他还寻找空地，设立墟市，招抚流亡者开垦荒地，最初几年送给耕牛和种子，不征税。昌化县与黎族居住区毗邻，曾设土舍管理黎人出入，不少官吏借土舍干坏事。陶元淳下令撤销土舍，同时，张榜黎峒，告示有冤者可到县衙申诉，黎民得以乐业。他还征招民夫，重建治平寺。撰文《重建治平寺碑记》勒碑立于寺前，此碑现存于昌化镇新城村一土庙里。治理昌化县期间，陶无淳秉公办事，一身正气，颇有政绩，名声大震。昌化前任知县高日旦对陶无淳的治县事迹特别感动，做咏陶公诗《菊花》一首："三月菊花开满林，朝朝扶酒向亭阴。时人漫话陶公事，何必东篱始称心。"陶元淳定做了一杆十六两的秤和一面铜锣，留给陶家子孙后代，意在告诫后人做事为人要公平，有什么大事不能解决，就敲锣聚议，集大家智慧，解决问题。后陶元淳因积劳成疾，客死琼州，死之前要求归葬故乡唐市。灵柩渡海丧归时，恰好琼州有学子 100 多人过海赴试，便顺道扶柩送行。当时，阳春有一蛮兵要与陶元淳的灵柩争渡，学子们立即阻止说："这是我们的老师，谁敢先过。"士兵只得让路。陶元淳葬于唐市三塘圩白龙圩。他还是一位学者，著有《南崖集》4 卷、《广乐集》10 卷、《明史传》数卷。子贞一，康熙五十一年进士；正靖，雍正八年（1730 年）进士。

黄鼎《深谷幽居》

黄鼎（1660—1730），字尊古，号旷亭、闲浦、独往客，晚号净垢老人。沙家浜镇唐市集镇人。黄鼎从小拜同乡戏曲家邱园为师，后山水画受业于王原祁，又跟王翚（石谷）学艺，技艺得到了长足的进步，一时名噪艺林。他生平遍游名山大川，凡见山水诡奇之状，一一画入作品，为前人粉本中所未有。当时有人评价说："石谷看尽古今名画，下笔具有渊源；尊古看尽九州山水，

下笔具有生气，并称大家。”曾绘《长江万里图》，卷轴大如牛腰，许多名流为之题跋。黄鼎的传世作品有《倚石援云图》，图录于《神州大观》;《渔父图》《秋日山居图》《溪山行旅图》等，藏于故宫博物院;《平冈渔艇图》轴，藏沈阳故宫博物院;《醉儒图》、《夕照疏林图》轴、《渔父图》轴，藏上海博物馆。黄鼎曾主持编写《佩文斋书画谱》，绘制《万寿盛典图》。官至户部左侍郎、翰林院掌院学士。所收的弟子大多成为清朝画坛的名家，如方士庶、张宗苍、赫奕等。去世后，葬于苏州穹窿山下，由被乾隆帝称为“老名士”的长洲沈德潜为他作墓志铭。

谭绍隆（生卒年不详），沙家浜镇唐市儒浜人。他从小肯吃苦，好习武。当时，地方上流行船拳，谭绍隆从小耳濡目染，到处拜师学艺，功夫大有长进。练武间隙，还不忘读书练字，学识丰富，是个文武全能之人。清康熙五十一年（1712 年），谭绍隆考取武进士。谭绍隆擅长书法，所书字体被认为得圭峰碑笔意，中国古代二十四孝之一黄香的墓碑文由他所书。

许朝（生卒年不详），字光廷，号红桥。沙家浜镇唐市集镇人。许朝从小失去双亲，家境贫寒，跟随祖父母生活，对祖父母孝敬有加。他勤奋读书，参加会试，考取第一名后又于清乾隆四年（1739 年）考取进士。授广西怀远知县，后升太平府通判，补山东德州通判。许朝为官清廉，疾恶如仇。有一年，许朝奉旨押解一名罪犯到安南（今越南），地方官送他许多特产，他坚拒不收。在德州任官期间，他率地方官拜谒当地的乡贤祠，对历史上因敢于仗义执言而遭严嵩奸党迫害的沈链的品行赞赏有加。许朝平时好学，喜欢研究历史，政事之余，常常阅读写作，从未停止过。他善于作诗和书法，清代诗论家袁枚说他的诗有陆游的风格。晚年，归隐于常熟石梅。著有《红桥诗集》《红桥文集》《红桥杂缀》《德州志》等。

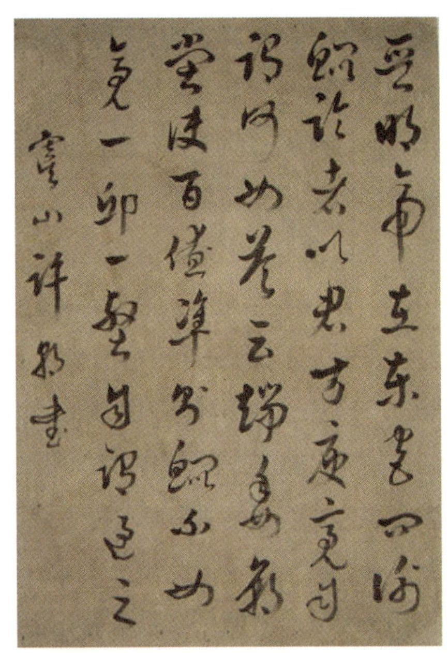

许朝作品

谭见龙（生卒年不详），字淇升，又字潜初。沙家浜镇唐市儒浜人。擅山水画，能书，工诗。清乾隆九年（1744 年）甲子举人，乾隆三十二年署新安知县。翌年，先后为广东龙门、河北乐亭知县。唐市儒浜，明清时人称“菰芦虾荣之乡”，村民大多姓谭。曾有一个号“西坡翁”的人隐居在此，筑“西坡园”，园中广筑亭台楼阁，设有玉堂书屋、碧芳亭、香远室、陆舫诸景，富有雅趣。周边名士常闻名到访，对当地学子影响很大。此时，谭族人才辈出，尤其是在书画方面的成就，在常熟画坛占有一席之地，谭氏成为当地书画名族。谭见龙就是谭氏家族中的优秀代表，他的诗、书、画在历史上都有一定的地位。著有《墨香居画汇》《清画家史诗》《虞山画志》等。

顾言作品——《仿陆天游丹台春晓图》

顾言（生卒年不详），字行素。沙家浜镇唐市集镇人。善画墨菜。顾言小时候就拜名家为师，学习绘画技巧。他喜欢画蔬菜，对各种蔬菜的生长特点都了如指掌。当母亲在后院种菜的时候，他就在边上观察。他以菜为友，不断写生，画作逐渐成了名画，人们纷纷向他索画、买画，但他从不轻易送人或卖画。有一次，一位当地的富豪知道顾言是画蔬菜的高手，以很高的价钱求他画一幅画，顾言竟没有答应。他轻蔑地说：“这种人根本不懂得欣赏艺术，只不过听人称赞我的画，就想用钱买了去，冒充风雅罢了。”顾言觉得艺术不能滥，一“滥”就失去了它的价值。到晚年的时候，他宁可过穷日子，也不愿意画画换钱。有时，家里穷得实在揭不开锅了，他就拿自己的画去质押些钱来买米。只要家里情况稍稍宽裕些，他立即把画赎回来。顾言的书桌上有一个放纸笔的竹筒，上口和下底各以红木镶嵌而成，两壁刻有著书课子图与行书诗句。右边阳文刻老者儿孙图，一位丰颜长须的老翁拄着拐杖停步遥望着前方，一个稚嫩天真的孩童一手指着前面远眺着。左边阴刻有两行行楷诗句：“课罢儿孙频眺望，扶筇闲步胜高车。行素老人题。”全国几大博物馆都有他的作品。

顾言书桌上的笔筒

嵇芩孙（1884—1944），字洛如。沙家浜镇唐市集

镇人。早年毕业于上海南洋公学（今上海交通大学前身）。清光绪二十八年（1902 年），与唐市董事孙晓卿创设语溪中西学堂，开乡里办学之新风。曾被选送到日本短期留学。不久，转赴美国加州大学攻读经济，后又转学于斯坦福大学学习银行法。光绪三十三年，获学士学位，旋即回国。其履历经清朝内阁验看并考试，奏请清帝核准后，赏给嵇芩孙法政科进士，后选翰林院庶吉士，故又称“洋翰林”。中华民国成立后，嵇芩孙历任民国政府外交部主事、驻比利时使馆代办。曾作为民国政府首任内阁总理唐绍仪的随使，出访英、美等国。1913 年，任苏州关监督。不久，卸职入京，任北京大学法律系讲师，并在民国政府外交部、财政部等处任职。1931 年后，先后在京汉、京绥铁路局任材料处处长。后殁于天津。

黄海瑞（1897—1966），沙家浜镇横泾集镇人。原为普通铜匠，文盲。抗日战争前夕，因饥荒离家去上海谋生，凭本行手艺在上海挑担跑弄堂，帮市民修理铜铁器件以维持生计。时有一家日本玻璃厂老板，请黄海瑞修理模具。黄海瑞凭借自身手艺，用手工仿制了国内第一件玻璃模具，又修复了大批模具。抗日战争爆发后，黄海瑞开办“黄发记”模具厂，专门生产玻璃模具。初期，仅有皮带车床 10 多台，从家乡招收了 30 多人，黄海瑞言传身教，为中国培养了第一代模具工人，时称“外国铜匠”。嗣后，黄海瑞又资助第二代学徒赵公泰办模具厂，两厂在上海均享有盛誉。新中国成立后，“黄发记”继续扩大规模，并不断为国内培养模具生产专业人才。黄海瑞于 1966 年在上海病故，但其培养的学徒已遍布全国，其中一部分退休回家乡后发挥余热，使沙家浜镇成为著名的玻璃模具之乡。

桑锡菁（1900—1981），字君仪。沙家浜镇唐市集镇人。早年毕业于江苏省第四中学（江苏省太仓师范学校的前身）。曾任申报馆记者、嘉定县政府科员、昆山县公安局局长等。1932 年“一·二八”淞沪抗战时，桑锡菁在无锡荣军招待所任职。后去上海，经孔祥熙秘书许建平介绍，入国民政府财政部工作，任财政部总务司副司长。1937 年抗日战争全面爆发后，桑锡菁随财政部迁至重庆，升任财政部总务司司长。1945 年抗日战争胜利后，桑锡菁随财政部回到南京，仍在财政部任职。桑锡菁获悉家乡唐市镇将设中心国民学校，原唐市小学校舍破烂不堪，须重建，迫切需要建校经费。桑锡菁为唐市小学建校筹款出力，亲自安排款项，直至完成建校。1948 年，俞鸿钧任“中央银行”总裁，桑锡菁任“中央银行”人事处处长。1949 年，桑锡菁随“中央银行”迁往台湾后，职务有所变动。1954 年～1958 年，桑锡菁任台湾地区行政管理机构秘书长，后退休。1981 年，桑锡菁病重期间，通过在香港的程雨苍之子程煜星传信给大陆的两个女儿，希望能在百年以后，叶落归根回故乡安息，同时，期盼祖国早日统一。是年 7 月，桑锡菁在台湾病逝。2002 年，其女儿通过台湾同乡会陆仁可等人的帮助，将桑锡菁和夫人张氏遗骨从台湾接回大陆，安葬在上海青浦福寿园。

石楚材（1907—1929），革命烈士，原名石嘉梁，化名沈怀思。沙家浜镇横泾集镇人。石楚材是沙家浜镇最早的革命烈士，当地人称他“梁爷”，时进步青年扬帆称他“梁叔”。石楚材出生于横泾一地主家庭，1926 年在苏州萃英中学读书期间，就跟随恽代英参加学生运动。1927 年，加入共青团。是年 12 月，他组织横泾农民暴动委员会，参加江阴武装暴动，组织地方红军，千方百计筹集枪支，在黄草荡伏击反动警察等。翌年 4 月，他在横泾文昌阁成立了第一个农村党团混合支部。在他的奔走下，一些原来失散的党员重新组织起来，在常熟县内发展党员 120 人，新建党支部 10 多个，并成立由他领导的临时委员会，开展一系列工作。正是由于他的努力，中共常熟县委于 1928 年 5 月 12 日成立，石楚材当选为县委委员。在石楚材等人的领导下，常熟的革命有了星火燎原之势，在城乡发动工人罢工和农民的抗租抗息斗争，全县党组织已形成七个区，石楚材担任塘桥区负责人。打土豪，分田地，常熟地区的土地革命运动轰轰烈烈。国民党当局非常害怕，悬赏 200 块大洋捉拿石楚材。1929 年 10 月 19 日，石楚材在赵市师桥一茶馆内留宿，由于叛徒杜盛元告密，遭国民党警察包围，身中 4 弹，导致昏迷被捕。在石楚材受伤被捕到牺牲的 13 天中，他不是没有生的希望，只要在敌人预先写好的自白书上签上自己的名字，就可以被送到上海得到医治，可是他没有签，最终壮烈牺牲。

石楚材

戴松恩（1907—1987），沙家浜镇唐市集镇人。清光绪三十三年（1907 年）1 月 6 日生于唐市。1931 年，毕业于南京金陵大学农学院农艺系。后赴美留学，1936 年获康奈尔大学博士学位，并被选为美国西格玛克赛学会荣誉会员。翌年回国后，先后任中央农业实验所全国稻麦改进所技正、

戴松恩

麦作杂粮系主任和该所北平农事试验场场长等职。1938 年年底，戴松恩在中共地下党的指导和帮助下，留在北平（今北京），保护试验场的人员、财产、仪器设备和档案资料。新中国成立后，历任华北农业科学研究所副所长、中国农业科学院副秘书长和研究生院副院长等职。曾当选为 1961 年～1979 年中国民主同盟北京市常委，第三届全国人民代表大会代表，中国民主同盟第四、第五届中央委员，中国人民政治协商会议第五、第六届全国委员会委员。他是中国科学院学部委员（院士）、中国作物学会副理事长兼秘书长、国务院学位委员会学科评议组成员、《中国大百科全书・农业卷》农艺学科主编。撰有《中俄美小麦品种杂交之遗传研究》（英文）、《美国杂交玉米在我国的利用问题》、《中国油菜自交影响研究》、《关于迅速制定"种子法"的建议》和《为什么研究小麦非整倍体》等 90 余篇论文。著有《关于发展我国农业和畜牧业问题》（科学普及出版社，1957 年）、《种子的科学》（农村读物出版社，1964 年）等。1983 年，中国农学会颁发给戴松恩"从事农业科研 50 周年表彰奖"。1985 年，中国科学院向戴松恩颁发"从事科学工作 50 年荣誉奖"。1987 年 7 月 31 日，戴松恩病逝于北京。

扬帆（1912—1999），原名石蕴华，曾名殷扬。沙家浜镇横泾集镇人。1924 年到上海读书。1932 年 9 月，考入北京大学中国文学系。在校期间，他积极参加学生运动，为学生运动领袖，曾参加北京民族解放先锋队、北京左翼作家联盟等进步组织。1937 年，加入中国共产党，并于是年参加"一二・九"运动。翌年，任《译报》编辑和特派记者。1939 年年初，率领文化界救国协会组织的"慰劳三战区将士演出团"到皖南新四军军部慰问第三战区将士，后参加新四军，任新四军教导总队文化队政治指导员、副军长项英秘书、军法处调查科科长。1941 年 1 月 6 日，"皖南事变"爆发，扬帆与胡立教等突出重围，来到苏北，任新四军军法处副处长、处长，兼任盐阜区党委社会部部长、区保安处处长及新四军第三师政治部保卫部部长兼调查研究室主任。1944 年 10 月，任中共中央华中局敌区工作部部长。解放战争时期，任中共中央华中分局联络部部长、华东局社会部副部长。1949 年 6 月，扬帆任上海市公安局副局长。新中国成立后，扬帆任上海市公安局副局长、局长。后上海市公安局改组，扬帆被解职。1955 年 4 月，因"潘（汉年）扬（帆）案件"被逮捕并被关押 11 年。1965 年 8 月，扬帆被判处有期徒刑 16 年，剥夺政治权利终身。1975 年，

扬帆

扬帆被送到湖北沙洋劳改农场安置劳动。1980 年 4 月，公安部为扬帆平反。1983 年 8 月，对扬帆所有不实之词全部推翻，获得彻底平反，恢复名誉和党籍，任上海市政协常委。1999 年 2 月 20 日，扬帆在上海华东医院逝世。著有《扬帆自述》。

徐青萍（1913— 1941），革命烈士。沙家浜镇唐市集镇人。徐青萍少年时期当过布店里的学徒。1939 年 5 月，投身抗日斗争，由于他勇敢机智，坚决抗日，在翌年秋加入中国共产党。先后担任过唐市镇人民抗日自卫会主席、苏州县职工抗日协会主席、苏州县抗日团体联合办事处主席等职。1941 年日伪“清乡”开始后，组织上要他随部队一起转移，可经他一再请求，批准其坚持原地斗争。是年 7 月下旬的一天，徐青萍来到一个叫库浜的村子里工作，不料被汉奸告密而落入敌手。一个多星期里，敌人搬出了金钱引诱与酷刑毒打等种种伎俩，都没有让徐青萍屈服。是年 8 月 6 日，日军将徐青萍押到岳王庙附近一个事先挖好的土坑旁，威胁杀死他。徐青萍昂首高呼：“乡亲们，永别了！抗日一定会胜利！”敌人拔出刺刀，残忍地杀害了他。

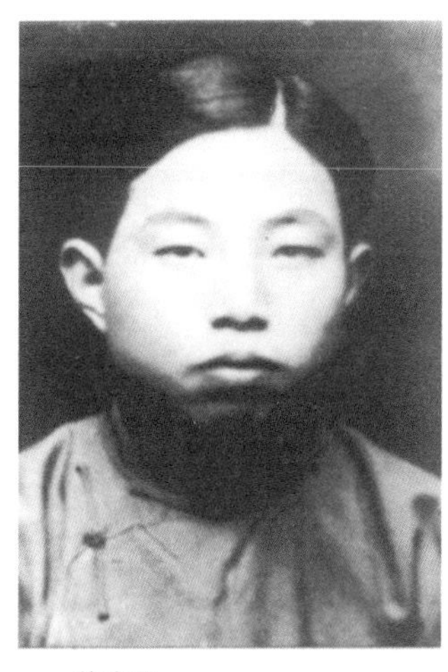
徐青萍

邹镜清（生卒年不详），沙家浜镇唐市集镇人。出生于平民家庭。清末，投考位于保定的北洋速成武备学堂炮兵科。毕业后任军官。民国初，邹镜清率军驻防江阴县。1915 年 12 月 12 日，袁世凯复辟。是年 12 月 25 日，蔡锷、李烈钧等发动护国战争，进行反袁运动，邹镜清亦通电反袁，宣布江阴独立。之后，遭到袁军势力的围攻，江阴兵微将寡，激战数日，邹军败退。邹镜清突出重围，只身返里，隐匿家中，待袁世凯败亡，始外出。1925 年前后，邹镜清在江西军阀方本仁部任参谋长。20 世纪 40 年代，邹镜清任黄埔军校上校炮兵教官。新中国成立后，邹镜清返回唐市故里，居数年，后迁往无锡女儿处，未几病故。

龚坤元（1914—1994），原名堃原。沙家浜镇唐市集镇人。龚坤元出生于一个商人家庭，1934 年，考入中央大学农学院昆虫组。1939 年大学毕业后，在中央农业实验所成

龚坤元

都工作站药剂室工作，任技术员。1941年，到云南参加美国滇缅铁路抗疟团专家组工作，任昆虫专家。1943年，龚坤元考入中央大学研究生院，获经济昆虫硕士学位，并留校工作，任中央大学农学院昆虫组讲师。抗日战争胜利后，龚坤元随校迁回南京。龚坤元于1938年加入中国共产党。新中国成立后，龚坤元担任中央大学二部主任秘书兼任植保系讲师。1953年，龚坤元被调往北京，任中国科学院昆虫研究所所务秘书，兼任药剂毒理室主任。后任中科院动物研究所副研究员、研究员。是年，龚坤元结合朝鲜战场反细菌战，在实验室培育DDT与六六六抗性品系，探索杀灭抗性家蝇的有效方法。经过多年研究，取得了突出成绩，“全国家蝇抗性调查及防治策略研究”于1985年获中央爱国卫生运动委员会及卫生部一等奖；“溴氰菊酯抗性家蝇的防治及其对策的研究”于1988年获三等奖；“增效磷的研究”“增效磷研制及推广应用”两项成果，分别在1985年及1989年获得中国科学院科技进步二等奖和国家科学技术进步三等奖。龚坤元曾任中国昆虫学会秘书长，北京农药学会理事长、名誉理事长，中国植物保护学会、中国环境学会、中国农学会理事。还担任过《昆虫知识》主编，及《昆虫学报》《农药》《农药译丛》《环境学报》等学术刊物编委。著有《中国土农药志》《杀虫剂与昆虫毒理进展》《英汉动物学词汇补编》等，编译《昆虫的化学防治》《农药的安全使用》等。1994年病逝。

朱凡（1919—1941），革命烈士，原名陆慧卿。浙江宁波人，出生于上海。1939年9月，她放弃上海舒适生活，告别朝夕相处的家人，来到苏常太抗日根据地投身抗日救亡运动。同时，化名朱凡，意为当一名平凡的红色战士。她首先在常熟董浜附近的陆家市小学任教，秘密从事党的地下工作，新四军部分伤病员从董浜转移到横泾后方医院时，她一起转移到横泾区，不久任横泾区区委书记。为了开辟新区，朱凡主动要求到斗争复杂的辛莫区任区委书记，并兼任两区秘书。朱凡来到根据地，与农村姑娘一样，时常与当地农民一起下地干活。一次，顽匪胡肇汉突袭张泾村新四军创办的合作商店，朱凡带领自卫队击退了这批匪徒。1941年7月，日伪军对抗日根据地实行疯狂的大“清乡”，朱凡主动要求留在当地坚持斗争。7月下旬的一天，朱凡与几位党员在木构湾尼姑庵开会时，由于叛徒告密，会议地点遭湘城下乡的日军突然包围，不幸被捕。敌人听说她

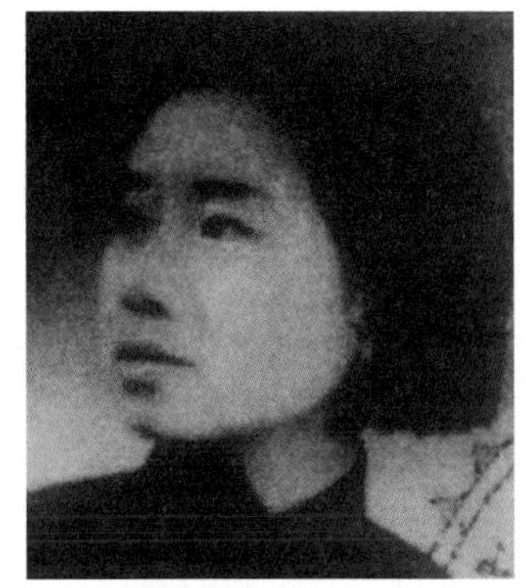
巾帼英雄朱凡

是区委书记，威逼利诱，企图收买朱凡，当场遭到朱凡的严厉痛斥。最终，朱凡壮烈牺牲。

田阿桐

田阿桐（1925—2007），沙家浜镇横泾陆家村人。13岁时到上海，跟一位奉化师傅学裁缝，经过严苛训练，技艺大进。三年学徒期满，田阿桐在英国洋行下辖的一家服装公司当裁剪师，做西装、皮装、旗袍，还做淑女装。不久，田阿桐在上海南京路开办自己的时装公司，所做的服装精致、时髦，成为红帮裁缝里的后起之秀。1956年，田阿桐奉命赴京，为党和国家领导人做衣服。他设计制作的“毛式中山装”在国内十分流行，现在天安门城楼上悬挂的毛泽东画像中，毛泽东的着装即是“毛氏中山装”。除了为毛泽东主席制作服装外，周恩来、邓小平、江泽民、胡锦涛等国家领导人的很多公务服装，也是由田阿桐设计制作的。田阿桐制作的西服，还受到美国前总统布什、柬埔寨前国王西哈努克亲王和各国驻华使节的青睐。田阿桐是北京红都时装公司高级技师、中国著名服装师、北京市劳动模范。2005年，80岁的田阿桐退休后，曾被邀请担任江苏红杉树服饰公司技艺顾问。2007年12月8日，田阿桐在北京病逝。

吴之非（1929—2005），原籍沙家浜镇横泾石桥浜人。1929年，出生于太仓沙溪镇。1945年8月离开太仓，投奔苏北解放区，参加解放军。最初，在苏中行署前方工作团工作，后被选送到华中建设大学学习。翌年2月，进入山东《大众日报》新闻训练班学习，毕业后分配到新华社鲁南分社，任《鲁南日报》记者。以后，又先后调入山东野战军、华东野战军任随军记者，经常在火线上采访，报道了许多消息。1948年9月，吴之非参加解放济南的战斗。1949年3月，吴之非加入了中国共产党。之后，吴之非随军南下，参加了浙江省湖州市的军管工作，编辑出版《湖州电讯》报。1950年后，吴之非任解放军第二十八军《前哨报》编辑、副总编辑和华东军区政治部《人民前线》报编辑。1955年4月，调入《解放军报》工作，历任编辑、评论处处长、

吴之非

总编室主任、总编辑、报社党委书记。1985年，兼任中华全国新闻工作者协会副主席。1987年，又兼任中国韬奋基金会理事，出版新闻作品集《漫谈评论写作》《岁月痕迹》等。2005年6月28日，吴之非因患肺癌医治无效，在北京解放军总医院逝世。

胡伟民（1932—1989），沙家浜镇横泾湖浜村人。农民家庭出身。幼年随父到上海读书，16岁考入南京国立戏剧专科学校。1949年南京解放，胡伟民参加了中国人民解放军。不久，又考入上海立市戏剧专科学校，毕业后留校当助教。1957年在反右派斗争中，被错划为“右派分子”，遣送到北大荒劳动改造。1978年中共十一届三中全会以后，胡伟民的错划“右派”问题得到纠正，被调回上海，任上海青年话剧团导演。胡伟民曾担任中国戏剧家协会理事，中国戏剧家协会艺术委员会委员、理事，中国戏剧家协会上海分会理事，中国莎士比亚研究会会员，民盟上海市委委员，大地文化社社务委员等职。胡伟民导演了40多部大型话剧和地方戏、电视剧、木偶戏，并把《安东尼与克莉奥佩特拉》《第十二夜》《红房间、白房间、黑房间》等国外名著，搬上中国戏剧舞台。胡伟民导演的话剧《神州风雷》《秦王李世民》《真情假意》、电视剧《血红的杜鹃花》、桂剧《泥马泪》等，皆获得大奖。胡伟民勤于写作，执笔编写了话剧剧本《傅雷与傅聪》，撰写了《导演的自我超越》《话剧艺术革新浪潮的实质》《开放的戏剧》等论文。胡伟民还翻译发表10多万字的俄语文章。1989年2月下旬，胡伟民作为中国戏剧家代表出访苏联，参加了“斯坦尼斯拉夫斯基在变化中的世界”国际学术讨论会。1989年6月20日，胡伟民因突发急性广泛前壁心肌梗塞，抢救无效，在上海病逝。其儿子胡雪桦、胡雪杨继承父业，均为导演。女儿胡雪莲从复旦大学国际经济系毕业，现在美国一家公司担任经济总裁。

胡伟民

李奎元（1941—1996），沙家浜镇唐市集镇人。中共党员。1964年从北京石油学院毕业后，李奎元被分配至大庆油田工作，长期从事石油科研技术和采油工艺的研究工作。历任大庆油田井下采油工艺研究所主任、石油部勘探开发科学研究院机采室主任、高级工程师。1991年，任渤海采油公司综合研究所所长、主任工程师。1994年后，任渤海公司副总工程师。1996年，被评为国家级有突出贡献专家。工作期间，先后八次获得部级以上科研成果奖。出版个人专著《隔热油管》《采油采气用井下工具分类及型号编制方法》等。李奎元多次获得“优秀中青年干部”“先进工作者”“专业技术带头人”“优秀共产党员”等称号。1996 年 8 月 23 日病逝。

寓居名人

祝允明（1460—1526），字希哲，因右手有枝生手指，故自号枝山，世称“祝京兆”。长洲（今苏州）人。祝允明自幼聪慧过人。明弘治五年（1492 年）中举，后久试不第。正德九年（1514 年），授为兴宁知县。嘉靖元年（1522 年），转任为应天（今南京）府通判，不久称病还乡。祝允明擅诗文，尤工书法，名震海内。与唐寅意气相投，遭际与共。与唐寅、文徵明、徐祯卿并称“吴中四才子”。与文徵明、王宠同为明中期书法家的代表。楷书早年精谨，师法赵孟頫、褚遂良，并从欧阳修、虞世南而直追“二王”。草书师法李邕、黄庭坚、米芾，功力深厚，晚年尤重变化，风骨烂漫。正德年间，崇福寺大修，钱仁夫所撰《崇福庵佛殿记》即由祝允明书。该书用笔筋骨内含，古朴厚重，深具晋唐风格，是其壮年时的力作。代表作有《太湖诗卷》《箜篌引》《赤壁赋》等。

祝允明手书碑文——《崇福庵佛殿记》

唐寅（1470—1524），字伯虎，又字子畏，以字行，号六如居士、桃花庵主、逃禅仙吏等。南直隶苏州府吴县（今苏州市吴中区）人。“吴中四才子”之一。明代著名画家、文学家。在画史上，又与沈周、文徵明、仇英合称“明四家”或“吴门四家”。民间有很多关于唐寅的传说，最为人熟悉的《唐伯虎点秋香》，曾多次被改编成戏剧，以及拍成电视剧及电影，也宣传、加深了唐伯虎在民间的形象。唐寅出生于世商家庭，有一妹一弟，父亲唐广德，经营唐记酒店。唐寅作品以山水画、人物画闻名于世，其创作的多幅春宫图也为他个人添加了“风流才子”的名声。

唐寅与沙家浜镇唐市许鉴（字秋江）的关系非常深厚。许鉴被封赠为文林郎，是一个有七品封阶身份的学者。他文笔好，善写诗，在当地很有名望。许鉴与姑苏唐寅、沈启南（字石田，明代书画家）来往密切，经常在一起饮酒写诗。唐、沈二人也常到唐市许鉴家作客。许鉴家附近，有个马惊湖。马惊湖边上，有个广福禅院，为当时江南第一名庵。许鉴在湖的东边建有水东丘园，茂林修竹，景致十分雅观。喜欢游山玩水的唐寅自然不会放过这一处美景。加之从苏州到唐市，水路十分方便。有一年秋天，唐寅和沈启南再次到水乡唐市，许鉴热情地邀请他们乘坐木船，游于马惊湖上。主人热情相待，唐寅和沈启南这两大名士自然十分高兴，他们边观赏风景，边饮酒吟诗，其乐融融。众人剥蟹举觞，吟诗唱酬，十分畅快。唐寅看着这水天一色的秋天美景，再看盛情设酒相待的主人许鉴，靠在船边望着远处正凝神地“炼诗”。触景生情，即席吟诗一首：“秋容淡荡满晴江，鸂鶒鸬鹚锦翼双。红蓼滩头黄叶下，炼诗人正倚船窗。”

直到夕阳西下，晚霞满天，他们才尽兴而回。唐寅、沈启南回到苏州后，沈启南作《秋江图》，唐寅在上面题写《题秋江图》的诗句，差人送给了许鉴。此作品早已失传，后人已无从鉴赏。

钱谦益

钱谦益（1582—1664），字受之，号牧斋，晚号蒙叟、东涧老人。学者称其为虞山先生。苏州府常熟县鹿苑奚浦（今为张家港市塘桥镇鹿苑奚浦）人。明末清初散文家、诗人，清初诗坛盟主之一。明万历三十八年（1610 年）一甲第三名进士，他是东林党的领袖之一，官至礼部侍郎，因与温体仁争权失败而被革职。崇祯年间（1628 年 ~ 1644 年），他作为东林党首领，已颇具影响。明亡后，马士英、阮大铖在南京拥立福王朱由崧，建立南明弘光政权，钱谦益为礼部尚书。后降清，官礼部侍郎。

毛晋于万历四十六年（1618 年）拜师钱谦益门下，正式成为钱谦益的门生。毛晋在钱谦益的精心指导下，刻苦学习。

钱谦益还是一位著名的藏书家，绛云楼收得诸家藏书，又花重金搜罗了许多古本，可以傲视江南各家藏书楼，连经常到绛云楼读书的黄宗羲也感叹道：“绛云楼藏书，余所欲见者无不有。”能在这样的藏书楼里读书，毛晋自然是如同蜜蜂酿蜜，孜孜以求。钱谦益对毛晋这样评价：“壮从予游，益深知学问之指……盖世之好学者有矣。其于内外二典、世出世间之法，兼营并力，如饥似渴之求饮食，殆未有如子晋者也。”太仓陆世仪在《祭虞山毛子晋文》中写道：“虞山毛子晋亦虞山之人杰也。在昔万历盛时，虞山牧斋钱公以文章名海内，子晋从之游最早。凡牧斋所读之书，子晋无不读，牧斋所交之人，子晋无不交。”从中不难看出，钱谦益与毛晋之间的关系不是一般的师生关系可以比的。他们情趣相投，交流藏书，探讨学问，建立了深厚的师生情谊。

钱谦益曾用一千二百金的高价购得宋版《两汉书》，得到这套书后，他“每日焚香礼拜”达20多年。后却因为建绛云楼筹措经费无奈卖掉，这是他藏书生涯中最大的遗憾。当毛晋想建印书社刊刻珍本书籍时，钱谦益从精神、物力、财力上支持毛晋刻书，当与钱谦益痛失《两汉书》有重要关系。《乐府诗集》是继《诗经》《楚辞》之后的一部重要的诗歌总集。崇祯十二年（1639年），毛晋就是凭着与钱谦益特殊的交情，从绛云楼借来宋本《乐府诗集》而刻印。毛晋除买书刻印外，还有一些就是直接从老师处借来刻印。学术界一般都把毛晋刻印《十三经注疏》归结为钱谦益的影响，而钱谦益也常给毛晋的著作作序。当“毛氏之书走天下”的时候，这其中也有钱谦益的一份功劳。毛晋离世后，钱谦益还为毛晋作《隐湖毛君墓志铭》，给予毛晋高度评价。

顾梦麟、张溥、张采 顾梦麟（1585—1653），字麟士，号中庵，时称织帘先生，顾炎武族兄。南直隶太仓（今属江苏）人。明清之际学者。世居双凤，后徙常熟唐市。明崇祯六年（1633年）乡试中副榜，贡入国子监。曾教授毛晋及其子弟，并为顾炎武征天下书籍。他精于诗学，与杨彝相友善，并称“两先生”。

张溥（1602—1641），字乾度，一字天如，号西铭，明朝晚期文学家。崇祯四年进士，选庶吉士，自幼发奋读书，《明史》上记有他“七录七焚”的佳话，与同乡张采齐名，合称“娄东二张”。张溥曾与郡中名士结设复社，评议时政，是东林党与阉党斗争的继续。文学方面，张溥推崇“前后七子”的理论，主张复古，又以“务为有用”相号召。他一生著作宏丰，编述3000余卷，涉及文学、史学、经学，精通诗词，尤擅散文、时论。代表作《七录斋集》《五人墓碑记》等。

张采（1596—1648），字受先，号南郭，南直隶太仓（今属江苏）人。明末学者。天启四年（1624年），与同里张溥同创应社，后在临川创立合社。崇祯元年进士。历官临川知县、礼部员外郎。著作有《太仓州志》《知畏堂集》。

明末清初，遗民诗人、虞山诗派在中国诗坛十分活跃。生活在水乡小镇唐市的遗民诗人杨彝就是其中的一个代表。因他的名望吸引了周边名士相聚，唐市成为明清之交学术流派的研究中心之一。

太仓名士顾梦麟与杨彝为学术上的好友，他久居杨彝凤基园，与杨彝讲礼说诗，力明先儒之学，一变万历、天启间剽窃无稽、影掠禅宗之习。当时人们称他们为“杨顾学”。天启四年，张采与张溥访游常熟唐市，在凤基园建立文社。因凤基园后院有一个小亭，叫“应亭”，杨彝常常与别人在此讨论，所以他将文社取名为“应社”。张溥《七录斋诗文合集·存稿》卷三《五经征文论》载:“应社之始立也，所以志于尊经复古者，盖其志也。是以五经之选，义各有托。子常、麟士主《诗》，维斗、来之、彦林主《书》，简臣、介生主《春秋》，受先、惠常主《礼》，溥与云子则主《易》。振振然白其意于天下，夫天下亦已知之矣。”因为参加应社的人都是当时的名流，他们在凤基园内或朗城潭畔（严讷少时读书处）诗文唱和，开创了苏南文学史上的“唐市学派”。

天启五年，在唐市凤基园召开应社大会，江南名士数百人与会。清初著名诗人及学者朱彝尊曾说，晚明文社风气之盛，应社是一个重要的开端。崇祯二年，张溥、张采、杨彝等人以应社为基础，联合浙西的闻社、江北的南社、江西的则社、苏州的匡社、杭州的读书社等十几个社团，提出“兴复古学”的口号，成立了复社。表面上这是一个研究八股、以文会友的团体，实际上是一个进步的政治组织。当时，明朝的政治十分黑暗，以杨彝等为代表的一些有识之士，忧国忧民，提出革新主张，希望国家安定，人民安居乐业。复社的建立，给了他们尽情表达思想的机会。复社的影响很大，范围涉及18个省35个州、府、县，先后有2255人参加。当时，常熟有31人参加，杨彝列为常熟第一人。杨彝协助张溥、张采组织、主持召开了尹山（今吴中区境内）、金陵和虎丘三大集会，影响极大，被称为“小东林”（区别于顾宪成的“东林党”或“东林学派”）。

顾炎武（1613—1682），本名继坤，后改为绛，字忠清。南直隶苏州府昆山茜墩（今昆山千灯镇）人。著名思想家、史学家、语言学家，与黄宗羲、王夫之并称为明末清初三大儒。南都败后，因为仰慕文天祥学生王炎午的为人，所以改名炎武，字宁人，亦自署蒋山佣，学者尊为亭

顾炎武

亭林书院旧址

林先生。因为其嗣母王氏为常熟沙家浜镇唐市人，所以他从小就随家人经常到唐市游玩。反清失败后，他又在唐市隐居 10 年。

明崇祯十七年（1644 年）五月，清兵入关，定都北京，随即南下，开始征服江南。为避战乱，顾炎武率家人东躲西藏，至是年底，迁往唐市语濂泾（今河西街）暂住。经人举荐，顾炎武为南明弘光政权兵部司务。“须知六军出，一扫定神州”，他满腔热忱，撰成《军制论》《形势论》《田功论》《钱法论》，为南明弘光政权出谋划策，提出了一系列的建议。清顺治二年（1645 年），顾炎武取道镇江赴南京准备就职，但尚未到达，南京已被清兵攻占，弘光帝被俘。南明军崩溃之后，清军铁骑又指向苏、杭。这时，江南各地抗清义军纷纷而起。顾炎武投笔从戎，参加了抗清义军，由于清兵势力强大，他们只得退到昆山守城拒敌。没几天，昆山失守，顾炎武母亲何氏右臂被清兵砍断，两个弟弟被杀。顾炎武带着他的嗣母王氏于大雨中乘船逃至唐市。9 天后，常熟陷落。顾炎武的嗣母王氏是唐市人，听说昆山、常熟相继被清兵占领后，绝食而亡，临终嘱咐顾炎武：“汝无为异国臣子，无负世世国恩，无忘先祖遗训，则吾可以瞑于地下。”顾炎武悲愤欲绝，将嗣母的遗命牢记心田。顾炎武在唐市语濂泾住了下来，一住就是 10 年。他静下心来，专注于他的救国救民思想的研究，著书立说。顾炎武很早就与杨彝相识往来，他曾说，“少时与杨子常先生最厚”。迁居语濂泾后，对学识的追求和相同的民族气节、爱国思想，使两人来往更为密切。杨彝精通经、史、子、集，家有万卷藏书，借过许多书给顾炎武。顾炎武敬重杨彝，称他为“通经之士”。顾炎武与邻居陈梅一家结下了深厚的友谊。两人年龄虽然相差一倍，却志同道合，成了忘年交。“有时提壶过比邻，笑谈烂漫皆天真。酒酣却说神光始，感慨酒澜不可止。”陈梅的长孙陈芳绩拜在顾炎武门下，顾炎武经常教育他“博学于文，行已有耻”，要他注重实际研究，反对空谈。陈芳绩牢记老师教诲，孜孜求知，最终成为著名的地理学家。

顾炎武在唐市边研究讲学，边参加政治社团复社的活动，暗地筹划抗清斗争。郑成功、张苍水反清兵败后，顾炎武反清复明的最后一线希望彻底破灭。形势急转直下，使他身处险境。于是，顾炎武决定高举反清复明的大旗，云游四方，宣传他的“天下兴亡，匹夫有责”的思想。当时，在唐市的21位文人为顾炎武设宴送行。席间，因为应社、复社的名声四海皆知，杨彝、顾梦麟等联名写成《为顾宁人征天下书籍启》一文，让各地同道予以方便。顾炎武告别江南同仁，怀负兴国之志，游历北方，著书立说，先后完成《日知录》《天下郡国利病书》等著作。

王翚（1632—1717），字石谷，号耕烟散人、剑门樵客、乌目山人、清晖老人等。江苏常熟人。清代著名画家，被称为“清初画圣”。与王鉴、王时敏、王原祁合称山水画家“四王”，论画主张“以元人笔墨，运宋人丘壑，而泽以唐人气韵”。为常熟虞山画派创始人。《芳洲图》是王翚传世作品中的代表作，反映了他在山水画方面的艺术成就和艺术风格。芳洲，姓许，名天锦，字尔章，号芳洲，为常熟沙家浜镇唐市人。他喜欢读书，擅长作诗，著有《芳洲集》。他的先祖便是许秋江。一天，王翚来到好友许芳洲家作客，许芳洲把前人的字画展示出来供他观赏。见到前朝名家的《秋江图》，王翚十分赞赏，有感而发。他想，好友的上辈叫许秋江，画家为他画《秋江图》。许秋江的儿子叫许芳洲，我何不也画上一幅凑趣，这叫珠联璧合。于是他仿先人之意，也为许芳洲作了一幅《芳洲图》，许芳洲得到了王翚不请自画的图卷，万分高兴，当作宝物把它珍藏起来，秘不示人。

清康熙三十七年（1698年），王翚67岁，在京城绘制完《康熙南巡图》后，正准备回家，恰好碰上同乡许芳洲。两人久别重逢，他乡遇故知，自然是欣喜万分。他们走进一酒家，把盅举杯，互诉旧情。席间，谈起之前所赠之画，许芳洲乘着谈兴正浓，他请求好友再绘制一幅画，王翚当即答应。几年以后，已76岁的王翚没有忘记好友的请求，于康熙四十六年的一个夏天，为许芳洲创作了流芳后世的《芳洲图》。许芳洲得到此画后，视为珍品，轻易不给别人观赏。而能一饱眼福的都是一些当时的名人，看后还可在上面留下题跋，使此画更显珍贵。许家以传家珍宝视之。但等到许芳洲去世之后，《芳洲图》按照许家祖训被束之高阁。后来许家败落，两幅《芳洲图》也落入他人之手，杳无影迹。

几经风雨，王翚的第二幅《芳洲图》竟被铁琴铜剑楼主人觅得，成为瞿家祖传之宝。收藏此画的瞿氏家族把它看作传家宝，只有在大年初一的时候，全家人才有幸见到它。1983 年，瞿氏家族的第五代传人瞿凤起先生将这幅画捐赠给了常熟市博物馆。这幅被瞿氏家族遮遮掩掩了半个多世纪的《芳洲图》终于露出了庐山真面目。《芳洲图》以平远与高远相结合的布局方法展开，整体结构平稳，气势宏大，一派江南水乡的"芳洲"春色。《芳洲图》现为常熟市博物馆镇馆之宝，国家一级文物。

张治中

张治中（1890—1969），原名本尧，字文白。安徽省巢县（今巢湖市）人。黄埔系骨干将领，中国国民革命军陆军二级上将，爱国主义人士。1932 年"一・二八"淞沪抗战时，任第五军军长，在上海抵抗侵华日军。1937 年 11 月，任湖南省主席。1945 年，调任国民党军事委员会政治部部长。1949 年，致电陶峙岳将军和新疆包尔汉主席，促成新疆和平解放。新中国成立后，先后任西北军政委员会副主席、全国人大常务委员会副委员长、国防委员会副主席、全国政协委员会委员、中国国民党革命委员会中央副主席等职。1969 年 4 月 6 日，在北京病逝。张治中一生为和平而奔走，被誉为"和平将军"。

1937 年"八一三"事变，揭开了淞沪会战的序幕。中国军民英勇反击，浴血奋战。其时，国民党第五军军长张治中将军的军部就设立在唐市河西街北段育元堂内，架设了电台等通信设备，成为指挥中心。部队驻在河西街南段唐市小学（今唐市中学校址）。

张治中将军平易近人，尊师重教。他初到唐市，就带了随从去拜望他的老师殷懋德。殷懋德是南洋大学（上海交通大学前身）电机系毕业，曾任南京军事技术教官。他想不到身为高官的学生亲自到他家中执礼拜望，喜出望外，就在他河西街家中亲切晤谈，甚是欢欣。张治中将军治军极严。一天，有位乡民老妪到军部向张治中将军告发，一位士兵在她上街买物时夹手抢了她三元大洋，眼见这士兵走进部队中去了。张治中将军接待后，吩咐军法官命令部队集合，带了老妇前去认人。老妪认出列队中的一位青年士兵，叫他出列，在他袋里搜出了那三枚银圆。立即宣布：违反军纪骚扰百姓，执行枪决。老妪听见要将这士兵枪决，慌忙说："我不告了，让他去打小日本吧！"并一再恳求军法官不要枪毙这士兵，但是没有用，张治中最终将那个违纪士兵枪毙了。

谭震林（1902—1983），湖南省攸县城关镇人。1926年，加入中国共产党。为中国共产党的优秀党员、久经考验的共产主义战士、杰出的无产阶级革命家，曾任中共中央委员、中央书记处书记、中央政治局委员、国务院副总理、全国人大常委会副委员长、中央顾问委员会副主任等职。

谭震林

1940年5月，谭震林来到苏常太地区，化名林俊，领导苏南东路地区的全面抗战工作，其中一段时间在唐市宗戈村太阴庙里办公。太阴庙大殿上有高大的神像，神像后面有一小块空地，放一个半桌，就是谭震林的临时办公处。平时住在唐市下圩地下党谭丙家，因下圩是个转水墩，四面临水，墩上只有四五家农户，都是贫苦农民，很安全。太阴庙里有一个翻轩，翻轩是庙宇的特有建筑，从下往上看，是望砖、椽子，实际上面有两层，活动的空间较大，最高处有一人高，可以藏身。情况紧急时，谭震林就在翻轩里藏身。谭震林是带着妻子、女儿到唐市的，但并不住在一起，谭夫人和女儿带一个女佣住在戈家村沈阿宝家。当时谭夫人刚生完孩子不久，卧床休息，一个多月后才抱着女孩到外边走，邻居农民从女佣处得知这是林司令家，也见到司令有时晚上来。以后逐渐熟悉了，大家互相照顾，邻居有时做了些粗点心送给他们，谭夫人也客气地接受。

一次，谭震林的女儿[①]生病发高烧，谭夫人请邻居沈星南去请医生，当时张英在村上召开会议，四周岗哨警戒，夜晚不能出村，经讲明情况，沈星南和张大妹连夜到徐家浜，请来毛医生看病，然后再送医生回家，在浜上药店买药。第二天晚上，女佣喊沈星南去，当时司令也在，同沈星南握手，表示感谢。这时，女孩已退烧，司令抱在怀里，谭夫人对孩子说："你长大后不要忘记乡亲。"晚秋的一天，谭震林同两个勤务经过一处农田，见沈星南在一处低洼田里割水稻，二话没说，脱掉鞋子挽起裤管，同两个勤务员一起赤脚下田帮忙，沈星南连说不用帮忙。谭震林说："不要紧，没关系……"他们帮着把割下的水稻扎成小捆，一捆捆地从水田里拖起来，晾在竹架上，前后干了两个多小

① 谭震林的长女谭泾远。

时。沈星南十分感激。在唐市的那一段时间，谭震林经常住在谭丙家中。有一天，谭丙新买了一个勃栾[①]，谭震林亲笔在勃栾上书写“谭丙记”三字。

1941 年 2 月，苏州县抗日民主政府在唐市儒浜村组织了一次“皖南事变”追悼大会。参加会议的有近万人，谭震林主持了这次具有历史意义的追悼大会。是年 2 月 10 日，新四军东进，改组为苏州县政府，在唐市柏园旧址的广场隆重召开了成立典礼大会，谭震林亲自绶印。谭震林在离开唐市时，在太阴庙东山墙上书写“人民必胜、帝国主义必败！”10 个大字，鼓舞着人民的斗志。

① 勃栾：一种竹器编成盛放谷物的农具。

顾言作品——《携琴访友图》

艺文

据旧志载，明清两代，沙家浜名人辈出，文风繁盛，仅唐市古镇有著作的文人就有138人，著作不下数百种。而书、画、琴、弈之能者，也不乏其人。同时，民间文化也十分繁荣。文人因沙家浜而陶醉，为沙家浜而抒情。

诗歌

沙家浜历史上诗人辈出。仅清代倪赐编的《唐市征献录》中涉及的诗歌著作就有几十部。这里摘录其中部分诗歌。

朗城秋夜读书

〔明〕严讷

夜深人静悄，正一轮明月，天心高照，漏声不到乡村里，风走花阴犬叫。鸭炉香袅，抚绿绮一番新调，弦指外，流水高山，鹤梦树头惊觉。曲终顿起闲愁，怪白屋青灯，故淹年少。仰天长啸，那须个金马玉堂难到，文林虎豹，毕竟是养成牙爪早。难道万卷诗书，让探讨。

挽山衣道人（其一）

〔明〕杨彝

斯文今古托仪型，帝醉何堪君独醒。每说苍生唯痛哭，只余白发顿飘零。
知己早驾思秋鲙，遗令空棺执孝经。欲叩铭旌无一字，残灯空自火星星。

虞山绝顶茶

〔明〕毛晋

从来尘外物，每向静中生。味胜真堪惜，风高莫敢名。
睡魔偏合破，羽翼自然成。七碗香盈颊，应知减酒情。

与江南诸子别

〔明〕顾炎武

绝塞飘零苦著书，揭来行李问何如。云生岱北天多雨，水决淮壖地上鱼。
浊酒不忘千载上，荒鸡独唱二更余。诸公莫效王尼叹，随处容身足草庐。

寄许文玉[①]

〔明〕钱谦益

敢谓前贤畏后生，纪群交谊古人情。家庭实有晨昏助，乡里虚传月旦评。
贳酒悲歌怜北寺，明灯布席想南荣。啼猿唳鹤君休叹，并与嘤鸣作友声。

题汲古阁

〔明〕顾梦麟

千编蠹走鱼，三写焉成乌。流传不足征，笔削何如无？
寻源准之宋，正讹同索逋。旁观昧所从，或谓正者诬。
古今几纪载，半讫余已图。当时两官书，将恐供樵苏。
何况正史外，百杂如散珠。一阁此贯穿，上下缥缃俱。
我来耳目眩，譬海泛一壶。尝闻莲花藏，亦假轮藏扶。
熏染即其缘，经言岂斯吾？

过昆承湖访毛子晋

〔明〕苍雪

月起鸡鸣后，灯寒水店开。舟人方睡好，客子只行催。
有约春前到，何必岁暮来。七星桥隐隐，望断读书台。

寓唐市同杨子常、王群玉、陆湛如、黄万公、赵先一作

〔清〕刘永锡

秋色年年在客裳，同人此地足悲凉。山移尧韭成新市，水有吴鱼忆旧王。
陈蔡遥传文学统，商周重辟逸民乡。只今谁识吾儒业，一榻残书月照霜。

① 许文玉，即许瑶。

汲古阁歌

〔清〕吴伟业

嘉隆以后藏书家，天下毗陵与琅邪。整齐旧闻收放失，后来好事知谁及？比闻充栋虞山翁，里中又得小毛公。搜求遗逸悬金购，缮写精能镂板工。繇来斯事推赵宋，欧虞楷法看飞动。集贤院印校雠精，太清楼本装潢重。损斋手跋为披图，苏氏题观在直庐。馆阁百家分四库，巾箱一幅尽三都。本朝儒臣典制作，累代缥缃输秘阁。徐广虽编石室书，孝徵好窃华林略。两京太学藏经史，奉诏重修赐金紫。高斋学士费餐钱，故事还如写黄纸。释典流传自洛阳，中官经厂护焚香。诸州各请名山藏，总目难窥内道场。南湖主人为叹息，十年心力恣收拾。史家编辑过神尧，律论流通到罗什。当时海内多风尘，石经马矢高丘陵。已坏书囊缚作袴，复惊木册摧为薪。君家高阁偏无恙，主人留宿倾家酿。醉来烧烛夜摊书，双眼摩挲觉神王。

古人关书借三馆，羡君自致五千卷。又云献书辄拜官，羡君带索躬耕田。伏生藏壁遭书禁，中郎秘惜矜谈进。君获奇书好示人，鸡林巨贾争摹印。读书到死苦不足，小学雕虫置废簏。君今万卷尽刊讹，刑家小儿徒碌碌。客来诗酒话生平，家近湖山拥百城。不数当年清閟阁，乱离踪迹似云林。

夜泊尤泾

〔清〕徐麟

夜泊尤泾上，官桥可系船。蛙鸣一夜雨，鼓打五更天。
小店俱茅屋，荒村只水田。观风愧瘝职，抚枕不成眠。

朗城秋吟

〔清〕许朝

小市西斜水一湾，秋花秋月两婵娟。前朝此是栖鸾地，留得歌词万口传。

游泗州龟山寺[1]

〔清〕陈璧

龟山寺里访遗尘，铁佛苔封丈六身。追蠡有铭稽甲子，支祈无害念庚辰。
渡淮独鸟斜斜日，送客飞花渺渺春。暂倚高风一回首，白云如海正愁人。

满江红·和曹顾庵年伯

〔清〕吴绡

秋近江南，荷香处，绿波烟涨。消永画，一觞一咏，葛巾无恙。
文宴不须陈玳瑁，淋漓醉墨瑶笺上。鲙松陵，新钓四腮鲈，渔家饷。
小鼎中，轻云漾。险韵句，频频唱。也胜他黄公垆畔，公斟村酿。
细雨曾催杜老诗，花开不待三郎杖。看群贤，满座似神仙，兰亭状。

颠倒歌

〔清〕嵇永仁

颠倒英雄孰是非，伯夷饿死盗跖肥。太史著书发悲愤，问天不应增歔欷。
寒士好古艰遇合，牢落科场遭践踏。肉眼岂识璞中玉，销魂还逐风前蜡。
家徒四壁依傍人，巧者致富拙受贫。忧谗畏讥叹维谷，犹幸知己愁眉伸。
道义相交澹如水，金多交深物所鄙。小人有母孰养之，千里轻身浪掷死。
死忠死义原相成，惟有罔极魂萦萦。山鬼揶揄夸明哲，闾里温饱翻偷生。
辜恩报恩君莫计，世上休轻天下士。金乌玉兔疾如梭，千秋难解颠倒意。
请君熟读《颠倒歌》，英雄英雄可奈何！

闲居写怀

〔清〕唐孙华

屈伸固有命，秋毫非人功。三世不徒官，执戟老扬雄。
荀爽起布衣，百日至三公。猿臂终数奇，李蔡本下中。
方壮既悼颜，皓首仍悲冯。世有巧而踬，亦或拙而通。
忧喜塞翁马，得失楚人弓。时命苟不谐，不如安固穷。

---

① 泗州龟山寺，在今江苏盱眙，为泗州名胜。

登第后重过马惊庵感赋[①]

〔清〕魏浣初

狂来司马不为家，曾听钟鸣两岁华。破戒同倾三昧酒，行春独折一枝花。
人琴转切良朋叹，轩盖徒堪竖子夸。愧彼阇黎能好事，漫将尘句早笼纱。

臬使刘公枉书惠存诗以志感

〔清〕陶元淳

一官万里尹蒿莱，几个生前归去来？况复劳心阳子拙，敢云流涕贾生才。
晴消瘴雾千山净，春到蛮花满地开。从此不愁风土异，生还终望我公哀。

和许红桥同年春宴之作[②]

〔清〕沈德潜

接席无非淡荡人，唐花开落五分春。九重天上听仙乐，百罚杯前斗健身。
过眼光风吹马耳，别人衷曲转车轮。桂林隔断云南北，此去关河万里新。
略似江乡草被堤，闲园好在凤城西。清谈纵酒风生座，高阁看山云满梯。
愿汝循良师卓鲁，任予迂怪并燕齐。庭前小鸟知人意，也惜离情故故啼。

赠黄尊古[③]

〔清〕薛雪

浓不成痴淡不无，一毫端有一工夫。江山万里经行遍，不尽荆关董巨图。

沁园春（其二）

〔清〕邓林梓

罗袜迟迟，是耶非耶，凌波有尘。正铁珊填韵，才雕手腕，珠喉低唱，轻蹙眉痕。口动樱桃，腰垂杨柳，狂得狂夫倚半醺。重描写，更眼波流荡，鬓影氤氲。

---

① 唐市马惊庵，时称江南第一名庵。
② 许红桥，即唐市人许朝，字光廷，号红桥。
③ 黄尊古，即黄鼎。

沧桑犹剩遗民，偏见惯维扬汗漫春。怅隋堤烟散，负它风晓，蕃釐香冷，孤我花晨。小杜诗才，参军赋笔，望断箫声月下人。来如梦，分竹西歌吹，恼乱诸君。

题金牛卧坡[①]

〔清〕顾言

石踞山之阿，形象似牛伏。春分时雨凉，蹄封草烟绿。
小童骑乌犍，于此若放牧。短笛晓风前，吹出无腔曲。

两看京剧《芦荡火种》

田汉

又看豺狼踞湖滨，哪得桃源避暴秦？百折千磨歼敌伪，论功偏数卖茶人。
艰难尝尽几奇男，暴雨飘风战斗酣。一夜芦中人去后，星星之火照江南。

芦荡革命纪念馆

周文在

芦花一片白，战火十年红。帜举苏常太，歌扬青妇童。
清乡日伪急，剿伐蒋家穷。风烈来人继，不惟蟹稻丰。

① “金牛卧坡”，为安徽舒城高峰山景点。

碑记

周孝子庙碑

〔明〕张采

常熟南距三十里曰唐市，有周孝子庙，庙神，故宋理宗时人，姓周，名讳容，相传固唐市人。平时事母孝，病且死，持母不忍绝。死越日，降其家，呼母曰："上帝鉴儿孝，敕为神。"逐著灵爽，见光怪。进士赵必镄上其事，封曰"灵惠侯"，迄今四百余年。里中旱涝，以祝祈报，由辟以祭，盟誓以质。生子藉神姓，佥呼周，岁时，神生日毕拜庙下，传曰："明德维馨，以孝列祀。馨也，人矣。"儒者曰："孝了不过虞舜、文王、曾、闵，何以独神？"曰："人者，鬼神之交，理固无间，若虞舜、文王、曾、闵，百世之师也。师，立人道以明治，在上在下，于彼于此，百物之神也。神立神道以幽治，人道治而民可使由，幽道治而不可使知，故曰：'孝弟之至，通乎神明。'"将告庙下拜者曰："神故孝子，尔有父母，曷念诸神？将视尔告周。"名其子者曰："呼尔子如神听，然尔于恩斯勤斯，父母固如斯。且不辱其身，不羞其亲，是之谓孝。则肃

周神殿

肃厥庙，胥类弗敢，匪彝慆淫以速戾，审如是，孝道四达，天下其平矣。”吴地处处建侯庙，常熟在祀典，而唐市尤专。推本所生以及其里人之事，孝子也。犹有亲亲之义，夫爰作乐神之歌以侑祝，而镌诸石。歌之辞曰：“神之采兮犹犹，归貊貊兮天休。迓云车兮舒霱，齐吴榜兮安流。奉明水兮阶下，幂鼎俎兮大假。神涉降兮旦明，人声上兮颂雅。雨旸若兮良苗，干戈止兮逍遥。驱豺狼兮远山之隈，逐厉鬼兮疾疢消。膝前侍兮甘旨，率妻孥兮止喜。兄弟乐兮孺耽，家人宜兮集祉。神四睇兮相羊，历亩邱兮故乡。父母托斯兮华胄，神且受职兮均康。此中人士兮亲只，神钦神监兮闻章。”

桃花溪歌赠陈处士梅[①]

〔明〕顾炎武

陶君有五柳，更想桃花源。山回路转不知处，到今高士留空言。太丘之后多君子，门前正对桃花水。嘉蔬名木本先畴，海志山经成外史。曾作诸生三十年，老来自种溪前田。四百甲子颜犹少，有与疑年但一笑。有时提壶过比邻，笑谈烂漫皆天真。酒酣却说神光始，感慨汍澜不可止。老人尚记为儿时，烟火万里连江畿。斗米三十谷如土，春花秋月同游嬉。定陵龙驭归苍昊，国事人情亦草草。桑田沧海几回更，只今尚有遗民老。语罢长谣更浮白，七十年来似畴昔。与君同是避秦人，不醉春光良可惜。春非我春，秋非我秋。惟有桃花年年开，溪水年年流，为君酌酒长无愁。

常熟县耿侯橘水利书

〔明〕顾炎武

神庙之中年，天下方全盛。其时多贤侯，精心在农政。耿侯天才高，尤辨水土性。县北枕大江，东下沧溟劲。水利久不修，累岁烦雩禜。疏凿赖侯勤，指顾川原定。百室满仓箱，子女时昏聘。洋洋河渠议，欲垂来者听。三季饶凶荒，庶征频隔并。谁能念遗黎，百里嗟悬磬。况多锋镝惊，早夜常奔迸。上帝哀茕嫠，天行当反正。必有康食年，河洛待明圣。自非经界明，民业安得静？愿作劝农官，巡行比陈靖。甽浍遍中原，粒食诒百姓。

---

① 桃花溪：指沙家浜唐市语溪，从语濂泾入口，沿镇西直至南新桥新岳庙边出口，两口均有三米左右的石板桥，今均已废。

崇福庵佛殿记

〔明〕钱仁夫

昆城湖南，有僧寮曰崇福，肇自宋嘉泰初，里人苏氏舍宅为庵，奉佛供僧，以资冥福，因以崇福名，而乡里则以舍宅庵称焉。嘉熙中，僧宗亮因旧再新。

国朝洪武三年，僧微妙与徒道果给有户帖。永乐初，僧处琳、道勤又拓大之。宣德初，僧正英赴京请度未获，以儒书训蒙，从者日聚，积衣食之余，雕装三世佛像，既乃得度，携归崇奉。成化改元，与其徒德观、孙守真谋曰："旧居偪仄卑陋，无以揭度妥灵，且欲便于水陆道场折旋升降。"遂捐资购材，创建正殿三楹间，规制整严，金碧辉映。凡既备矣，于中崇奉三世佛像，晨钟暮鼓，礼拜赞扬，用祝皇图永固，圣寿无疆，下及一方庶民，各遂安养，以享皇极敷宣之福，其用心亦勤矣。殿成之后，真尝谒余请记。余以浮名自绊□三十年，奔驰南北，未暇及此。今归，真已化去矣。其徒清辈来余言曰："殿未有记，先师拳拳于此。今欲成先师之志，树碑殿庭，记所由来，执事当无深拒。"余惟僧寮佛舍，江南数郡在在有之，而新创多非古迹。若兹崇福，则自宋迄今，时移世变，成毁靡常，而舍宅之名常如一日，亦以主之者代有其人，故灯灯相续，有隆无替，僧固可嘉尚焉。而舍宅苏氏，一念之善，亦附名于不朽。今世岂无世家大族旧宅、货财倍蓰苏氏者，其子孙不一再传而荡费无存。若苏氏之舍宅，为之尤贤乎已！篇末因论及之，亦可为世道之一慨焉。

正德癸酉秋八月朔旦

赐进士出身、奉训大夫、工部致仕员外郎、邑人钱仁夫撰，乡贡进士、郡人祝允明书并篆。

街巷

散文

古风·憔悴吟

〔清〕嵇永仁

序：癸丑秋，邑侯吴公饯余于听梧轩，召集秦太史对岩、陈进士椒峰暨词客殳山夫、余淡心诸子同拈《踏莎行》调，末以“憔悴”二字限韵。词中有“孤城残角梦家山，乱帆影里人憔悴”之句。余心怦怦动。归述之老父，欲不果行。老父曰：“相国旧谊，其忍负之？”遂促余行。至幕府日，辄病胁，痛号欲绝，恐届不禄之辰，归念颇切。举颠末告之蒙谷，蒙谷为余解“憔悴”之意，亦和一词。词内有云：“城郭无光，村烟失翠。瞥然一见心如醉。停骖暂缓入山期，哀鸿待尔离憔悴。”余读之惊愕，私谓许子九日曰：“言者，心之声也，何为作此不祥语？”许子亦悚惕，相对咨嗟，知将不免，因绝情而去，卒脱于难。余缘情勉留，遂逮于祸。非知己之暗也，情所感激不忍去也。不忍去而去，非但薄情，抑并悖义。嗟乎，嗟乎！祸患有因，端倪先兆，今日憔悴至于此极，余固久知之矣，乃作《憔悴吟》。

余本抱犊人，东皋有荒田。荷锄将经营，课仆耕云烟。天南节度不肯放，聘书早到薜萝边。薜萝闲挂处士墙，处士一去令君伤。招携宾客置饯觞，吐词制调魂飞扬。有心负米恋草堂，堂上念旧催治装，可怜离别九回肠。陟岭逾滩跻险峻，一步一望吴天长。羁栖伏枕药炉间，海滨倦鸟思飞还。好音慰藉情凄婉，劝我停骖迟入山。好友掉臂行，病夫衔泪住。张罗设网日月昏，冥冥翔鸿去无路。雨雪从来霰集成，蓍龟四体先分明。自是愚忠被束缚，休嗤野客迷归程。吟来憔悴看双鬓，只恐秋添宋玉情。

沙家浜记

贾平凹

沙家浜是常熟的一个古镇，以建在芦荡之中而与众不同。镇不大，人家相对筑屋，后门通河，前门是街，街巷就极其幽深。路面又全然铺就了石板，石板与石板并不严实，故意留着空隙，能看见下面活活流水，似乎整个镇子就浮在了水上。从街往里走，看两边屋舍，大都两层，木头横七竖八，结构巧妙，人多各倚栏临窗，软语呼应。有旧寺数座，混杂于高铺之间，唯独门前蹲有石狮，石狮不威严，喜庆状可掬。也有老桥，连扯左右，荷就钻出石罅，近旁就是茶肆饭店。进去坐下，茶要碧螺春，饭要卤汁面，正端详灶是不是七星灶，壶是不是老铜壶，忽后窗外咿呀声响，一小船靠近，船上人和屋里人打情骂俏，便将一篓鳑鲏鱼递进来。鳑鲏鱼是稀罕物，水质好才能生长，鳑鲏鱼也正是这里的特产。连呼煎炸一碟来呀，却有黑鹳白鹭就站在后门栏上，而三朵四朵芦絮飞进，上下飘浮，用手不可捉拿。

时不时听人唱阿庆嫂，京剧味不足，但极投入。循声步入一条短巷，唱却息了，而巷外湖荡汪洋，正扫风，水石微皱，芦絮起落如云。岸边排列无数船，其状似偌大的鞋。顺脚上去，摇橹的大嫂问去哪儿，说句船到哪儿人到哪儿吧，船就箭一般驶进芦荡。进了芦荡才知神秘莫测，河道密布，港汊纵横，沿一处深入，芦苇愈来愈高，凉气袭身，万籁俱静，只听得橹声和蜂鸣，有几分惊奇也有些许紧张，想武陵桃源莫过如此吧。七拐八拐，已迷失了方位，却恰遇骤风，一时芦苇前呼后拥，一尽线乱。在乱中，却看见了远处栈桥和桥端的芦亭，亭中有人吃茶说话，只听得一团嗡声，分辨不出话语。约几分钟，风软下去，悄没声息，继续前进，道越来越窄，水越来越深，湖苇倾斜得不能摇橹，江苇扑撒在船头，便看清了水中游鱼，而头顶上水鸟乱飞，一时有了奇思，这鸟入水为鱼，鱼出水为鸟，是相互转换的吗？得意自己不是诗人却有了诗情。

游了一次沙家浜，再也忘不了江南的这个古镇，记住了这片可能是中国最干净的水和水中浩浩荡荡的芦苇。

我和沙家浜

范培松

我喜欢京剧《沙家浜》，“智斗”百看不厌。大概和我的性格有关，喜欢讲一点江湖义气。我从小迷《水浒》，对鲁智深在野猪林救林冲是崇拜得不得了。若要问我《水浒》中最喜欢谁，我的答案是唯一的：鲁智深，真正的一条好汉。我看《沙家浜》，奇怪的是对胡传魁怎么也恨不起来，在“智斗”中，他护着阿庆嫂就是讲个“义”。在现实中，胡传魁可以枪毙，但他在“智斗”中对阿庆嫂有情有义也是真。有情有义是人，无情无义是畜生。在那疯狂的颠倒年代里，一夜之间，我竟成了“公敌”，幽囚于斗室之中，被人折磨得死去活来，当时只盼望有一个能像胡传魁一样的人，出于一点义气，来保护我。现实却是：人人对我口诛之。我傻眼了！这个世界疯狂了，周围的人在我眼中，似乎个个成了刁德一。

或许出于对《沙家浜》的感情，我对改编《沙家浜》的汪曾祺也十分尊敬，他的仙风道骨，令我欣赏。在我交往的人中，有这样仙风道骨的，还有一个是贾植芳。不管你怎样的焦躁，怎样的痛苦，坐到他们的身边，顿时可以安静下来。无欲则刚啊！记得在1990年代的承德山庄的一次散文笔会上，我和他作了一次深谈。当时我受出版社委托，主编一本中外典故引用辞典，想把“人走茶凉”作为典故收入辞典，出处是《沙家浜》，征求他的意见。对此，他不置可否。后来，不知怎么说到书法上。我说：贾平凹很牛，称他的书法在中国作家的书法中名列第三，第一是鲁迅，第二是郭沫若，第三就是他，并有权威报刊刊登的实证。汪老笑起来了，说：他第三，那我第几？接着，当场铺纸，激情挥毫，书曰“停车暂借问，或恐是同乡”，题上我的名，赠我。说：你回苏州，把它和平凹的书法比一比，看谁好。哎，这个随遇而安的仙风道骨者居然也是与世有争者。我把汪老和平凹的书法挂在厅堂里，来访的朋友们或夸汪老的，或扬平凹的，都有。1990年代末，平凹来苏州举办书法展览，我和他说到在承德山庄的散文诗笔会上汪老讲的话，平凹还是那么牛，用地道的陕西话说：我看，还是我的好。这个倔强的陕西佬！

《沙家浜》是银幕上演的，我并没有把它和现实联系起来。似乎我和沙家浜特有缘，通过朋友的介绍，结识了一位庄姓的朋友。这位庄姓的朋友仿佛受上帝差遣，专门为了向我介绍沙家浜来结识我的。每次见面，他必谈沙家浜，说沙家浜正在建设中，如何如何美。不管你要听不要听，他只管讲，反复讲，认真讲。一了解，才知道他所在的单位参与了沙家浜的投资，我心里大不以为然，这是广告，这是生意经。不过，说多了，心动了，脚痒了，在热心热肺的庄姓朋友的安排下，择了一个日子，我们几位朋友，结伴而行，先在常熟的茶场逛了半天，天下起雨来了，我们夜宿王市。第二天，放晴了，我们驱车前往沙家浜。天哪，沙家浜是一个巨大的工地，建筑工人忙碌着，道路泥泞，我们在一位小姐引导下，进入了一个临时会客室，看得出，沙家浜是把我们的到来当一回事的，一位领导模样的人向我们描绘了沙家浜的未来。实在没有什么东西可看，庄姓朋友陪着我们上了一艘汽艇，沿着湖疯跑了一通。沙家浜留给我的初步印象是：湖的浩瀚，芦苇的葱绿。感谢这位庄姓朋友，使我成了还在母亲腹胎中的沙家浜的一个见证人。

沙家浜景点开放后，我一直没有去游览过。2003 年，某个刊物发表了一篇解构戏说《沙家浜》的中篇小说。这年头，戏说成风，解构成僻，像我这样一把年纪的人，被那些戏说、解构也搞得麻木了。皇帝可戏说，才子可解构，痞子文学的张狂，几乎可以包打天下。于是，在这篇中篇小说中，阿庆嫂“风流成性”，是胡传魁的情人。郭建光胸无计谋，成了窝囊废。这一下，苏州反响强烈。当时《苏州日报》的一位记者采访我，希望我站出来说几句话。事关地方文化建设，我应该站出来，于是说了这样一番话：“戏说牵涉到对历史的态度，沙家浜故事中阿庆嫂、郭建光、胡传魁等人物形象在人们心中具有特指性和恒定性，与对康熙、乾隆等历史人物的戏说不同。即使是对一般历史人物的戏说，也应有尺度，而对阿庆嫂、郭建光、胡传魁这样三个大众心中早已认同的形象不负责任地戏说，是一种对审美的破坏，审美是有一定原则的，戏说‘沙家浜’造成的混乱不仅是审美意义上的，而且也是对历史的粗暴歪曲。”我记得当时作了这样一个比喻：饭厅就是饭厅，怎么戏说怎么解构，也不能把它说成是厕所。“沙家浜”在人们心中已成为崇高和神圣的一种象征，你对它有不同的看法，完全正确可以，但是，你不能糟蹋它，玷污它，这是原则！

可惜，一直没有机会去沙家浜。前年，一位北京朋友想去沙家浜，我陪同前往。那天，天朗气清，游人如织。一进门，扑面而来的是新四军的历史。在缓缓的参观中，随着翻阅新四军的历史，我有些恍惚，面对的沙家浜，这究竟是现实化了的艺术，还是艺术化了的现实？当登上小舟，融进芦苇荡时，那铺天盖地的绿色，那现实化了的艺术和艺术化了的现实，不由自主地把你卷进了遐想。《诗经》如此描写芦苇：“蒹葭采采，白露未已。所谓伊人，在水之涘。溯洄从之，道阻且右。溯游从之，宛在水中沚。”此刻，“伊人”虽无，但能在迷人的绿色中浪漫地溯洄和溯游，在当今的人欲横流的大千世界中，何处能觅，何处能觅？

慕红色而来，乐绿色而归，红绿相融——唯沙家浜是也。

沙家浜的记忆

叶兆言

前几年去海南，游览为纪念红色娘子军新建的公园，印象最深，是园子里养了几位当年的娘子军，都是清一色的老太太。有一个保留的节目，将颐养天年的老太太请出来，与游客拍照纪念。公园里很冷清，游客稀少，只听见大喇叭不停地放着红色娘子军军歌。

与这个冷清形成对比，是不久前去过的沙家浜，那个热闹劲，那个喜气洋洋，不由得让人一番感慨。同样是样板戏，同样是“文革”那个怪异时代的宠儿，阴晴两重天，待遇完全不一样。仔细想也不奇怪，其实早在当年，两个戏的受欢迎程度，就已经有了高下之分。

前者的芭蕾舞太雅了，不比通俗的迪斯科，谁都敢站出来乱蹦几下。也进不了KTV包厢，要唱什么卡拉OK，要联欢娱乐一番，样板戏中最合适的表演节目，便是“智斗”。八个样板戏中，最有人缘最有群众基础，算来算去还是《沙家浜》。譬如当地的一位女宣传部长，就可以在大会上曝光自己的经历，说当年读中学，学校里排演《沙家浜》，她本人特别想演阿庆嫂，偏偏没选上，被选上的那位，又是一位笨女孩，记不住台词，结果未来的女宣传部长，只能躲在后台为人家提词。

能不能在《沙家浜》中扮演一个角色，可以生出不同的人生故事。很少会有女孩子觊觎《红色娘子军》中的吴清华，她像戏中的木偶丈夫一样，太单薄了，一点都没趣。女孩们向往的是阿庆嫂，为什么呢？因为这个人物好玩，有戏，是个两面派。人生之乐，莫过于当好人演坏蛋，既过了坏人的瘾，又保持着好人的名声，正邪两道的好处都占了，不亦乐乎。

不只是学校的女孩想演阿庆嫂，剧团的专业演员，对这个角色更是朝思暮想。可以肯定，演过阿庆嫂的人数，如果统计一下，业余和专业加在一起，一定史无前例。京剧不算，在“文化大革命”中，只要是个剧种，一定移植过《沙家浜》，只要是个女主角，一定演过阿庆嫂。

我自小在一个剧团大院长大，扮演阿庆嫂的女演员都认识，掰起手指清算，前前后后老的少的，演过阿庆嫂的竟然超过了十个。通常一部戏的女一号，只有AB两个人，可是偏偏是这个阿庆嫂，扮演者浩浩荡荡。要说剧团的男男女女，也就几十号演员，一个阿庆嫂的角色，像小孩子过家家一样，皆大欢喜，给多少女人带来过满足感。

扮演新四军的男演员，除了郭建光，基本都跑龙套。戏结束前有个小高潮，战士们在指导员的率领下，翻跟斗跃过一个不矮的院墙。业余剧团通常玩不了，就连专业剧团，也不免要去杂剧团引进人才。我认识的一个男演员，没怎么见他演过戏，却天生能跳高，别人翻跟斗翻过围墙，他倒好，像跳高运动员那样跳过去，这在当时是一绝，观众目瞪口呆。

晚霞映照在阳澄湖上

苏童

我与常熟天生是亲近的。小时候住苏州城北，家里有门窗枕河。那时候即使是城内的河水，也是活的，清的，自然还有航运的任务。轮船公司从苏州到常熟的客轮要从我家后门口过，常熟的农家船来往于苏州城，也要从那里过。早晨我偶尔会被河上船老大的声音惊醒，大致是因为一条船与另一条船起了小小的航运纠纷，河上热闹，最洪亮的吆喝和最气愤的埋怨大多带着常熟口音。说起来奇怪，我至今模仿那些船老大的声音，跳出来的第一句便是“扳艄”（发音：bei sao），有点慌张，有点高亢的，也还是常熟口音。苏南一带方言无数，我最爱常熟话。

《沙家浜》是现代革命京剧，不说常熟话。我们这一代人，在样板戏华丽而野蛮的背景音乐中长大，样板戏的内容我们如此熟悉，但对其精神终究是有点迷惘的。只有《沙家浜》是例外。我们在来自常熟的船上看见过无数的常熟妇女，包着头巾，系着短布围裙，看上去有劳动的气息，又有革命的英气，他们似乎是新时代的阿庆嫂和沙奶奶了，送走了十八个伤病员后，抽空进城为自己的子孙置办婚妆。街上的茶馆里偶尔看得见饮茶的常熟男子，他们弃船于河埠，结队上街饮茶，有的光脚，有的穿解放鞋，但裤腿卷到了膝盖上，其悠闲的模样引起了我们的好奇，这好奇仍然是与《沙家浜》有关的，他们，这些常熟的男子，他们为新四军伤员做过什么？而那个被朝霞所映照的阳澄湖，其实距离我们街区并不遥远，我们学校有个迷恋长跑的孩子吹嘘自己经常跑到阳澄湖边，用湖水洗了脸后才折返，让人半信半疑。我们自己也都在学农活动时到过阳澄湖边，去拾稻穗，拾穗的时候能够看见远处的阳澄湖的湖水，还能看见无边的芦苇荡，自然，我们又想起沙家浜，想起春来茶馆，一部样板戏电影和一群孩子之间，恰好隔着阳澄湖烟波浩渺的湖水，湖水在现实中落满了晚霞，因此有了冷静的务实的姿态，提醒我们，郭建光、阿庆嫂他们都不在湖边了，刁德一和胡传魁下落不明，我们是来迟了，就好好拾稻穗吧，或者，就当沙家浜和春来茶馆都在湖的另一侧吧。

多少次到常熟去，都是绕着阳澄湖的，就像是绕着我们的记忆走。只有这次，在朋友的热情相邀下，出虞山，到湖边，湖边已经有了一个沙家浜镇，人便有一种奇特的梦游的感觉，终于从湖的那一侧来到了这一侧了，竟然是个隐喻，越过时光，才能越过阳澄湖的湖面。

一干友人在水边走，进春来茶馆，游芦苇荡，喝茶，吃面，还有拍照留念。当然，我们是在新的旅游业的样板戏里，只是所有人的角色都一样轻松，是游客，不再有新四军伤员需要掩护了，也没有胡传魁和刁德一需要周旋了，我们只需要与湖上的野鸭和芦絮周旋，一日游玩，尽兴而归。离开时正当黄昏，车窗外的湖水泛出淡金色，芦苇丛中野禽惊飞，又见晚霞！脑子里响起的仍然是郭建光的那句著名的唱腔，只是其时其景，唱腔要稍作修改，是晚霞映照在阳澄湖上了。

永恒的“沙家浜精神”

何建明

历史最不应忘记的，是民族的苦难与辉煌。

一九三七年，日本侵略者发动了全面侵华战争，给中国人民带来了巨大灾难，百姓民不聊生，苦难不已。二〇一五年，距中国人民抗日战争胜利已过七十年，如今的中国在实现“中国梦”的道路上正昂首阔步，奋勇向前。

从苦难到辉煌，一路上筚路蓝缕，经历艰辛探索，沧桑巨变。在那段血雨腥风的抗战岁月里，中国人民的气概并没有被日本侵略者所压倒，无数的先烈勇士为了争取国家的独立和人民自由而抛头颅、洒热血，全国各地都在为争取抗战的最后胜利浴血奋战。沙家浜就是其中之一。一九三九年五月，新四军第六团进入苏南地区，在西撤时留下以刘飞、夏光等为代表的一批伤病员，并重新组建“江南抗日义勇军”，长期在常熟一带工作与战斗，与当地人民缔结了鱼水深情。以这一段抗战历史和军民情意为原型的《沙家浜》艺术作品，在二十世纪六七十年代红遍全国，可谓家喻户晓。芦苇荡，军民情，也因此成为经典的军民鱼水情。

今年是纪念中国人民抗日战争暨世界反法西斯胜利七十周年，“沙家浜”体现的正是“芦荡火种”的革命精神。我们需要铭记历史，是缅怀在那场正义战争的参与者和付出血肉代价的可敬的人民，缅怀为中国人民抗日战争胜利献出生命的革命先烈和民族英雄，更是要传承和弘扬抗战精神，在和平时代发扬敢于压倒一切敌人而不被敌人所压倒的英雄气概，树立民族自信心，表达中国人民坚定不移走和平发展道路的崇高愿望，让中国人民和世界人民牢记历史、不忘过去、珍爱和平。

为此，中国作家协会、中国作家出版集团联合中共江苏省常熟市委宣传部、沙家浜镇联合举办了纪念中国人民抗日战争暨世界反法西斯战争胜利七十周年全国征文评选活动。目的也是牢记中国历史，弘扬抗战精神。身为作家和创作者，理应拿起手中的笔，创作出更多弘扬中国抗战精神的好作品，重温那段火与血铸就的英雄史诗，传承沙家浜“坚定不移的理想信念、坚韧不拔的奋斗精神、坚不可摧的鱼水深情、坚守不渝的清廉品质”。

本次征文得到全国各地作家及创作者的热烈响应和积极参与，他们在“军民鱼水情，共圆中国梦；牢记历史、点赞人民、书写时代；青年学生的使命与责任；与沙家浜抗战斗争相关的今古传奇故事”主题上创作出了一批优秀作品，包括小说、诗歌、散文、纪实等，题材广泛。本书是这次征文获奖作品的选集，由于篇幅有限，还有很多优秀之作没能选入，颇为遗憾。在此，也十分感谢支持和关注“沙家浜精神”征文活动的所有投稿者。

以人为鉴可以明得失，以史为鉴可以知兴替。牢记这段历史，展望未来，是我们中华民族在建设中国特色社会主义道路上取之不尽的精神财富。

一场“沙家浜保卫战”

江南

金秋时节，正当“沙家浜文化旅游节”举办得十分红火，大批游客蜂拥前来沙家浜参观旅游时，突然冒出了一个不和谐音。10 月 18 日,《江南时报》的“民意 · 原声”栏刊登了署名为史求实的文章《是给“沙家浜”正名的时候了》。由此而引发了一场关于为“沙家浜”正名的讨论。这场讨论持续了半个多月,《江南时报》共刊登了十篇文章。史求实原是一位中学教师，1969 年下放到阳澄湖地区劳动，在那里了解到不少新四军及其伤病员战斗和养伤的故事，并从《新四军故事集》中看到当初伤病员在横川、陆巷、肖泾、长浜、张家浜和西董家浜养伤。于是就认定：“经考察，除西董家浜不知在何处外，其余几处都是苏州相城区阳澄湖镇所属的自然村，史实的权威性是不可挑战的。”“常熟的地理位置与阳澄湖毫不沾边。”“常熟由横泾改名的沙家浜镇也不是当年新四军 36 个伤病员‘养伤来到沙家浜’的沙家浜。常熟沙家浜在争打‘名地牌’中，刻意经营了一番，却始终无法摆脱‘名不正’的困扰与烦恼。”因此，作者提出了一个建议，将常熟的沙家浜镇划到阳澄湖镇去。

一石激起千重浪，史先生“为沙家浜正名”的建议立即引起了许多读者的反响。一些当年“江抗”的老战士，首先撰文作证，如吴志勤、蒋坚挥以切身经历证实，当初他们作为36个伤病员之一，确实是在横泾，即今日的沙家浜养伤。常熟读者笪伟中、曹家俊、徐耀良则以当时的军歌中“阳澄湖畔、虞山脚下”的歌词、一系列革命回忆录中的记载、伤病员和后方医院工作人员的回忆叙述、《沙家浜》的原创人员的活动范围和记录、《沙家浜》剧中令人难忘的台词“常熟城里有名的美人”和“到常熟城里去办嫁妆”等令人信服的证据，来证实横泾作为沙家浜绝非是“名不正”。沙家浜的徐耀良则针对史先生文章中有一些含糊混淆之处，举出了有力的证据，一是现在的沙家浜镇保留着后方医院、“江抗”司令部、“江抗”东路办事处、“新江抗”成立旧址等革命历史遗迹；二是新四军后方医院确实存在，并非史先生说的是错误传闻，笔者还列举了后方医院活动的路线、具体的工作人员；三是就史先生提出的几个自然村指出，心泾、长浜、西董家浜自古至今都在常熟境内，其余几个村也都是与常熟一河之隔。常熟读者张登芝也提出了同样的看法，认为沙家浜并非是虚构的，从京剧《沙家浜》的多处台词中都能证实，当时的沙家浜是在常熟境内。南京读者吴文元指出：沙家浜原是一个源于生活、高于生活的艺术典型，既然常熟沙家浜已经早已深入人心，“为沙家浜正名”大可不必。

参与讨论的南京大学历史系博士生导师胡阿祥教授在文章中大声疾呼，“地名承载着历史文化，不能轻易改动”，他说，“从历史上来看，今天的沙家浜是当年‘江抗’活动的核心地区，当地还保留了不少革命历史遗迹。应该说这些构成了今日沙家浜的旅游形象”“最好不要动不动就用行政力量来更改地名”。网友“七月阳光”认为要尊重历史、尊重事实，沙家浜以其特有的名气名扬全国，到这个时候提出要为沙家浜“正名”合适吗？网友“超瓜”直率地说：伤病员是在一个大范围里活动的，无所谓具体哪里是沙家浜。现在发生地名之争，说到底主要是涉及一个经济利益问题，一个红色经典旅游项目确实是令人眼红的！

原来《江南时报》已表示讨论到此告一段落，但是第二天又发表了一篇稿件，编者称：读者言犹未尽，踊跃来稿，编者欲罢不能，不得不破例再发表一篇。常熟读者潘正言在列举大量史实来证实常熟横泾作为沙家浜的合法性之后指出，常熟地区还有很多，甚至更多的与沙家浜剧中的故事情节与人物相一致的真实记录，常熟根本没有史先生所说“始终无法摆脱名不正的困扰与烦恼”。笔者继而介绍了常熟沙家浜在挖掘抗日斗争史料，进行爱国主义教育方面所做的大量工作，指出当年革命京剧中还有威虎山、九龙江、盘石湾、杜鹃山，为何均默默无闻，唯独沙家浜胜出？如果没有沙家浜自身的努力，绝不会有今天的成功。对此又何必耿耿于怀呢？

最后，编者引用了常熟读者黄忠、余光稿件中的话：“唐市镇作为苏常太专员公署所在地，横泾镇作为后方医院所在地，所以把这里定为‘沙家浜’是名副其实的。”编者还建议：“一是地方政府应该善于利用历史文化资源，……更应关心动态的资源。二是真理愈辩愈明。”于是历时半个多月的“正名”之争正式画上句号。

一场争论看起来是结束了，但对我们来说很值得反思。首先，“沙家浜”不仅是一个地名，更是一笔令人馋涎欲滴的无形资产。多少人对她想得发疯、发狂。记得几年前，浙江某杂志就曾经发表过一篇诋毁沙家浜英雄人物的小说，随心所欲地歪曲郭建光、阿庆嫂的形象；如今又有人以“名不正”的口实来怀疑沙家浜的真实性、合法性。所以我们应该特别珍惜这属于我们常熟的“沙家浜”品牌。

其次，这次我们又挫败了争夺沙家浜的企图，我们依靠什么？就是沙家浜自身的努力，或者如史先生所说，“刻意经营”。不过我们是光明正大地挖掘革命斗争史实、进行爱国主义教育，把老一辈的革命传统发扬光大，从而吸引了大批旅游参观者。是这些实实在在的工作，巩固和捍卫了沙家浜的名声。

再有，我们应当具有危机感。有那么多的人在觊觎沙家浜这块金字招牌，而且新四军也确实曾经到过他们那里，如果我们经营不善，别人就会指责我们不配具备沙家浜这个光荣称号。到那时，我们将无地自容，这块金字招牌也只能拱手相让。

这次《江南时报》举办的“为沙家浜‘正名’”的争论，正如编者所下的结论：“地方政府应该善于利用历史文化资源，……更应关心动态的资源。”我们应当警钟长鸣，始终不懈地努力，以扎实的实际工作来捍卫革命先烈留给我们这一笔宝贵的财富。

戏曲

历史上，沙家浜的曲艺受到昆曲、苏州评弹、锡剧、越剧等影响，除了像嵇永仁、邱园这样一些戏曲大家外，一些民间艺术团体也十分活跃。特别是评弹，一个小镇民国时期单书场就有三个，而且经常邀请上海、苏州的评弹名流到此演出。这里仅选取邱园的《寄生草》记之。

寄生草

〔清〕邱园

【寄生草】

漫拭英雄泪，相随处士家。

且住，想俺当日打死了郑屠，若非师父相救，焉有今日？师父吓！谢恁个慈悲剃度莲台下。师父，你当真不用了？

（外）当真不用了。

（净）果然不用了？

（外）果然不用了。

（净）罢！没缘法，转眼分离乍；赤条条，来去无牵挂。哪里去讨烟簑雨笠卷单行？敢辞却芒鞋破钵随缘化？

（外）我有书一封，白银十两，你可收去。

（净）多谢师父。

（外）还有偈言四句，听者："逢夏而擒，遇腊而执；听潮而圆，见性而寂。"牢牢记着。

（净）弟子谨记偈言。

（外）你去罢。（外下）

（净）师父！师父！师父竟进去了，不免下山去也。

【尾】

俺只待回避了老僧伽，收拾起浮生话。
俺老和尚是好人，又与我十两银子。
好向那杏花村里觅些酒水沾牙，免被那腌臜秃子多惊讶。一任俺尽醉在山家。
如今我不是五台山的和尚了。
早难道杖头沽酒也不容咱？（下）

附：《红楼梦》第二十二回“听曲文宝玉悟禅机　制灯谜贾政悲谶语”中薛宝钗读给贾宝玉听的《寄生草》

漫揾英雄泪，相离处士家。谢慈悲剃度在莲台下。
没缘法转眼分离乍。赤条条来去无牵挂。
那里讨烟蓑雨笠卷单行？一任俺芒鞋破钵随缘化！

民歌

沙家浜镇流传下来的民歌相当丰富，反映的内容非常广泛，许多是用石湾山歌来演唱的。这里选取其中的一小部分如下。

长工苦

正月初五闹哄哄，卷卷衣包去上工；路人当我望亲眷，我甩脱儿女去做长工。
长工做到二月中，欠个猪头祭祖宗；前三年祖宗也祭过，如今我落难做长工。长工做到三月中，山茶花插起两边红；我西山草鞋白脚缠，十人九赞是个好长工。长工做到四月中，下秧落谷闹哄哄；粳谷和在糯谷里，搞错稻种骂长工。长工做到五月中，挑担黄秧到田中；上坵笃到下坵住，晒坏秧根骂长工。长工做到六月中，驻车掮轴到田中；上坵车到下坵住，车得蛤蟆墩没骂长工。长工做到七月中，青苗社酒闹哄哄；青苗社酒我无份，揩台抹凳不到骂长工。长工做到八月中，东家娘娘手段凶；盛格饭来苍蝇钻得过，骂我长工吃头凶。长工做到九月中，挑担黄稻到场中；上场挑到下场住，鸡扒狗捣骂长工。长工做到十月中，牵砻做米眼熬红；东家吃得子呼呼睡，我吃得薄粥打夜砻。长工做到十一月中，河泥船开出闹哄哄；青竹头下水白竹头起，节头指冻得只只红。长工做到十二月中，台横头算账两手空；推出墙门喝西风，长工眼泪落心中。

哭嫁囡歌

新小姐个肉呀！大红轿子对大门，喇叭鼓手吹上门。

新小姐个肉呀！头戴房巾脚踏蒸，头高昂昂出房门。

新小姐个肉呀！出得房门交好运，做还娘家屋里三个露天白米囤，到得夫家屋里长千金。

新小姐个肉呀！红漆箱子白铜锁，外头好看里厢空。

新小姐个肉呀！爷娘穷得呒啥撑，自家“啥抓”撑来着。

新小姐个肉呀！裁缝剪刀干搁起，银匠店里喝西风。

新小姐个肉呀！“私药郎中”一个包，箱子边头受蓬尘。

新小姐个肉呀！天窗里亮光就起身，梳来头光面滑出房门。

新小姐个肉呀！草窠里畚米问声婆，场角浪拔柴问声公。

新小姐个肉呀！提水要提七八分，勿要郭浆郭水进大门。郭得公婆倒也罢，郭得姑娘小叔闲话多。

新小姐个肉呀！长生果子拽拽长，白相淘伴拆散场。

新小姐个肉呀！金跳板窜到银岸上，金链条盘勒银桩上。

新小姐个肉呀！撑篙师傅侬勿要横一篙来竖一篙，要一根篙子落到艄。

上梁歌

（一）

一只台子四角方，啥人作伐（首创）起厅堂？张班仙师、鲁班仙师作伐起厅堂。

（二）

脚踏富贵地，手扳楠木紫去梯：脚踏楼梯步步高，手扳花树采仙桃，采个仙桃何处用？王母娘娘献蟠桃。

（三）

面对紫金梁，背靠凤凰山：东方开出金鸡叫，南方开出凤凰啼，西方开出仙人到，北方开出财神来。

（四）

张鲁一班仙师朝外座，手提银壶就筛酒：一滴东方甲乙木，二滴南方丙丁火，三滴西方庚辛金，四滴北方壬癸水。蜜灵顶好酒藏郎银壶里，本家相公也焐心（满意）!

（五）

四方滴酒圆满全，刘海弟弟也郎轧神仙：左手托出太平钱，右手刘海要金蟾，一要千万富，二要万年兴，三要黄金铺满地，四要满地铺金银。太平福字落在金砖地，富贵荣华万万年。

（六）

面对紫金台，身登抛梁台：抛梁抛到东，东天日出万里红。抛梁抛到南，南海活佛作长城。抛梁抛到西，西方活佛笑眯眯。抛梁抛到北，八个仙人看竖屋（上梁）。

（七）

上楼一步高一步，下楼步步后来高：太平福字勒里（在）鸡口里，“福星高照在中央”！

儿歌

亮月亮，赤镗镗，家家囡囡白相相，拾只钉，打把枪，戳杀观音拉肚肠，肚肠挂在戗篱上，老鹰衔去做道场。道场做得阿好看？道场做得勿好看，乡下娘娘勿来看，城里娘娘倒来看，看得一身汗，回去揩揩奶奶再来看。

排排坐，吃果果，爸爸回来割耳朵，称称看，二斤半，烧烧看，二大碗，吃一碗，剩一碗，剩到明朝斋罗汉，罗汉不吃荤，馄饨、面筋囫囵吞。

民谣

网船娘姨 网船娘姨苦凄凄，夜夜睏块冷平基。白天要去张丝网，夜里要去捉田鸡。

好嫂嫂 村上出个好嫂嫂，全村姑娘全学好。村上出个败家精，前村后巷不太平。

打东洋 睡个牛车棚，走的小羊肠；穿的破衣裳，睏的呒脚床。一天三操两讲堂，吃个咸菜豆腐汤，白天忙生产，晚上打东洋。

唐市十景诗

唐市十景诗

〔明〕杨彝

万安晓市

农末贸吾墅，西东共列廛。橹声更鸟应，灯影晓星连。
家出忙时急，桥行聚处邅。读书余记忆，际此心无眠。

市泽孝迹

桑沧惊忽变，不憖此空潭。所发源能久，其加泽实覃。
沙明当日霁，树暗旧云昙。为语人追孝，洋洋吾墅南。

语廉夜泊

客舟来泛泛，于心为谁教？野店刍粮庤，微行绋缅交。
晓风迎水曲，夜月照林梢。试问东村叟，当年故乐郊？

马惊深树

大隐何非市，来斯古意深。门繇苔藓入，屋在薜萝寻。
日远长为暝，风无亦自音。喜同丘木老，一二借馀阴。

凤基秋月

月出中秋好，轩居适对之。水光长似接，壁影叠为岐。
但以三宵约，殊难两地移。湖山分盛事，把酒问何其。

朗城水观

欲尽西村胜，相过问渡僧。云从潭影见，鱼在浪痕生。
一水中分国，层波别拥城。默然兴废后，每到此无惊。

湖泾春涨

湖海相通路，于吾墅往来。适为深雨涨，正值小禾栽。
桃落红千浪，蒲抽绿四隈。驾言余且出，何事欲儃佪?

三塘通济

石梁非旧有，忽作洛阳谣。人隶三塘少，涂通十里遥。
夜行常坦坦，晓出故麃麃。屈指湖山胜，在南第二桥。

坞丘雪眺

踏雪三塘近，移筇到坞丘。村村银色砌，树树玉光浮。
门在人何立?舟还客自游。白云同一望，无限入吾愁。

强芜菡萏

为觅强芜胜，湖泾二里过。数家门傍水，百亩地栽荷。
日映金塘逵，风居玉井多。归来吾醉酒，彼泽叩舷歌。

唐市十景诗

〔清〕宋文杓

万安晓市

更残月未落，橹声乱溪水。桥跨东西廛，稗贩通此彼。

市泽孝迹

夫非尽人子，梓里瞻极则。市泽有深潭，照见亲颜色。

语廉夜泊

日落遥山暮，鸦归烟树冥。柴门闻犬吠，旅客有舟停。

马惊深树

庵深阛阓隔，寂静似空山。日夕林间坐，惟看飞鸟还。

三塘通济

梁隶三塘近，途通十里遥。东阡与西陌，来往洛阳桥。

凤基秋月

夜色凉如水，荒丘禾黍丛。轩居一尊酒，何处问秋风?

湖泾春涨

连日江村雨，天桃花满枝。讨春湖畔过，昨夜水生时。

朗城水观

嚣尘自兹隔，泽国于焉遇。击楫起浩歌，渺渺沧洲趣。

坞丘雪眺

前村飞鸟尽，不辨阡与陌。丘边蓑笠翁，向我话三白。

强芜菡萏

自昔芙蕖好，西方秋水多。迎风探远韵，君子意如何?

唐市十景图题诗

〔清〕彭睿

万安晓市

负贩鱼盐地，烟霞云雾天。登桥观两岸，星斗客灯悬。

市泽孝迹

芳名传万古，懿迹水中央。神泽深于泽，常覃彼一方。

马惊深树

古寺藏深树，名传是马惊。禅心通佛性，花落鸟空鸣。

语廉夜泊

斜阳樯影乱，古渡客舟横。夜静邀明月，惟闻人语声。

凤基秋月

长空万古在，夜坐到深更。凤去基还毁，惟留秋月明。

朗城水观

荒村安野寺，寺外一潭横。无相月常白，心空水更清。

坞丘雪眺

小坞成丘壑，冬深雪满林。月明新霁后，不减垅头春。

强芜菡萏

葭苇连天碧，荷花倚岸红。秋高堪赏处，落雁几行空。

湖泾春涨

连宵春雨发，湖水岸刚平。排决谁能任，农人好议耕。

三塘通济

埜野寒塘阔，长桥引卧虹。老翁归思急，安步过溪东。

华阳旭日[①]

清晨携杖到华阳，五色明霞涌曙光。转瞬云消光灿烂，一轮红日映金庄。

著作

沙家浜文化底蕴深厚，历代文人辈出，著述颇丰。这里选取部分明清时期和近现代文人著作名录如下。

明代邑人著述

严　讷　《春秋国华》《春秋左传注解辨误》《馆阁表奏》《严文靖公集》。

杨　彝　《郧丘纪略》、《谷园集》2卷、《谷园文集》、《怀旧诗》等。《四书说约》20卷，与顾梦麟同撰。刻有宋谦《护法缘》10卷、释法护译《佛说大悲空智金刚大教王仪轨经》5卷、释不空译《圣迦伲愤怒金刚童子菩萨成就仪轨经》《大沙门百一羯磨法》、释义净《手杖论》1卷、《观总相称论》1卷等。

许玉森　《古今名服考要》《睢阳张许二公事略》《五伦卓行录》。

刘永锡　《剩庵诗稿》《结发诗》《七护诗》。

殷　理　《香溪草堂诗集》《瓯游草》。

谭尔进　《编年诗稿文集》20卷、《新词小艳集》2卷、《孤山梦》、《华严经纲目》、《谭

① 清雍正二年（1724年），强芜划归长洲县，唐市十景即缺一景。后谭永仁补入“华阳旭日”一景，仍为十景。

益之诗草》1 卷、《疗妒羹传奇》。

许重熙 《历代通略大臣年表》《宋史增定新编》《历代通略》《国朝殿阁部院大臣年表》《宪章外史续编》《神宗大事纪要》《光宗大事纪要》《江阴守城记事》《性理节要》《甲乙汇略》《许子洽小草》《缀篱草》《旅寄轩稿》。

许重进 《野言》《雪压庐集》《三凤遗编》。

许　连 《毛诗大旨》《书经补注》《孝经补注》《四书讲义》《历代史论》《历代帝王论节》《居常集》《陶庵集》。

许嘉祐 《五代史注》《语语集》。

许士柔 《礼记衷注》《南雍集》《许司成诗草》。

许士骥 《焚言》《萃音集》《德生集》。

许士奇 《中吴水利全编》《三吴赋役考》《宜民要术录》。

许　琪 《好生录》《成均集》《中州小咏》。

苏翔凤 《甲癸集》《史论》《策论》。

陶元淳 《南崖集》4 卷、《志学集》、《明史传》、《广东志》10 卷。

倪　赐 《香祖居诗钞文钞》《唐市志》《唐市征献录》《唐市诗存》及《续编》。

苏一元 《归砚草堂诗文稿》《经义质疑》《四六偶存》。

陈芳绩 《历代地理沿革表》。

邱　园 《名教表微录》《既耕堂草梅圃诗余》《竹溪杂兴》，另有《幻缘箱》《党人碑》《御袍恩》等传奇。

许　瑶 《孝经约注》1 卷、《竹广诗集》12 卷。

邓林梓 《颐庵集》《玉山集》《柳下集》。

嵇永仁 《抱犊山房集》、杂剧《续离骚》、传奇《扬州梦》《珊瑚鞭》《双报应》等。

许　朝 《百粤新咏》、《红桥诗集》10 卷、《红桥文集》10 卷、《红桥杂缀》5 卷、《德州志》若干卷。

黄　理 《易经简易录》。

苏汝砺 《月当楼文钞》《吗瓠杂录》《操缦集》。

殷　钘 《绿天草堂诗》4 卷。

许天锦 《字体辨》1 卷、《景教质疑》、《菉斐斋文草》1 卷、《绾香集》、《芳洲集》2 卷

吴　绡（许瑶室）《啸雪庵诗集》。

清代邑人著述

许世忠 《绮合集》8卷。

许世孝 《梅溪半舫集》、《偶一集》6卷。

许 彻 《焦风集》4卷、《秋树轩诗集》10卷。

许 易 《秋檠乙记》8卷、《惕关诗文集》12卷、《苑西日录》、《消闲小集》1卷、《乳桐庵雅集诗》1卷。

许 淳 《三峰志》、《石屋志》、《吟亭笔剩》、《吟亭诗集》5卷、《思旧集》、《古初老人诗稿》2卷。

苏孙瞻 《耐寒小草》《耐寒杂录》《竹楼近草》。

包 涵 《雨奈集》《稽古录》《葭汀诗稿》《半匏集》。

史庆全 《挹爽楼小草》《三惜居诗钞》《隐湖寓草文集》《咏史》《乐府》《尺牍》。

赵贵彪 《溪桥诗意》《赵痴小咏》《苏州寓草》《闲闲草》《西湖游草》《采薪草》。

张 璐 《白圭榭古文稿》1卷、《渔石剩草》1卷、《唐市征献录续编》、《白圭榭试律》。

张 瑛 《论孟书法》2卷、《附读四书》1卷、《韩文补注》、《通鉴校勘》7卷、《桃花溪诗草》、《知退斋文稿》。

许 氏（许重熙女）《华严玄论》2卷。

孙 淑（许灏室）《绣佘集》《静谷集》。

许在璞（许进益妹）《小丁卯集》《梅花百咏》《菇茶百咏》。

王兰韫（朱方来室）《凝翠楼诗钞》。

朱 韫（苏森室）《绿窗小草》《朱素芳佩兰诗草》。

褚昭萼（朱本仁室）《雪芬吟稿》。

通 门 《法乳录》《懒斋别集》《懒斋集》《宗本投机颂》《病游游刃》《七会余录》《牧云后录》《病游初草》《后草》。

明 印 《听松窝诗钞》《雪床语录》。

民国以来邑人著述

嵇同荣（梦笔）《京张游记》《七十回忆》《纯叟诗文遗著残稿》。

扬 帆 《扬帆自述》（1989年，群众出版社出版）。

胡伟民 《导演的自我超越》（1988年，中国戏剧出版社出版）。

史之光（原名支坤元，横泾河南街人）《在动荡的年代里》（2009年5月，中国文史出版社出版）。

施仁夫　《商业会计教材》（1983年，知识出版社出版）。

戴松恩　《关于发展我国农业和畜牧业问题种子的科学》（1957年，科学普及出版社出版；1964年，农村读物出版社再版）。

龚坤元　《杀虫药剂与昆虫毒理进展》（1964年，科学出版社出版），译著《昆虫的化学防治农药的安全作用》（1959年，农业出版社出版；1983年，科学出版社再版）。

徐耀良　江苏省作家协会会员，著有《沙家浜人》《沙家浜昨夜风云》《在阿庆嫂的故乡》《近看沙家浜》《沙家浜人民革命斗争故事》《沙家浜民间传说与旧闻轶事》《沙家浜演义》《一世情缘》《芦笛声声》《聚焦沙家浜》《阿庆嫂传奇》《芦荡情深》等。

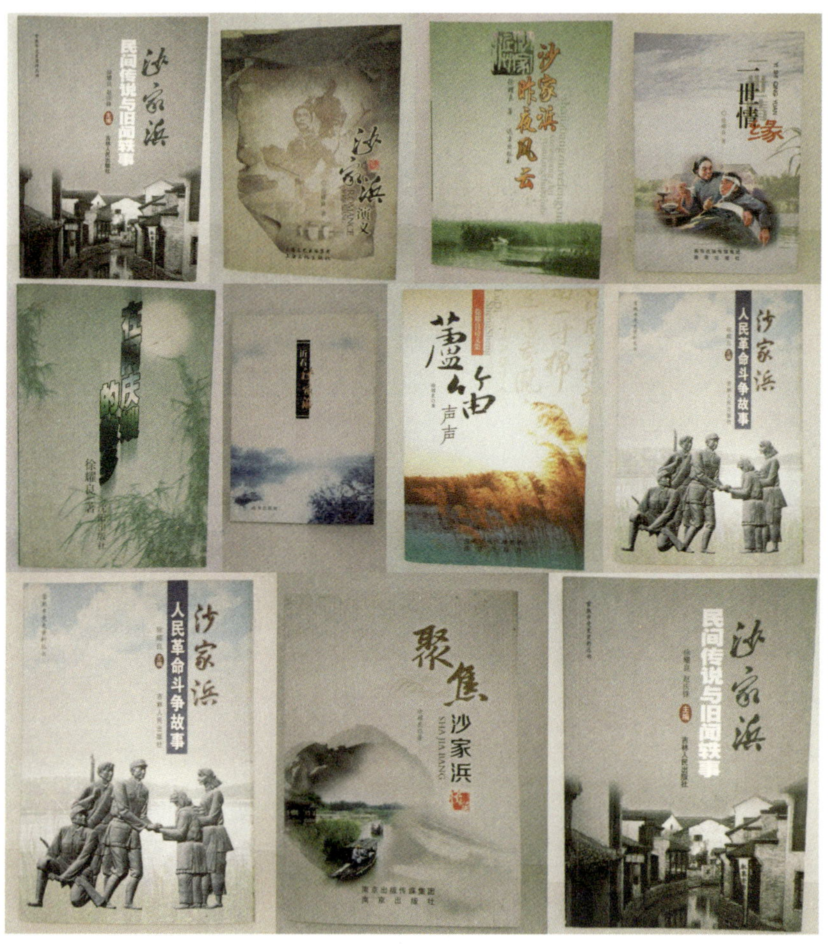

农民作家徐耀良的作品

沙家浜主题出版物

从 20 世纪 90 年代以来，以沙家浜为主题出版的书籍共有 31 部，其中正式出版的有 29 部，部分作品曾获得全国奖项。

出版书籍

1991 年以来以沙家浜为主题出版的书籍一览表

表 5

书名	作者	出版社	出版日期
《沙家浜革命斗争史话》	沙家浜革命传统教育馆	—	1991 年 5 月
《沙家浜抗日烽火》	沈秋农	南京出版社	1992 年 6 月
《沙家浜镇志》	徐耀良	中共党史出版社	1994 年 8 月
《情留沙家浜》	沙家浜镇党委宣传办公室	—	1996 年 6 月
《“双拥”书法赛作品集》	张浩元	安徽美术出版社	1998 年 12 月
《沙家浜人》	徐耀良	吉林人民出版社	1999 年 11 月
《沙家浜》	《沙家浜》编委会	苏州大学出版社	2000 年 9 月
《在阿庆嫂的故乡》	徐耀良	沈阳出版社	2001 年 1 月
《话说沙家浜》	陈培元	百花出版社	2001 年 9 月
《沙家浜战士足迹》	刘石安	学林出版社	2002 年 4 月
《沙家浜昨夜风云》	徐耀良	远方出版社	2002 年 10 月
《近看沙家浜》	徐耀良	远方出版社	2004 年 10 月
《沙家浜抗日歌曲选》	胥传坤	香港大马出版社	2004 年 12 月
《常熟文史》第三十四辑 《红色经典沙家浜》	常熟市政协文史工作委员会	—	2005 年 9 月

续表 5

书名	作者	出版社	出版日期
《春来沙家浜》	范培松　朱亚辉	春风文艺出版社	2006 年 8 月
《芦荡泛舟》(4 册)	朱亚辉	古吴轩出版社	2006 年 8 月
《沙家浜人民革命斗争故事》	徐耀良	远方出版社	2006 年 9 月
《沙家浜民间传说与旧闻轶事》	徐耀良　赵庆锋	远方出版社	2006 年 9 月
《沙家浜演义》	徐耀良	上海文化出版社	2011 年 9 月
《亲亲阳澄湖》	谭良根	香港天马出版社	2011 年 9 月
《沙家浜石湾山歌集》	叶黎侬　王金良	上海文化出版社	2011 年 9 月
《永远怀念沙家浜 ——百岁夏光纪事》	中共江苏省委党史工作办公室	中共党史出版社	2012 年 2 月
《沙家浜镇志》	《沙家浜镇志》编纂委员会	方志出版社	2013 年 2 月
《美丽沙家浜》	田由申	中国文联出版社	2013 年 8 月
《芦笛声声》	徐耀良	南京出版社	2013 年 12 月
《聚焦沙家浜》	徐耀良	南京出版社	2013 年 12 月
《一世情缘》	徐耀良	南京出版社	2013 年 12 月
《鱼水情深》(连环画)	徐耀良　沙沁	吉林人民出版社	2007 年 10 月
《芦荡情深》(连环画)	徐耀良　沙沁	吉林人民出版社	2008 年 10 月
《阿庆嫂传奇》(连环画)	徐耀良　沙沁	吉林人民出版社	2011 年 11 月
《沙家浜红色基因孵化器》	王建国	古吴轩出版社	2014 年 6 月
《永远的沙家浜精神》	徐忠志　张建强	作家出版社	2015 年 9 月

其他出版物

《沙家浜文摘》 沙家浜镇党委宣传办公室于 1997 年 1 月创办，主编徐耀良。至 2002 年 12 月停办，共 26 期。

《芳草地》 沙家浜镇文化站于 1997 年 1 月创办，主编徐耀良。至 2001 年 10 月停办，共 8 期。

《芦芽》 唐市文化站于 1998 年 1 月创办，主编陈金兴。至 2002 年 12 月停办，共 6 期。

《沙家浜(季刊)》 沙家浜文联于 2008 年 4 月创办，执行主编徐耀良。至 2015 年

年末，已出版20期。

《沙家浜（员工报）》 沙家浜风景区于2008年2月创办，由景区宣传策划部负责。主编先后是朱亚辉、张建强，主要内容是发生在景区内的动态新闻。每月一期，每期发行量5000份。至2015年年末，已出版发行83期。

志余

旧闻轶事

周容孝道惊京城 唐市南边市泽（今沙家浜新湖村）原来是一个人口聚居之地，村庄范围达千亩。南宋中期，这里出了位有名的孝子周容，他孝敬父母，帮助邻居，周围人对其交口称赞，名扬四海。有一年，他母亲的眼睛突然看不到了，父亲也不知什么原因病倒在床，家庭的负担一下子压在了周容的头上，小小年纪的周容义无反顾地扛起了照顾双亲的重任。周容变卖家产，四处求医问药，每天服侍父母，熬药端水。白天还到地里去劳作，晚上常常只能睡几个小时。可是钱用了不少，双亲的病依然如故。

不久，其父离开了人世，周容和母亲两人相依为命。母亲是个盲人，干活不方便，周容就把家务事全包下来。这一年，周容大概 17 岁。他一边操持家务，劳作田间，一边勤奋读书。每天，他总是很早就起床，煮早饭，洗衣服，到地里干活。晚上，忙完家务活就认真地读书，常常很晚才睡觉。当地人都叫他“周孝子”，成为其他家庭教育子女的典范。

周容成家后外出做官，想把母亲一起带去，可是母亲却不愿离开家乡，无奈之下，周容只得留下妻子照顾母亲。他在外常常寄一些当地的土特产给母亲品尝。每年还经常回家探望母亲，问寒问暖。周容妻子因抑郁而死，周容也一病不起。想到自己死后已盲的母亲无人照料，他临死时伤心地紧紧拉着母亲的手不放……南宋淳熙年间（1174 年～ 1189 年），他先于母亲去世。

因孝名在外，受到地方尊重，便将他安葬在风景秀丽的常熟北门，建墓立碑，后称“北门报慈里”。当地人被他的忠孝所感动，刻其像，年年祭祀。淳祐十二年（1252 年），常熟县地方官将周容的孝行事迹上报朝廷，理宗皇帝赵昀看后，认为其孝迹感人，遂赐封周容“灵惠侯”，同意地方建庙祭祀，宣传他的孝道，人称“宋敕封灵惠侯周孝子大神”。明洪武四年（1371 年），朝廷在京城建祠立庙，周容被列入王朝祀典，敕赐每年秋九月二十一日为孝子生辰，常熟四乡及周边地区皆建有周神庙。庙中，灵惠侯周神与永定公刘、忠正王李、安乐王金合称“南朝门下四殿侯王尊神”。

丹桂只因上贡死 南宋康王赵构从泥马渡江之后，一路马不停蹄，仓皇逃遁。经过唐市时，赵构已是疲劳万分，那匹马也汗流遍体，便决定停下来洗马休息。

赵构休息了片刻，将马牵到河滩上准备洗刷一下，喂些草再继续前行，看见马脚上有一条像带子一般的白色小虫蠕动着，赵构就俯下身将其从马脚上拿下丢在河滩上。但见那条白色小虫着水后慢慢壮大，刹间变成一条大蛇，游向河中。忽然间，乌云遮天，天昏地暗，霹雳交加，暴雨骤至，而那条大蛇就地一滚，竟飞天而去，细看却是张牙舞爪的一条龙。马见龙升天而去，惊慌嘶鸣，赵构也目瞪口呆，伫立在雨中。后人因为这个传说把唐市西郊的那片湖，叫作马惊湖。

赵构登基做了皇帝之后，为了证明自己是有神灵佑护的真命天子，就大力宣扬“泥马渡康王”的故事。同时，派人在马惊湖畔建造庙宇，塑造金身。因这所庙宇是皇上御旨建造的，有朝廷拨款，又有各级官府的趋奉献纳，地方士绅的拍马捐助，从筹办、破土动工到兴建，规模很是宏伟。到南宋宁宗嘉泰四年（1204 年）时才完工开光，赐名“广福禅院”，为当时江南第一大寺。因寺旁有马惊湖，当地人称它为“马惊庵”。

禅院自嘉泰年间（1201 年~1204 年）在院内植有一棵丹桂树，至明永乐时，所植丹桂已有 300 多年历史。丹桂树已大可合抱，花蕊特大，花盛开时香闻附近数里。中秋时，到广福禅院赏桂为一时盛景，富绅、仕女往观者络绎不绝，远近游客到此赏花、烧香者频频往返，院中因此香火很盛。此株丹桂可落花 10 多石，经蜜饯加工，就是茶食糕饼的佳品。皇上知道后，每年派太监来收采，为大内膳食之用。数年下来，庙僧既要化钱接待，又要殷勤伺候，稍不遂意就会遭责受气，有苦难言。于是，就用盐卤灌根，将丹桂害死，才免去了骚扰。

蔡思诚、朱文铭与宫殿修建 蔡思诚（生卒年不详），常熟双凤乡（沙家浜镇旧名）人。明永乐初，明成祖建造内府，少师姚广孝推荐蔡思诚营建。明成祖将蔡思诚召至便殿，问他有关宫殿建造的事宜。蔡思诚侃侃而谈，对唐、宋、元以来殿宇间架高低浅深的情况和变化作了详细论述。明成祖大喜，就让他负责指挥建造内府，平时从不过问。一日，明成祖经过刚造好的后殿，发现后檐较一般屋檐长出 2 尺，就说：“后檐斜出来了！”蔡思诚马上奏道：“此地北风劲，不久将自直。”后果然如蔡思诚所言，人们十分信服他。蔡思诚又曾制四木座，置于空室，人们不知其故，便去问他的弟子蒯祥，蒯祥俱言其由。后将四木座用于一便室四柱之下，竟不差分毫，令人愈加信服。蔡思诚的弟子很多，其中蒯祥曾督造承天门（今天安门），也是一位杰出的工匠。

沙家浜还有一位著名的建筑师，叫朱文铭（？—1437），也是双凤乡人。其父朱华一是位擅长石技的石匠。朱文铭自小随父学技，极工致。永乐初，明成祖为建宫殿，集天下能工巧匠，并要各工匠推举一人为首总其成。众人一致推选朱文铭，认为唯有他“能委总其工”。可见朱文铭的技艺和能力在当时已有很大影响。经过 10 多年的努力，至永乐十八年（1420 年），宫殿建成，明成祖十分满意，授朱文铭为工部营缮所丞，并给予重赏。宣德五年（1430 年），他又被擢升为营缮所副阶修职郎。正统二年（1437 年），朱文铭疾，卒于靖恭坊居所。

唐市与唐将军 唐市旧名尤泾，又名语濂泾，因为乡民聚居于尤泾及语濂泾两条河道的交界处而得名。

在明代中叶，有唐氏族人聚居在语濂泾。有一位唐氏族人，其名已佚，他幼时好武，习拳使枪弄棒，长大后臂力过人，性豪爽，有侠气，喜欢抑强扶弱，遇到不平事就挥拳以助，乡民们都怕他。

他看到市集已逐渐形成，认为是他唐姓的族人在此经营而创建的，要改变“尤泾”和“语濂泾”的名称，改称“唐市”。于是，他纠集了族中数人，于每天清晨乡民上市之时，守候在市梢，手里拿着巨竹，横行拦住上市的乡民，问:“到哪里去？”乡民若回答去“尤泾”或“语濂泾”，就说:“这里是唐市！”拒之不能进入。乡民改口称“唐市”，才许其通过。今天东市，明天南市，后天西市，再后天北市，如是往复，四周乡民，都畏惧他的势力，不敢违逆。久之，“唐市”即顺呼于乡民之口，改称“唐市”了。

唐将军像

后来倭寇犯境，百姓不能安居乐业，唐氏慨然说："好男儿应当为国出力，卫国保家乡。"于是奋身从戎。他非常勇敢，在沿江滨海一带，英勇杀敌，被推举为官，称他将军，后死于倭难。人民为了纪念他，尊重他的气节，因无法查证他的名字，均称他为"唐将军"。后安葬于强家圩金钩玉带河西岸，今石油机械厂锻工车间一带。

金总管装神退倭寇 总管姓金，名七，金家村人。明嘉靖年间（1521年~1566年），江浙沿海一带时遭倭寇侵扰，农村受害最深，地方官吏却漠不关心，当地居民只得自动组织抗倭，保卫家乡。金七就是金家村自卫组织的领袖。一次，他获得密报，倭寇将于元宵节大举来犯。金七便召集村民严加防备，并命其部下勇健者三人，带领百姓，身穿彩衣，面涂朱墨，装作天神狞鬼，突然出击，倭寇惊为神灵出现，连夜窜逃。后倭寇再举来犯，金七和他的部下力战身殉。地方上不忘他抵御倭寇的功绩，奏请朝廷，封为总管，城乡立庙祭祀。部下三勇士群呼为"三相公"，即赛会时饰草野三将，一臂鹰，一挟弹，一荷锄。据传，三勇士中两人好射猎，一人为农民，故装束不同。其余死难百姓，统称为"伤司"。旧时每逢春季，全县各庙举行赛会，以总管庙为最盛。农村中还有水会，出动无数"挡船"，船旁满列兵器，使枪弄棍，象征当年的战斗。总管庙会中扮演的"伤司"，斩牲沥血，披发涂面，象征当年的誓师。这正表现出劳动人民同仇敌忾的气魄和对民族英雄的追念。

查《常熟县私志》所载，总管姓金，名元七，本淀山湖人。祖父名昌，殁后为神，阴翊海运。元至正年间（1341年~1370年），俱封总管，后加封元七为利济侯，昌为洪济侯。清嘉庆年间（1796年~1820年），又封元七为安乐王。似与民间传述不尽相符，时代亦有参差，尚待考证。

严讷苦读朗城法华庵 严讷天资聪颖。小时候就在莘泾村姑丈沈东溪家读书。沈东溪家边有一条弯弯的溪流，两岸垂柳依依，水中鹅鸭嬉戏。夏天，由于江南水乡天气湿热异常，严讷读书期间，常常顽皮地光着身子到河中游泳，脱下的衣服随手就挂在河边一株大树的树杈间。

沈东溪是位知书达礼之人，对孩子管教甚严，一方面他希望侄子专心读书，早日成才，另一方面也为安全，见他烈日下又在水里和村中顽童嬉戏，赶紧叫他上岸。可是，早已沉浸在夏日诗情画意一般凉爽中的小侄子，哪里把姑丈的话放在心里，他尽情地享受着大自然赐予的快乐。沈东溪见了心中不免有些生气，有心难他一难，出上联云："高树为衣架"，对侄儿说："假如你能对出下联，就不责罚你。"小侄子在水面上脱口而出：

朗城法华庵正门貔貅

“长河当浴盆”。沈东溪听后觉得下联对得很是工整，非常满意，知道他有远大的抱负，也就没加责备。

严讷年龄大些的时候，沈东溪为了让他不受外界的打扰，专心读书，早日成才，就让他寄居在朗城法华庵读书。法华庵庵舍破落，在此读书“白屋青灯”，异常艰苦。“夜深人静悄，正一轮明月，天心高照，漏声不到乡村里，风走花阴犬叫。”夏日蚊叮虫咬，冬天寒冷难熬。明月虫鸣，风声雨声，青灯伴读，生活实在枯燥，然而，他却胸怀大志，孜孜不倦。他在《朗城秋夜读书》中写道：“仰天长啸，那须个金马玉堂难到，文林虎豹，毕竟是养成牙爪早。难道万卷诗书，让探讨。”

严讷的苦读使其以优异的成绩通过了县试、府试和院试。明嘉靖二十年（1541年），考取辛丑科二甲第八名进士，选为翰林院庶吉士。后例授翰林院编修，又迁翰林院侍读。由于严讷饱读诗书，诗文功底扎实，青词写得非常好，嘉靖皇帝十分赏识，不断被擢升。曾先后任礼部侍郎、吏部侍郎、礼部尚书。嘉靖四十二年三月，严讷由礼部尚书转任吏部尚书。

严天池做官——倒贴老本　常熟古城西南约5里处，有个叫斜桥的地方，左塘右湖，北有虞山蟠峙，南有涞泾环绕。那里有一座古墓，远远望去，墓碑好像一把直立的古琴，就是明代虞山派琴师严天池的墓，现在是江苏省文物保护单位。

严澂（1547—1625），字道澈，号天池，常熟人。严澂的父亲严讷为明洪武年间（1368 年~1398 年）大学士，是一位清官。他以父荫官中舍人。万历三十二年（1604 年），曾任邵武（今属福建省）知府 3 年。

严澂像

从小受父亲的影响，严澂为官清廉。据史载，他在赴邵武就任之前，先去常熟城隍庙，发誓要做一个清官，决不从邵武带一文钱回家。在邵武就任知府时，他平断冤狱，减轻赋税，关心百姓的疾苦。当时，有一位太监为邵武税使，不顾百姓死活，巧立名目，横征暴敛。严澂收其税檄（当时明朝政府收税的文告），导致税使收不到赋税，不得不离开邵武。邵武因水利失修，常闹水灾，严澂实地勘察，于是筑东坝，开鹭鸶池，通九曲水，采取上阻下泄的办法，使邵武地区免遭水患，百姓自此年有丰谷，岁有余粮，安居乐业。严澂任满后，邵武百姓赠以万民伞，攀辕阻道，焚香跪拜送行。严澂谢绝了一切礼品，只有“茶果银”一项，是当地百姓对在邵武做官的人的奖励，相沿已久，严澂再三推辞不掉。

回家路上，从苏州到常熟，有一条元和塘，俗称“州塘”，长 70 多里，两岸有许多石拱桥，看到这些桥梁因年久失修，许多已塌废。他灵机一动，对手下人说：“我从前与神有约，决不从邵武带一文钱回家。请你们将当地百姓给我的 3 年‘茶果银’，全部用于修筑州塘两岸的桥梁，方便当地的百姓，这也算是为家乡做了好事。”当时的州塘从苏州齐门到常熟南门为止，共有桥梁近百座，这 3 年的“茶果银”远远不够用，严澂是一个说到做到的人，一看修桥的钱不够，他竟贴下了家中不少钱财。数百年来，“严天池做官——倒贴老本”就成为常熟地方的一句俗语。

许重熙与汤显祖、朱谋垏的交往 汤显祖（1550—1616），明代戏曲家、文学家。字义仍，号海若、若士、清远道人。江西临川人。汤氏祖籍临川县云山乡，后迁居汤家山（今抚州市）。汤显祖出身书香门第，早有才名，不仅于古文诗词颇精，而且能通天文、地理、医药卜筮诸书。34 岁中进士，在南京先后任太常寺博士、詹事府主簿和礼部祠祭司主事。在汤显祖多方面的成就中，以戏曲创作为最，其戏剧作品《牡丹亭》(《还魂记》)、《紫钗记》、《南柯记》和《邯郸记》合称“临川四梦”，其中《牡丹亭》是他的代表作。

朱谋㙔（1564—1624），明代文学家、藏书家、金石学家。字明父，一字郁仪，私谥贞静先生，江西南昌县人。宁献王朱权七世孙。封镇国中尉，摄石城王府事。他自幼博览群书，通晓朝廷典故。明万历二十二年（1594），被推荐管理石城王府事务，主持王府30余年。闲暇之时闭户读书，好易学、天文、地理及文字训诂之学，病危时还与诸子说《易》。

许重熙为沙家浜镇唐市集镇人，其祖上便是曾任浙江浦江、河南上蔡县令的许河。许家到许重熙这一代，已家境没落，祖上传下的许多藏书，早就不知去向。但许重熙从小勤奋好学，邻居家有书，他都会千方百计地借来看。他特别喜欢看史书，从中学到很多历史知识。随着年龄的增长，他深知“行万里路，读万卷书”的道理。史称他“数游京师、金陵、维扬、匡庐间诸藏书家，得遍识其书”。

万历三十二年，许重熙加入东林书院，与名流们谈文论政，受到了许多启发。东林事发，他开始周游天下，广搜博览，哪里有藏书的地方，他就到哪里去。也许是老师钱谦益、顾宪成与汤显祖的密切关系，万历四十三年，他到江西临川，拜汤显祖为师。当时，汤显祖已弃官回乡，在家以诗文自误。许重熙的到来，着实让汤显祖感到高兴。他看到许重熙年纪虽轻，却具有丰富的学识，很是器重，便留他在家中的玉茗堂。当时，汤显祖已65岁，自感体力精力不支。晚年，他时常流露出对生活的许多无奈。他寄希望于后人，能秉承自己未竟的事业，“得四出而望见其人，其人又安肯坐而为某来者”“吾衰且敝……以吾之情，不减昔人。将才与学，不能有加于今之人也与。托末契于后人，予将老而为客”，从中可以看出汤显祖寄希望于薪火的传播。许重熙《文集原序》亦云：“熙于乙卯之夏，一登夫子之堂。谈筵穷莫，渺矣情飞；玄论彻幽，爽然骨解。是编也。虽咀我一脔，未窥鼎内。而珍兹尺锦，足秘帐中。”汤显祖一生著述颇多，他要把自己的精神财富留给后人。他让许重熙把他生前的著作抄录下来，带回家乡苏州去编订。许重熙对研究明史很有兴趣，在汤家，他一边一丝不苟地抄录文集，一边利用汤家的藏书，研读明史，遇到问题常常向老师请教，学业取得了显著的进步。

一年后，汤显祖去世。许重熙又到南昌，拜谒明朝宗室、被钱谦益称为“贯串经史，博览群集，通晓本朝掌故”的朱谋㙔，两人年龄虽然相差32岁，却一见如故，相见恨晚，“纵谈夜半，予不胜意痒”。相同的治学方向，促使他们常常畅谈到深夜，还意犹未尽。多次交谈，奠定了许氏以后的治学方向。朱谋㙔深知自己年事已高，他将自己不能完成的《明史》修订任务寄托给了许重熙，许重熙慨然应允。

告别南昌，许重熙回到了家乡唐市，专心于他的学业。他首先将业师汤显祖生前作品编成《汤义仍先生文集》10卷，并请当时住在常熟白茆的明末清初文学家、诗人钱谦益作序，完成了老师的重托。随后，他开始专注于明史的研究，经常到钱谦益的藏书楼——绛云楼去借读。钱谦益十分敬重他的学问，为他提供一切方便，使他“得尽读本朝实录”。他撰写了被黄宗羲称为“奇书”的《国朝殿阁部院大臣年表》18卷。这是一部始于洪武止于崇祯五年（1632年）的质量较高的官职表，该书克服了前人制表中的许多缺陷，用表格体逐年罗列，简明扼要，一目了然。开创了明史撰写的先河，为后代的史学家所推崇。

崇祯六年，他撰写明朝后期专史《宪章外史续编》。这是一部关注当时现实的历史著作，记述了嘉靖、隆庆、万历、泰昌、天启五朝的史事，又称为《五朝注略》。书中史实详尽，连相当敏感的政治事件都详细地记录。该书由于对明朝晚期一些历史事件和人物进行了怀疑和批评，成为禁书，遭到了崇祯皇帝“革去衣巾，书版追毁”的厄运。当代散文家黄裳这样评价：“检阅各种禁书，不能不推这《注略》是名副其实、质量极高的样品。”

嵇永仁狱中写戏曲 秋天，本是天高云淡、秋高气爽的季节。然而，清康熙十五年（1676年）的秋天，南方的天气依然十分的炎热。一间闷热异常的牢房里，一位中年书生热血沸腾，忘记了闷热，手中拿着一小块炭，在牢房的墙上奋笔疾书，牢房四壁的墙上留下了他的手迹。这位中年书生不是别人，便是清初著名戏曲家嵇永仁。

说起嵇氏家族，在无锡的明清史上可是赫赫有名，有“一门五进士，三世三进士。一门三总督，一朝三阁老”之盛名。嵇永仁，祖籍常熟唐市嵇家荡，出生于唐市，小时候随家人到南京，后因社会动乱，迁到无锡。嵇永仁少年时就有才华，特别喜欢诗文，也喜欢看宋元词曲小说，在当地小有名声。清朝建立后，他多次参加科举考试，均没有考中。他对医术有很深的研究，于是静下心来，以教书和行医为业。其诗文集《葭秋堂诗集》，由著名的清初文学家、文学批评家金圣叹为之作序。

嵇永仁的父亲认为好男儿应该志在四方，他推荐儿子到他的好友福建总督范承谟那里去，范承谟早耳闻好友的儿子是个有才能的人。于是就收嵇永仁做他的幕客，不久，两人成了忘年交。康熙十二年的冬天，靖南王耿精忠谋反。为了扩大反叛的势力，耿精忠软禁了福建总督范承谟，让他一起参加叛乱分裂活动，遭到回绝。耿精忠知道嵇永仁和范承谟交情深厚，于是，逮捕嵇永仁，诱于官禄，让他做说客，劝说范承谟投靠。嵇永仁在狱中 3 年，立场坚定，始终不为利益所动。他愤世嫉俗，要把自己内心强烈的情感充分表达出来。狱中没有纸笔，他点燃冬天取暖用的木柴，“烧薪为炭”，以墙为纸，胸中的郁愤写满监狱的墙壁。墙壁上写不下了，又想办法找来旧书，在书的背面，用炭笔写了大量的诗词文章，如“求死既不得，坚志豺虎群。从容与激烈，大道原无分”。他对难友说：“此身若遂沉沦死，留与寒家子弟看。”在这些作品中，有一部《续离骚》杂剧，4 个作品各成一折。作者在前引中自称：“性命既轻，真情于是乎发，真文于是乎生。”回想古往今来之事，他只觉得桩桩可笑，件件可疑。《扯谈歌》，写刘伯温与张三丰饮酒取乐，刘伯温把古往今来兴亡史编成《扯谈歌》教徒弟演唱，指出人生无常，不如修仙学道。《泥神庙》，写落魄书生杜默醉至项王庙，痛哭凭吊，指出项羽的种种失策，连看到泥塑霸王像亦动情下泪。《笑布袋》，写布袋和尚街头发笑，众人问他，他借此骂倒世间的卑俗，嘲笑天上玉皇、地下阎王、古今人间君主，全都是只会装腔作势的“俗套儿”。《骂阎罗》，写司马貌梦入阴曹，骂阎王不公、阴间污浊，抒发了作者对社会的满腔悲愤。是年九月十七日，耿精忠杀害了威武不屈的范承谟。嵇永仁听到好友遇害的消息后，也自缢身亡，年仅 40 岁。

叛乱事件平息后，狱卒从牢房中找到破书一本，发现反面用木炭写满了诗句和古文词，其中就有《续离骚》杂剧。同时，发现的还有写在墙上的传奇《双报应》。

嵇永仁所写的传奇、杂剧、故事都有一定的历史依据，在情节安排上独其匠心。作品现存《扬州梦》《双报应》传奇 2 种，《续离骚》杂剧 1 种。

汲古阁大石盆　2015 年全国第一次可移动文物普查时，藏于石梅小学的汲古阁大石盆，经文物普查专家的鉴定，属于毛晋汲古阁现存的唯一遗物，至今已有 300 余年的历史。

汲古阁唯一的建筑遗物——莲花石盆

汲古阁大石盆长190厘米，宽100厘米，高55厘米，用整块花岗岩石雕成，敞口呈海棠花形，敛足腹微鼓，正面浮雕着莲花图案，如刻如意头，造形古仆。它不仅可用于种植睡莲，也可作太平水缸。据《萧冲友日记》记载："公校（指石梅小学）一年级课堂前，有海棠式大石盆一只，十年前，从东湖南毛子晋宅废址翻得，运往石梅，自虹桥起岸，六十人竟三日之力，始得安置，此为家大人所目击者。"按日记所载，从废址上寻得的汲古阁大石盆运往常熟石梅小学的时间，应在1909年。

历尽沧桑话柏园 唐市飘香园，其前身是明天启年间（1621年~1627年）里人柏小坡所建的柏园，有近400年的历史。

柏园主人柏小坡，明末常熟著名文人。这位富豪文人所建的柏园，规模之广、景象之盛，在历代常熟园林中并不多见。据地方志书载，仅其面积就"广约四十余亩"。著名书法家董其昌为柏园题匾"十亩之间"。"凡吴中骚人墨士、琴师棋客，咸集于

飘香园

中。”可见柏园的名气之大。当时，园中建有房舍、亭榭、回廊、假山、池塘、梅林、竹园、隧洞等。

清康熙初年，因唐市是进步团体应社的诞生地，清廷为了防止人民反抗，曾派一营八旗兵驻扎在这里，建立一营寨，作为驻地，住着统领的家眷。营寨占地很广，有花园假山和校马场，平日在寨内操练比武，骑马射箭。八旗兵进驻唐市后，统领就成为这里的土皇帝，非常残暴和贪婪。要当地百姓供应他们日常的一切费用，逢年过节还要索取金银及珍宝。他们还定出一套规章约法，要当地百姓服从他们的管理。营寨的附近，划为禁地，不准当地百姓走近，更不准驻足观望，若发现被捉后，轻则拷打问罪，重则格杀勿论。在北廊下有一条弄堂，老一辈的人都知道那里就叫“满洲弄”。

八旗兵在康熙平三藩时调走，后来就未再派清兵驻扎唐市。

后有人买下柏园，因地制宜，重建住宅，园内有叠、堆体积较大的太湖石和黄石相间的假山一座，假山石奇形怪状，有的状如伏虎，有的形似猛兽。假山上建有六角形尖顶凉亭一个——桂花亭（或称“语溪亭”），亭内有石凳、石桌、围栏。山下有一个石砌水池，池内种植荷花，池上架一座折曲的小石桥。以临水曲廊组成围墙，廊内竖有乾隆四十四年（1779 年）碑石一块。在曲廊中部建有半边亭一个，亭下有一个小园门，使荷花池水与外河水相通，小舟可以进出。园内名木古树遍布，有清代人所种的瓜子黄杨、朴树、白皮松数棵，小路一边有丹桂数十棵，每年八月桂花盛开，满枝金黄，香气四溢，沁人肺腑。园内增建了美贤堂、餐秋亭诸景，改名“北宅园”，盛极一时。清代著名画家吴历曾作《北宅园图》。

此后，柏园逐渐荒废。50 年后，由画家、诗人王维宁得当时柏园废址的一小部分，称作“松梅老圃”。清代诗人吴伟业曾作诗《题王古臣松梅老圃》。

抗日战争时期，苏州县抗日自卫会设在唐市。1941 年 2 月 10 日，新四军东进，改组为苏州县政府，在柏园旧址广场召开成立典礼大会，参加的各界代表及民众达 1000 余人，谭震林将军亲自绶印。

新中国成立后，柏园收归国有，先为乡政府后院。1984 年，乡政府迁出。之后，园内略加整修，增设文化茶室、阅览室等，并在园南修建仿古式园门，取意“丹桂飘香”，于是就改名为“飘香院”。如今飘香院已修缮一新，成为沙家浜镇文广中心。新建有老年活动室、门球场、图书室、评弹馆、广场等，成为市民休闲、健身、读书、娱乐之地。园内虽仅为明清园林前身的一角，但园内的假山、池塘仍可见明清两代遗迹。

谭文寿与“报恩牌坊” 在常熟博物馆，有一块太平天国时期的“报恩牌坊”碑，这块碑高160厘米，宽79厘米。研究者寻找了几十年，几经周折，该碑终于重新展现在人们的面前。当站在这块已经有些残损的古碑前，它似乎向人们诉说着自己不平凡的经历。这块碑上有391个字，碑文四平八稳，一丝不苟，为馆阁体。碑上字由张素阁撰文，谭文寿手书。《常熟国家历史文化名城词典》载：“谭文寿，字小石，常熟唐市人。擅长书法，精通文学。”

鸦片战争后，国内阶级矛盾空前激化，农民起义风起云涌。清咸丰十年（1860年）六月二日，太平军攻克苏州，建立起以苏州为中心的苏福省，为李秀成的“分地”。太平军将领、忠王李秀成在苏州做了许多好事，得到了老百姓的拥戴。一是赈济饥民，扶助农业、工商业，战争结束后很快恢复了当地生产。二是着力提倡农耕，对贫苦百姓“给粮给种”，并下令保护耕牛，修筑海塘水利，恢复农业生产等。谭文寿对于清王朝的昏庸辱国非常痛恨，希望国富民强。同治二年（1863年）四月十三日，谭文寿毅然投奔了太平军。忠王李秀成认为谭文寿很有才能，对他十分器重，招他为幕宾。谭文寿经常为忠王李秀成出谋策划，提出许多如何管理好地方的主张，这些主张大多得到了李秀成的采纳。是年，李秀成奉召回京后，苏州人民为了纪念他在苏州为当地老百姓做出的贡献，造了一座牌坊，上刻李秀成手书的“民不能忘”四字。常熟人民依照苏州的做法，在常熟南门外接官亭（现在的株草浜轮船码头附近）建成一座石坊，称为“忠王报恩牌坊”，也就是100多年来人们习惯称谓“天朝牌楼”。上面记载的是忠王李秀成在当地的政绩。因为谭文寿书法名重一时，又在忠王李秀成身边工作，是忠王的红人，这理所当然由他来书写。另外，谭文寿还书写过“忠王功德碑”，现在常熟人民公园碑亭内，还为唐市岳庙书写“作镇东方”匾额一方。

太平天国运动失败后，谭文寿回到家乡唐市，以教书、写书为生。活到80多岁。

再说“报恩牌坊”碑，因“天朝牌楼”被拆除，这块碑也从此湮没于民间数十年而无人问津。20世纪20年代，有人在苏州看到了它的碑帖，许多人一直在寻找着它的踪影。一个偶然的机会，才被人无意中在一个小弄里发现，受到国内研究者的注目。

苏州县在唐市召开“皖南事变”追悼会 1941年，“皖南事变”震惊中外，周恩来悲愤地在《新华日报》题诗：“千古奇冤，江南一叶；同室操戈，相煎何急！”为了揭露蒋介石假抗日、真内战的险恶用心，悼念阵亡英灵，保卫抗日成果，建立民族统一战线，是年2月，苏州县抗日民主政府在唐市镇儒浜村组织了一次“皖南事变”追悼大会。

会场设在儒浜村的一块荒地上，名叫桑园弄，面积约有 10 多亩。主席台设在正中，是用船上的平几板、跳板搭成，离地约一米高，顶上用船的篷帆盖为布棚，左右及后用青布围设。棚顶正中拉着一条横幅，上面用洁白的棉条贴着“追悼项副军长、阵亡将士大会”，主席台正中挂着项副军长的遗像，两旁还有各单位送的挽词“项副军长精神不朽”等挂在棚架上，配以白竹布、黑细纱扎成的一朵朵白花，附近墙上贴满宣传标语。

部队在会场外放哨警戒，一直到东面三塘址桥，北面七星桥。儒浜村桥顶上架了机枪。参加大会的干部群众每人都带有镰刀旗与大红旗，有近 1 万人参加，会场上人山旗海、雄伟庄严。到会的党、政、军负责人有谭震林、浦青、周鼎、夏光、张英等人，上海党组织也派代表赶来参加。开会前，齐唱《义勇军进行曲》《新四军军歌》《皖南事变歌》等。

大会在上午 10 时正式开始，由苏州县县长浦青主持。首先向阵亡将士致哀，静默 3 分钟。然后，浦青宣读中共中央为“皖南事变”发布的命令与谈话，要求全县军民团结在党中央与抗日民主政府周围，誓死保卫红色根据地，粉碎敌人的联合进攻，用斗争来实现统一战线的团结。要化悲愤为力量，为阵亡将士复仇！其中一位同志详细讲述“皖南事变”的经过，揭露国民党顽固派发动意在消灭新四军、扼杀苏南抗日根据地的阴谋，用血的事实控诉蒋介石反动派破坏抗日的滔天罪行。随后，县农民协会、职工会、妇女会、部队代表、江南社代表等纷纷上台发言，表明根据地军民抗战到底的决心。到下午 3 时许，天空突降大雨，但会场上秩序井然，直到下午 5 时大会结束。

《汲古阁图》惊动周恩来总理　1956 年的某一天，时任文化部副部长的郑振铎急匆匆地来到中南海，要求面见周总理，他有要事向总理汇报。

原来郑振铎从有关渠道获息，失踪了 140 多年的《汲古阁图》将出现在香港拍卖会上，这位一生为保护祖国珍贵文化遗产而穷其所有的文化名人，知道《汲古阁图》的历史价值，如果不及时进行抢救性回购，就有可能永远流失海外，这对祖国珍贵历史文化遗产的保护将是一个重大的损失。

《汲古阁图》原名《虞山毛氏汲古阁图》，作于明崇祯十五年（1642 年）的中秋，作者王咸，曾寄寓于好友毛晋家，一起从事刻印工作，达 12 年之久。王咸为毛晋作此画时，毛晋刚 44 岁，正是他从事藏书、刻书、印书事业的顶峰阶段。王咸在此画的题跋中记述：“子晋社主结藏书阁于隐湖之滨，颜曰‘汲古’，次以甲乙，分以四库，非宋元绣梓不在列焉。牙签玉题，风至则琅琅有声也。予寓读湖斋，逐盈一纪，所得于翻阅者追半。壬午秋，子晋出鹅溪素绢，命予作图，因绘此以赠，并系一读，聊补点之未备云尔。”毛晋十分珍爱此图。在他逝世后，家道中落，大部分藏书及画作流散，这其中就有《汲古阁图》。

其后的140年间，世人已不知此画的存亡和下落。直至清嘉庆四年（1799年）夏，收藏家瞿中溶从缪城（今上海市嘉定区）购得此图，并请岳父、经学大家钱大昕题写上“虞山毛氏汲古阁图”8个苍劲有力的大字。之后不久，此画又被徐渭仁收藏。徐渭仁得此画后，邀请文友为此画题诗作文，以致此画分别留有黄丕烈、段玉裁、钱大昕、何元锡、钮树玉、顾广圻、钱绎、钱侗、李锐、陈文述、韩崇、杨文荪等30多位名家的诗文。其内容除盛赞汲古阁刻书藏书之功外，又为汲古阁藏书的失散而叹惜。徐渭仁之后，此画又被著名藏书家李盛铎收藏。不久，又转入银行家许汉卿手中。在全面抗战的第二年，许汉卿请人对此画又重新进行了装裱。

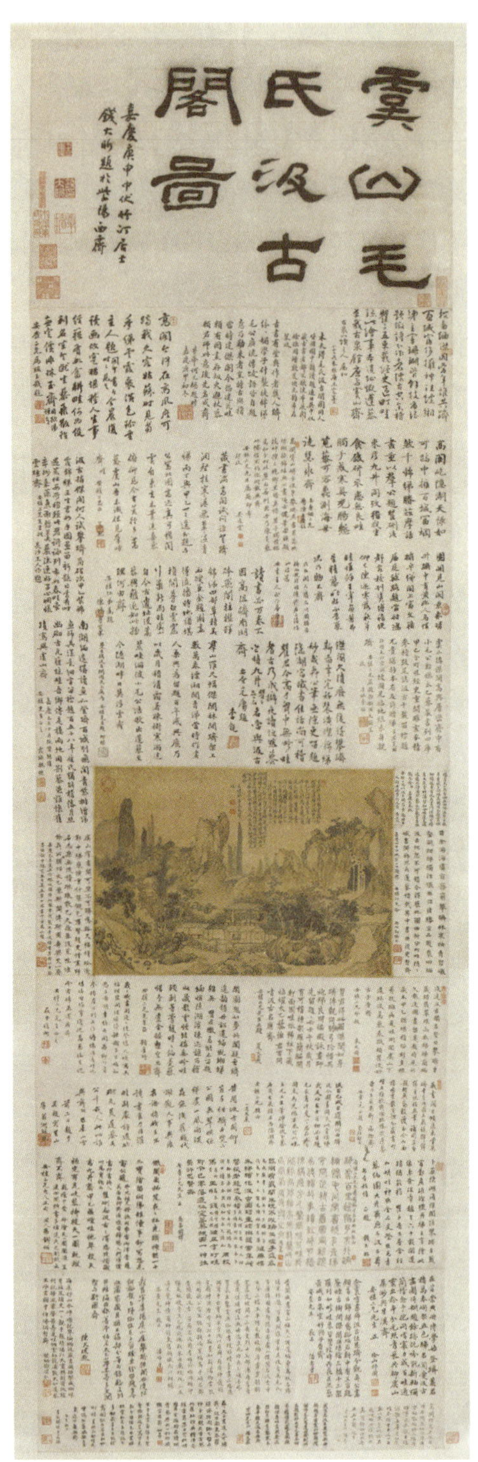

《汲古阁图》

此画的坎坷经历并非到此结束，从画作的一个印章上，看到它又被新的主人收藏过，“祁阳陈澄中藏书记”，透露出它的新主人是在新中国成立前担任过“中央银行”稽核的银行家陈清华（字澄中）。《汲古阁图》是他所藏古画珍品中的极品，“为世间绝无仅有之物”。新中国成立前夕，陈清华到香港定居，他的藏品也随之到港。二十世纪五六十年代，陈清华的经营遭受重大失误，背上了沉重的债务，不得不把自己的宝物出售,《汲古阁图》也在他出售的藏品之中。

郑振铎知道情况后，向国务院总理周恩来作了专题汇报。周总理十分重视，作出了详细指示。立即成立文物收购组，由郑振铎任组长，国家财政拨出专项款。同时，与驻港办联系，督促了解相关情况，及时反馈信息。几经周折，终于将这件珍贵文物从陈清华手中购回。

《汲古阁图》仅一尺四寸见方，但为此图题诗、题跋者多达 30 多位。该画距今已有 370 多年历史，曾在人们的视线中消失了 200 多年，至今重又展现在人们面前，这失而复得的过程，倾注了郑振铎和周总理的心血。《汲古阁图》现藏于国家图书馆，成为国家图书馆的镇馆之宝。

叶飞题词沙家浜　如果你来到沙家浜风景区，一跨进景区大门，迎面有一个照壁，上面是叶飞将军的题词:“沙家浜的意义在于在沪宁铁路武进以东直到上海地区（即江南东路）能否建立抗日根据地，开展抗日游击战争，发展壮大人民抗日武装力量，一九三九年五月，新四军六团以江抗名义东进，建立了以阳澄湖为中心的苏常太根据地以及澄锡虞、嘉定、青浦根据地，回答了这个问题。”

叶飞

1937 年抗日战争全面爆发后，叶飞任师长的红军闽东独立师改编为新四军第三支队第六团，叶飞任团长。根据陈毅的指示，六团以江南抗日义勇军的名义出征。1939 年 6 月底,“江抗”进入常熟境内。在阳澄湖畔，叶飞与中共常熟党组织及其所领导的人民抗日自卫队取得了联系。叶飞想到陈毅关于“相机建立抗日根据地”的指示，认为阳澄湖及其周围地区港汊星罗，水网密布，芦苇丛生，是建立根据地的好地方。于是，地方党组织和部队一起深入群众之中，宣传抗日，扩大抗日武装，组织抗日团体。不久，便初步建起了以阳澄湖东（今属沙家浜镇）为中心的苏、常、太以及澄、锡、虞抗日根据地。是年 10 月，叶飞奉命率部西撤，执行渡江北上任务。原新四军六团作战参谋夏光等 36 位伤病员留在阳澄湖沙家浜一带养伤。他们在极其险恶的环境里，在群众的掩护下，联合当地抗日武装，于 11 月在东唐市成立了江南抗日义勇军东路司令部，夏光任司令员，杨浩庐任副司令员。“新江抗”继续在苏常太地区坚持斗争，很快发展成为一支拥有 6 个支队的抗日武装力量，巩固和发展了东路抗日根据地。

留下的36位伤病员，成了36颗宝贵的革命种子，再建了“新江抗”部队。从一个班，发展到3个团的建制，成为新四军六师十八旅。解放战争时期，先后参加孟良崮战役和淮海、渡江、解放上海等战役。后又在抗美援朝的第二、第五次战役和华川前线阻击战中大显神威。

叶飞将军一直眷恋着沙家浜。在东进抗日过了半个多世纪的1990年5月5日，时任全国人大常委会副委员长、76岁的叶飞重游故地沙家浜。他和陪同他的同志讲述了当年铁流东进的始末，谈当年艰苦奋战的岁月，谈军民的鱼水深情。他说水乡地区有三个好：一是人民群众好，如果没有这样的人民群众，我们的部队就站不住脚跟，是建立不起抗日革命游击根据地的；二是地理条件好，到处是泽国一片，河湖港汊有利于打游击；三是有天然的芦苇屏障，茫茫一片芦苇掩护过我们多少好战士，是同敌人周旋的好地方，比北方的青纱帐还要好。

他来到沙家浜革命传统教育展览馆。叶飞参观时说：“叫‘沙家浜革命传统教育馆’为好，以教育为主嘛。”叶飞当场挥毫，为沙家浜革命传统教育馆题字。

东进桥边有个瞻仰广场，这里是革命传统教育区的主体工程。广场南边建有沙家浜碑亭，碑上“沙家浜”三个大字也是由叶飞将军所题写。

赵燕侠和汪曾祺到横泾体验生活 1967年7月中旬，北京京剧团与上海市歌舞团一起来到横泾（今沙家浜横泾社区）体验生活。他们是乘轮船过来的，吃住在芦荡大队和龚浜大队，由横泾乡副乡长丁金根陪同，住了几天。全体剧团人员游览了阳澄湖，以及泗泾、相城和横泾镇，熟悉了解了当地的一些革命史迹。当时，由赵燕侠扮演阿庆嫂，谭元寿扮演郭建光，马长礼扮演刁德一。在这次交流中，丁金根对赵燕侠的印象比

汪曾祺

赵燕侠

较深刻，她是位热情开朗、秉性耿直的人，没有架子，还向丁金根询问了许多关于阳澄湖的故事。丁金根带领他们参观了刚征集到的一条革命交通船。可惜赵燕侠后来得罪了江青，被撤换下来，阿庆嫂的角色由青年演员洪雪飞扮演。赵燕侠对沙家浜有很深的感情。2000 年 10 月 11 日，沙家浜镇曾邀请演过阿庆嫂的演员回娘家沙家浜演出，赵燕侠因有事不能分身前来，但是她发来了贺电。

正是借着这次来横泾的机会，编剧汪曾祺曾躲在镇上一家小酒店里吃了一次饭，他要了一盆花生米，一盆猪头肉，吃得有滋有味。他在晚年的回忆录中写道：“我曾在沙家浜镇上的一家小酒店里吃了一回酒，为了寻回乡野小酒店乐趣的那种感觉。”因为当时汪曾祺是以一个平常人身份光临小酒店的，所以没有引起人们围观的轰动。

家谱选录

徐氏家族　据《玉山镇志·徐氏家谱》载，徐家在明中叶由唐市迁到昆山。徐家有兄弟三人，徐乾学、徐秉义、徐元文均为进士，为顾炎武外甥。老大徐乾学，于清康熙九年（1670 年）中进士第三名，官至大学士、刑部尚书，当时号称“名臣”。老二徐秉义，于康熙十二年也中进士第三名，官至内阁学士兼礼部尚书。老三徐元文比两位哥哥先考取进士，为顺治十六年（1659 年）进士第一名（状元），官至大学士兼翰林院事。徐乾学五个儿子徐树穀、徐炯、徐树敏、徐树屏、徐骏亦皆相继考取进士，故有“同胞三鼎甲，五子皆登科”之说。

嵇氏家族　据无锡《嵇氏宗谱》载，嵇氏家族明清之际由唐市嵇家荡迁南京后徙无锡。在无锡明清历史上，嵇氏家族赫赫有名，有“一门五进士，三世三进士。一门三总督，一朝三阁老”之称。生于唐市嵇家荡的嵇永福（嵇永仁的族兄）为顺治十二年（1655 年）进士，嵇永仁儿子嵇曾筠为康熙四十五年（1706 年）进士。嵇曾筠第三子嵇璜，为雍正八年（1730 年）进士。嵇曾筠之孙嵇承谦，为乾隆二十六年（1761 年）进士。侄孙嵇承志，为乾隆三十七年进士。嵇永仁、嵇曾筠、嵇璜在清朝曾受过康熙、雍正、乾隆皇帝的最高奖赏。

包氏家族 据江阴《文林包氏宗谱》记载，宋靖康二年（1127 年），包拯孙包钦自合肥徙句容，后再徙江阴，居西舜乡，即今文林，为江阴包氏始祖。民国时期，文林包氏续修宗谱时，族人大都居住在江阴、无锡及常熟唐市等地。

历代进士

沙家浜镇历代进士一览表

表 6

人名	生卒年	籍贯	生平	备注
严 讷	1511—1584	唐市坞坵山	明嘉靖二十年（1541 年）进士。先后任礼部侍郎、吏部侍郎、礼部尚书、吏部尚书、太子太保兼武英殿大学士	—
许士柔	不详	唐市	天启二年（1622 年）进士。与文震孟、倪元璐、黄道周有“壬戌四翰林”之称。负责在皇宫管理诰敕、编修史料	—
苏翔凤	不详	唐市	清康熙壬戌（1682 年）进士。著作《甲癸集》	擅诗文
许 朝	不详	不详	乾隆四年（1739 年）进士。任德州通判，诗入《柳州诗存》名人录	擅诗书
谭绍隆	不详	唐市儒浜	康熙五十一（1712 年）武进士。工书，得《圭峰碑》笔意。入《中国历代名人录》	—
苏祖荫	不详	唐市	顺治九年（1652 年）进士。授户部主事，后任泰安州事	—
许 瑶	不详	唐市	顺治九年进士。任工部水司郎中，后任广平府知府。工诗画，书学祝允明	—
唐孙华	1634—1723	唐市	康熙二十七（1688 年）进士。授礼部主事，调吏部，充浙江乡试副考官。著《东江诗钞》	擅诗文
陶元淳	1646—1698	唐市	康熙二十七年进士。选昌化知县，擅诗、古文词，著有《南崖集》《志学集》，与修《一统志》	—

续表 6

人名	生卒年	籍贯	生平	备注
陶贞一	不详	唐市	陶元淳子，康熙五十一年进士	—
陶正靖	不详	唐市	陶元淳子，雍正八年（1730 年）进士	—
许　毅	不详	唐市	康熙三十九年进士。垣曲知县。有廉名	—
张　璐	不详	唐市	道光二十五年（1845 年）进士。授刑部主事，后补湖广主事	—
嵇永福	不详	唐市嵇家荡	嵇永仁族兄，顺治十二年进士。严州府推官，降补历城县丞，保举湖广军前候补	—

古代名人

沙家浜镇古代名人一览表

表 7

人名	生卒年	籍贯	生平	备注
谭　照 谭　晓	不详	湖乡（今沙家浜镇张泾）	明代南方生态农业典范，好慈善，捐 4 万余金筑常熟城，造桥、筑圩无数	慈善家
严　澂	1547—1625	唐市原坞坵山	严讷子，虞山琴派创始人。作品有《松弦馆琴谱》、诗文《云松巢集》。入《中国古代名人录》	一代琴宗
杨　彝	1580—1659	唐市集镇东欣里	精了书、佛乘，建应社，与顾梦麟创唐市学派。入《中国历代名人录》	学者
许重熙	1582—1660	唐市许家潭	著有《汤显祖先生文集》10 卷、《国朝殿阁部院大臣年表》18 卷、《宪章外史续编》、《明季甲乙两年汇略》3 卷（现藏国家图书馆）。入《中国历代名人录》	史学家
毛　晋	1599—1659	横泾毛家宅基	汲古阁藏书楼主人，其藏书规模和刻印书籍的数量，在当时首屈一指。入《中国历代名人录》	藏书家、刻书家
毛　扆	1640—1713	横泾毛家宅基	毛晋幼子。承晋家学，耽于校雠。毛扆在父亲去世之后，继续购书、校书、刻书和抄书。入《中国历代名人录》	刻书家
沈　仑	不详	唐市	工诗善画，擅长山水、人物画，其传世作品绝少。入选《明代著名书画家》《中国历代名人录》	擅诗画

续表 7

人名	生卒年	籍贯	生平	备注
陈　璧	1605—?	唐市	明末史可法荐授其为兵部司务。工书善诗。1984年5月，上海古籍出版社出版了《陈璧诗文残稿笺证》。入《中国历代名人录》	诗人
谭尔进	不详	唐市	编《编年诗稿文集》20卷（此书仍存）	学者
吴　绡	？—1671	唐市	许瑶妻，善琴，工诗书画。入《中国历代名人录》	擅诗画
邱　园	1617—1690	唐市坞坵山	工山水，善作曲，著有《虎囊弹》《党人碑》《百福带》等传奇9种。入《中国历代名人录》	戏曲家

大事纪略

双凤乡由来

双凤乡历史悠久，其名称来历颇为传奇。据民国《重修常昭合志》记载，东晋咸和六年（331 年），河南开封僧人支遁自金陵至江南吴地海虞、南沙一带传经诵学时，一晚，突见一道佛光。翌日，支遁在祥光破土之处挖掘，得黄石翁《双凤福地记》石碑一块及石盒一个。打开石盒后，只见里面有石龟一对，随即一声巨响，一对石龟顷刻化为一对凤凰。支遁于是将此事呈奏晋成帝，皇帝知道后非常开心，即下诏书赐该地名曰“双凤乡”，并在挖掘得“双凤”的地方，敕建寺院双凤寺，还特地御赐“双凤寺”匾额一块。又据募化僧惠亮所作《法轮寺记》载，双凤乡地方百里，辖十二都，即自三十二都至四十三都，地域包括从白茆闸口起，经太仓州之璜泾、沙溪、直塘、双凤至常熟之任阳、唐市、莫城止。今沙家浜镇域内均隶属双凤乡四十三都，东片（原唐市镇）属进贤里，西片（原沙家浜镇）属莫邪里。其地名自东晋咸和六年至清宣统二年（1910 年）止，使用时间前后长达 1579 年。

湿地晚霞

古镇

唐市镇名称由来

唐市镇自古为常熟四大集镇之一，有“金唐市”之称。史载，在南朝梁时，境域内已有乡民居住。至明正统年间（1436 年～ 1449 年），因境域内水网密布，河道纵横，为便于出行和生活，乡人遂逐渐聚居于尤泾河及语濂溪狭窄处，搭桥建屋，渐成集市，所以古称“尤泾”，又名“语溪”。后明代有唐氏族人唐将军者，认为集市的形成全赖其族人之力，遂改“尤泾”之名为“唐市”，镇名由此而来。

明代兴建周神庙

南宋淳熙年间（1174 年～ 1189 年），常熟唐墅南市泽（今属沙家浜镇）的孝子周容殁，相传其死后为神。淳祐十二年（1252 年），常熟县地方官将周容的孝行事迹上报朝廷，理宗皇帝赵昀看后，认为其孝迹感人，赐封周容“灵惠侯”，同意地方建庙祭祀，宣传他的孝道，人称“宋敕封灵惠侯周孝子大神”。明洪武四年（1371 年），朝廷在京城建祠立庙，周容被列入王朝祀典，敕赐每年秋九月二十一日为孝子生辰。随即，常熟四乡及周边地区皆建有周神庙，庙中周神与永定公刘、忠正王李、安乐王金合称“南朝门下四殿侯王尊神”。明末清初，复社领袖张采撰有《周孝子庙碑》，详细记载了周神庙的史实。

明末的应社与复社

明天启四年（1624 年）冬，张溥、张采自太仓至唐市凤基园，拜访里人杨彝及寓居于此的顾梦麟，始有应社之约。翌年，江南名士 10 人（一说 11 人）聚集于杨彝凤基园内的应亭，正式成立应社。其后请求入社者众，成为“集江南百数人”的文人政治社团。天启末年，应社扩大，联合吴门匡社和南社，发展为“广应社”，遂成为吴中文社之雄。崇祯二年（1629 年），张溥、张采统合广应社等 16 个文社，成立复社。张溥、张采为复社盟主，原广应社成员成为复社主体，杨彝、顾梦麟等皆为中坚。崇祯九年，朝中权贵托名徐怀丹写《复社十大罪檄》上奏朝廷，攻击复社。杨彝挺身而出，指出其文为“奸奏”“谗言”，加以揭露、驳斥，捍卫复社，并著有《复社事实》等。复社在政治态度上继承东林党宗旨，反对阉党腐败政治。后有一部分东林党人后裔加入，故又被呼为“小东林”。至南明弘光政权时期，把握朝政权柄的阮大铖、马士英等大肆打击复社成员，并图谋杀尽复社的主盟者，复社自此一蹶不振，但其成员的活动一直到清顺治年间（1638 年 ~1661 年）才完全停止。

抗战时期张治中驻军在唐市

1932 年“一・二八”淞沪抗战爆发后，时任国民党中央陆军军官学校教育长的张治中（字文白）于 2 月初面见蒋介石，请缨抗日，蒋介石遂委其为第五军（下辖第八十七、八十八师及中央军校教导总队，独立炮兵第一团山炮营）军长兼第八十七师师长。2 月 15 日，张治中率部分别从南京尧化门、和平门火车站登车启程，直抵昆山。此后，他积极协同第十九路军，先后指挥了庙行和浏河两次大规模的战役。3 月 3 日，张治中奉令率部撤离前线，其中俞济时的第八十八师撤至常熟城集结待命，第八十七师宋希濂旅撤至白茆新市一线，孙元良旅撤至石牌一线。军部及直属部队撤至常熟城东南 14 千米的唐市附近待命。待命期间，张治中命令各部就地构筑工事，设置防线，严阵以待。在唐市期间，张治中有机会领略了常熟古城的灵山秀水，并同常熟各界民众建立了广泛友好的联系。他曾撰写《第五军参加淞沪抗日战役的经过》一文，以后他又将该文第五节《沉痛的收场》，扩展为《慰问》《诗意的虞山》《追悼》三节，其中前两节较详尽地记录了他在常熟的亲身经历和深刻感受，情真意切。张治中在《诗意的虞山》中写道：“在那暮春时节莺飞草长之时，临此秀丽天然山环水抱之地，而寇氛尚炽，草木皆悲，新垒纵横，战骑跳跃。我们得暇，登虞山山顶，远眺长江，福山港口外，隐约可见敌舰冲风破浪而行，真不胜其感慨……差堪欣慰的是我们的士兵和人民相处甚好，而人民对我们士兵也异常亲爱。我还记得，我一到常熟城，各界民众就开了一个盛大的会欢迎我们，慰勉我军……当我军复员的那一天，万千群众，争集河干，依依不舍；各地商轮民船，争为我军装载运输。”

何香凝在唐市诗赠抗日将士

何香凝（1879—1972），原名谏，又名瑞谏，别号双清楼主。广东南海人，生于香港。中国国民党左派杰出代表，著名政治活动家、画家，为国民党元老廖仲恺夫人。新中国成立后，曾任第二、三届全国人大常委会副委员长，第二、三届全国政协副主席。1932年，淞沪抗战爆发。是年3月11日，时任国民党中央执行委员的何香凝到国民党第五军驻扎地常熟进行慰问。是日，何香凝在常熟城内慰问了第五军所属第八十八师一部。翌日，何香凝乘汽艇到达驻常熟唐市的第五军军部慰问。在这里，何香凝为激励抗日将士的昂扬斗志，当场慷慨赋诗《赠前敌将士》：“倭奴侵略，野心未死。既据我东北三省，复占我申江土地，叹我大好河山，今非昔比。焚毁我多少城市，惨杀我多少同胞，强奸我多少妇女？耻！你等是血性军人，怎样下得这点气。”当天晚上，何香凝住在唐市。13日，何香凝乘汽艇离开唐市，第五军军长张治中率领官兵到码头送行，唐市的父老乡亲也自发前来送行。

国民党军队抗击日军

1937年11月19日，侵华日军第十一师团一部靠水上机动，从常熟支塘镇出发，乘舟艇横渡昆承湖，企图进攻莫城，切断常熟至苏州的公路。在沙家浜镇张泾村荷花溇处，遭到退守在那里的国民党军队一个连兵力的阻击。全连官兵顽强抵抗，击沉日军汽艇1艘，击毙日军3人，使日军进攻一度受挫。后由于守军孤立无援，连长中弹牺牲，国民党军队被迫撤退。

江南抗日义勇军（“江抗”）在唐市

1938年2月，中共六届六中全会确定新四军“向南巩固、向东作战、向北发展”的战略方针。是年上半年，中共中央特别行动科派何克希等到苏南江阴县西石桥，争取当地游击队梅光迪部。10月，新四军第一支队授予该部“江抗”第三路番号，梅光迪任司令员，何克希任副司令员。1939年5月，新四军第六团在叶飞率领下，奉命向东路（沪宁路东段）地区发展，与“江抗”第三路会合于武进县戴溪桥，成立“江抗”总指挥部。随即，第六团以“江抗”第二路名义继续东进至苏常太地区，不久，“江抗”通过改编苏、常、太和澄、锡、虞地区的抗日武装，整编为四路，部队发展到5000余人。随后，“江抗”部分部队经常活动在唐市、横泾附近。是年7月，“江抗”派出一部分兵力，活捉唐市土匪头目。不久，唐市成立一支 30 余人的抗日常备队，后上升为“江抗”三支队一部。从此，唐市镇成为苏常太抗日游击区的活动中心。至 1939 年 9 月，“江抗”部队奉命西移。

江南抗日义勇军东路司令部（“新江抗”）驻唐市

1939 年 9 月，“江抗”西撤后，留在阳澄湖畔休养的刘飞、夏光等一批伤病员继续坚持斗争。10 月下旬，中共中央东南局和新四军军部派杨浩庐、周达明等到常熟，与“江抗”西撤时留下的 36 位伤病员、留在东唐市一带的江南特委和常熟人民抗日自卫队（“民抗”）负责人会面，决定重建“江抗”武装。11 月 6 日，在东唐市的一所破庙（东土地堂）里成立江南抗日义勇军东路司令部，因刘飞要去上海治疗，由夏光任司令员，杨浩庐任副司令员兼政治部主任，黄烽任政治部副主任。尔后，“新江抗”又委任周嘉禄为参谋长，胡肇汉为副司令员。1940 年 2 月，陈毅派吴仲超（化名吴铿）、何克希（化名王专）到东路恢复工作，“新江抗”领导成员进行了调整，何克希任司令员，吴仲超任政治委员，杨浩庐任副司令员兼政治部主任，夏光任参谋长。是年 4 月，新四军三支队副司令谭震林（化名林俊）来到常熟，后到唐市建立中共东路军政委员会。至此，“新江抗”发展成 3 个连；“民抗”有 3 个连和 1 个教导队，以及 7 个区常备队，共有近 1000 人。

抗日战争时期北桥伏击战

1939年11月7日，“新江抗”的一个武装排埋伏在唐市镇北桥村附近，对一艘从常熟开往唐市抢粮的日军汽艇发动突然袭击，日伪军数人中弹落水。日军汽艇遂不敢贸然前进，被迫逃回常熟城。这次伏击挫败了日伪军的抢粮计划，为“新江抗”成立后与日军进行的第一次战斗。翌年2月6日，“新江抗”又一次出其不意地在北桥村伏击下乡“扫荡”的日伪军汽艇。两次北桥伏击战，沉重打击了敌人的嚣张气焰。

1940年洋沟溇战斗

1940年2月8日（农历正月初一）凌晨，驻守昆山巴城的日伪军共70余人，在小队长斋藤的带领下，偷袭“新江抗”驻地洋沟溇。日伪军抢占有利地形，凭借武器优势，向“新江抗”阵地疯狂进攻。“新江抗”指战员迅速占领高地，登上民房屋顶，背水顽强阻击敌人，双方展开了一场激烈的村落争夺战。战斗从早晨打到傍晚，日军指挥官斋藤被击毙，日伪军随即慌忙撤退。这次战斗，毙伤日伪军20余人，“新江抗”指导员褚学潜等17多人英勇牺牲，副司令员杨浩庐、连长吴立夏、排长费介成等负伤。

苏州县抗日民主政府在唐市成立

1940 年 9 月，中国共产党领导的抗日组织在戈家村（今属沙家浜镇）举行各界人民代表大会，选举产生苏州县人民抗日自卫会执行委员和监察委员，浦清任执行委员会主席，顾复生任监察委员会主席。接着，在境内坞丘山成立苏州县政府，县长浦清。至翌年年初，苏州县共设有唐市、李白、横泾、任石、消陆、辛莫 6 个区和唐市直属镇，县政府设于唐市镇。是年 2 月 10 日，在唐市镇王家山广场召开苏州县政府授印典礼大会，谭震林代表上级党和政府授予苏州县政府大印。

1940 年张家浜战斗

1940 年 12 月 13 日午后，驻苏州的一股日军，由胡肇汉部队派人引路，分乘 3 艘汽艇偷袭“新江抗”第一、二支队驻地张家浜。副司令员何克希当即指挥后方机关转移，并以两个大队的兵力，阻击坚守，双方战斗激烈。日军不断增加，参战汽艇达 12 艘，参战兵力 200 余人。“新江抗”援军也从侧翼向日军攻击。战斗至下午 3 时，日军终无收获，遂纵火焚烧民房后向苏州方向撤退。这一仗双方均有较大伤亡。“新江抗”第二支队刘副大队长、卫生队队长赵熙和班长周永生等指战员在战斗中牺牲，沙家浜镇船工沈义祥在掩护后方机关转移时中弹牺牲。

1941 年环段战斗

1941 年 3 月 11 日，新四军第一支队分坐数十条农船，由中心村向唐市镇西南流动，在南湖村毛家段与对岸昆山界环段一带荒滩上停船做饭。被日军巡逻艇发现，不一会儿，巴城日军分兵三路发起进攻，掷弹筒，机枪、步枪密集射击。新四军仓促应战，集中火力突围，但因寡众悬殊，新四军战士 100 多人同教导员陈岳章一起光荣牺牲。

1941 年八字桥战斗

1941 年 5 月下旬，国民党“忠义救国军”郭墨涛部千余人窜入阳澄湖地区，大肆捕捉新四军非武装人员，破坏抗日民主政权。6 月 10 日，郭墨涛在胡肇汉的配合下，率 1000 多人进犯苏州县地区，攻击目标是驻扎在唐市邵家坝的新四军十八旅五十四团一营、二营驻地。10 日早晨，“忠义救国军”先头部队到达一营前沿陈家村，新四军随即反击，打得敌人在水田里抬不起头。顽敌招架不住，败退到横泾塘西岸，抢占唯一制高点八字桥（又名“南桥”），当地群众纷纷撑出农船，配合部队运送战士。其时，驻守在白茆塘畔的新四军警卫二团闻讯前来增援。八字桥两岸激战约 1 小时后，敌人终于全线崩溃，仓皇败逃。据是年 6 月 13 日《大众报》报道：“此次战况之激烈，堪称空前，敌伤亡损失均重，计被我击伤击毙共一百余名，溺毙达四五十名，消耗子弹约达二万余发，俘虏廿六名，缴获捷克式轻机枪四挺，步枪二十四支，驳壳枪二支，步枪子弹一万八千发，驳壳枪弹一千三百发，枪榴弹四个，黄色炸药十二小箱，指挥旗九面，五万分之一地图一份，军用毡七十一条，雨衣十余件，船数艘，军米五十石……我军计轻伤十二名，牺牲五名。”

1941 年艰苦的反“清乡”斗争

1941 年 7 月，日伪军集结兵力 1 万多人，开始对抗日游击根据地进行“清乡”。7 月 2 日清晨，驻儒浜的新四军一个排与前来“清乡”的日伪军接火，新四军牺牲很大。接着，“清乡”警察中队伪警数十人前往中心村搜索，在大坟村附近与新四军驻地的一个排遭遇，双方发生激烈枪战，伪警中队长被击毙，伪警仓皇逃窜，新四军也有伤亡。至 7 月 22 日晚，新四军部队开始北撤。在此期间，部队战士为了维护群众利益，不住民房，日夜待在稻田、水车棚与船坊里，只在晚间才到群众家弄点吃的，群众秘密掩护送水送饭，过河摆渡，对伤病员更是热情照顾。后来，有许多领导和战士，都是单身化装，各找关系，由群众掩护越过敌人封锁线，从上海转移到苏北，继续参加革命工作。

1945 年武工队三塘址脱险

1945 年 8 月初，东横区（今属沙家浜镇）区长卢毅和朱英带领的武工队宿营在唐市的徐家段，后又准备转移到白茆塘畔毛家滧。一天夜里 10 时左右，卢毅等坐船出发，船到三塘址桥附近时，发现桥上有日军电筒光照下来，并喊："什么人？靠船！"船上回答："老百姓！"待船到桥边，朱英等人一个手榴弹向岸上掷去，武工队员也跟着把手榴弹往桥上抛，炸得敌人死伤一片。等敌人清醒过来、架起机枪扫射时，武工队员已安全脱险。

1947 年区委书记陆建南牺牲

1947 年 3 月 5 日，中共东横区区委书记陆建南，带一警卫员，到唐市溪沿村工作，当晚住在农民郧阿生的船上，船停在船坊里。晚上，驻在毛家滃的国民政府青年军到溪沿村查户口，搜查武工队。伪保长高声通知乡民，留在家里等候检查。陆建南为了了解情况，在晚上 10 时左右伏船坊边观察，被青年军电筒照到，敌人高声呼喝并立即开枪，陆建南腿部中弹。警卫张根金（唐市溪上人）在黑暗中不明情况，在船上开枪还击，事后方知打死青年军连长的外甥 1 人。张根金泅水至对岸，隔河双枪并发，一路往宗戈、儒浜方向退去。敌人听到枪声不断，慌忙撤退回到毛家滃，集中兵力进行再搜查。此时，陆建南因流血过多，不慎落入水中，光荣牺牲。

1947 年武工队夜袭洋浩村

1947 年春，卢毅率领武工队夜宿徐石村（今属沙家浜镇），突遭横泾乡伪自卫队包围，在群众掩护下，武工队突出重围，可队员张根金来不及脱身被围，他顽强阻击 4 小时，终因弹尽牺牲。是年年底，武工队得知国民党横泾乡乡长和伪自卫队队长等在洋浩村召开保甲长联席会议、催缴壮丁捐消息，卢毅率领武工队当夜冒雨奔袭洋浩村。是夜 7 时许，武工队冒雨悄悄进入洋浩村王家宅基，在卢毅指挥下，闯进堂屋，吓得保甲长面无血色，连声讨饶。卢毅考虑后对他们说："饶命可以，但以后不准催租逼债抓壮丁，危害人民。"从此以后，武工队上街进村，他们再也不敢声张了。

1947 年孔家宅基突围

在唐市镇西南边缘，有一单独宅院叫孔家宅基，当时只有孔阿华及媳妇、儿子一家三口住在那里。因为地势隐蔽，所以新四军、武工队经常在此活动和宿营。1947 年 10 月 28 日，中共华中十地委所属的太仓县特派员周亦航、冯云章两人从太仓来到常熟，联系苏常太工委书记包厚昌并汇报工作。晚上，周亦航、冯云章和卢毅等武工队员数人住在孔阿华家里，包厚昌则在对岸车塘堰住宿。是日深夜，因坏人告密，从肖泾来的保安队二三十人包围了孔家宅基，在船坊铺上拖起孔阿华，并叫他开门查户口。孔阿华高声喊"先生来查户口了"示警。武工队听到喊声，来不及收拾东西，即从后窗跳出躲进竹园，被保安队发现，举枪射击，卢毅等奋力还击，终因寡众悬殊，武工队卢毅、浦太福、陆根兴泅水撤退，周亦航、冯云章两人不幸溺水牺牲。

五六十年代先进典型受到中央领导接见

1959年1月，唐市公社范段圩低田治理工程被常熟县评为农业先进典型。随即，唐市人民公社党委副书记杨根兴作为典型代表赴北京参加全国农业社会主义建设先进单位代表大会，其间，受到毛泽东、周恩来等中央领导接见，并获得国务院颁发的奖状。1960年4月18日，唐市人民公社三兴大队民兵谢水生等作为江苏省民兵代表（常熟共6人），参加全国民兵代表大会，受到毛泽东、周恩来、朱德以及中央军委领导的亲切接见。

1992年芦荡乡撤乡建镇

1992年3月12日，芦荡乡（前身为横泾人民公社）撤乡建镇，同时，更名为沙家浜镇。镇名缘于此地为沪剧《芦荡火种》和现代京剧《沙家浜》的故事发生地，特别是现代京剧《沙家浜》在二十世纪六七十年代曾风靡全国，具有较高的知名度。抗日战争时期，这里是苏中南抗日的中心地区，苏州县委、东路特委、新四军后方医院等都在这里活动，著名的“新江抗”也是在境内成立的。1970年以后，横泾人民公社充分利用当地丰富的革命斗争史料，开展革命传统教育。1971年，横泾人民公社开始教育基地的建设工作，设立沙家浜革命历史陈列室，吸引大批群众和青少年前来参观。后又扩建为展览室、教育馆，经过两次移地、三次改版，最终成为沙家浜革命历史纪念馆，落户沙家浜风景区。

2001 年建成全国爱国主义教育示范基地

2001 年 6 月 27 日，沙家浜革命历史纪念馆被中共中央宣传部命名为全国爱国主义教育示范基地。江苏省委副书记、宣传部部长任彦申，省委宣传部副部长朱同广，江苏省军分区政治部副主任王爱国，中国人民解放军二十集团军沙家浜连所在部队队长高春祥，新四军伤病员代表以及当地党政领导共同参加命名大会和授牌仪式，是苏州市唯一的全国爱国主义教育示范基地。2005 年 4 月，沙家浜革命历史纪念馆被国家发展改革委员会确定为全国 30 条红色旅游精品线路和 123 个全国红色旅游经典景区之一。

2008 年入选中国历史文化名镇

2008 年，沙家浜镇被住房城乡建设部、国家文物局命名为中国历史文化名镇。沙

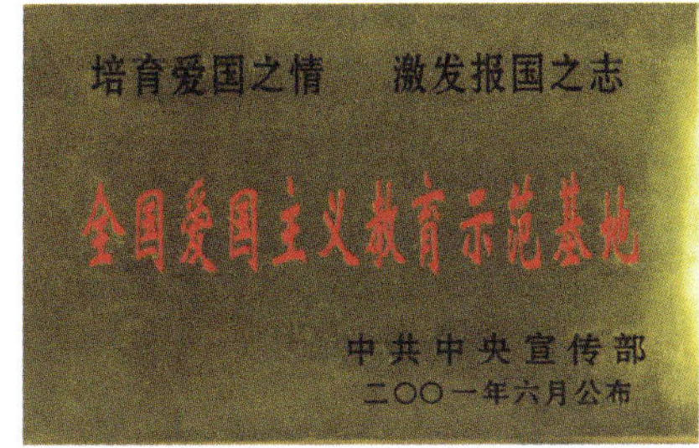

全国爱国主义教育示范基地

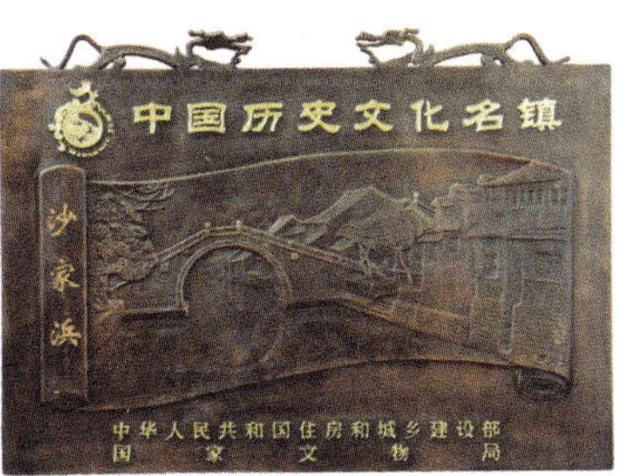

中国历史文化名镇

家浜镇历史悠久，文化底蕴深厚，有文字记载的历史已有1500年。历代文化名人有宋代孝子周容，明嘉靖年间吏部尚书严讷，藏书家、刻书家毛晋，复社先驱之一杨彝。清代思想家顾炎武曾在唐市定居10年。仅明清两朝，全镇有进士12人、举人28人。私家花园有15处之多，全长近460米的唐市石板街已有近300年的历史。境内有飘香园、望贤楼、华阳桥、北新桥等古迹，并有7个常熟市级以上非物质文化遗产。沙家浜镇人民政府制定《沙家浜镇历史文化名镇保护规划》，明确古镇定位和保护的方向，划定9.3公顷保护区。确保每年投入一定的专项经费保护古镇的历史文化遗产。

2013年沙家浜风景区成为国家AAAAA级旅游景区

2013年4月11日，经全国旅游景区质量等级评定委员会评审确定，沙家浜风景区成为国家AAAAA级旅游景区。两天后，江苏省5家新闻媒体对沙家浜风景区荣获国家AAAAA级旅游景区进行集中报道。沙家浜风景区自2005年成功创建为国家AAAA级旅游景区以后，继续向AAAAA级旅游景区冲刺。对照《旅游景区质量等级的划分与评定》的国家标准，沙家浜风景区逐条逐项对照改进，分别在旅游交通、游览、旅游安全、卫生、邮电、旅游购物、综合管理、资源和环境保护八个方面进行完善。景区总投入2.2亿元，注重挖掘人文资源，保护生态环境，完善旅游设施，丰富旅游产品，塑造旅游品牌工作。

国家 AAAAA 级旅游景区

国家湿地公园

2013 年沙家浜风景区成为国家湿地公园

2013 年，沙家浜风景区被国家林业局评为“国家湿地公园”。沙家浜风景区于 2009 年制定《沙家浜湿地公园总体规划》，于是年 11 月 6 日接受专家评审并确定为创建试点单位。景区在原有面积基础上，继续向东扩展，建成生态湿地保护区、湿地渔乐园、湿地植物园和芦荡人家民居，以原有的自然生态风貌建立完善的湿地构架生态系统，成为科普观鸟基地和湿地科普基地。其中有泥鳅潭、龙虾池、龟鳖池、观鸟栈道、桃花岛、柿子洲、合欢桥、望晖亭、听雨桥、云庆堂、四季田、芦苇馆、横泾剧场和芦荡人家。湿地公园总面积 400 公顷，仅东扩工程就投资 6840 万元。2007 年，被建设部评为“国家城市湿地公园”。2013 年，被国家林业局评为“国家湿地公园”。国家湿地公园开放以后，每年举行一次湿地公园文化节。

编纂始末

盛世修志，籍以存史；传承文明，继往开来。2014 年，中国地方志指导小组审时度势，因势利导，启动中国名镇志文化工程，以编纂中国名镇志丛书为龙头，通过创新编纂模式和体例内容，全面、翔实地记录中国历史文化名镇的悠久历史和灿烂文化，这对于传承名镇文脉，重塑名镇特色，抢救和保存传统文化、乡土文化、民俗文化，对于充分发挥地方志书存史、资治、教化功能，均具有重要意义。

2014 年 11 月，根据上级指示要求，沙家浜镇党委、政府开始编纂《中国名镇志丛书·沙家浜镇志》(以下简称《沙家浜镇志》)。这是一项艰巨而又光荣的文字工程，要求高，任务重，时间紧，工作难度较大。所幸的是，在编纂过程中得到了中国地方志指导小组办公室（以下简称“中指办”)、江苏省地方志办公室、苏州市地方志办公室、常熟市地方志办公室，以及复旦大学和方志出版社领导和专家们的热心指导。经过半年多的紧张搜集资料和认真编纂，2015年5月21日,《沙家浜镇志》评审会在常熟召开。会上，来自中指办和省、苏州市，以及复旦大学的领导和专家共同组成专家组，对志书进行了严格的评审，专家组对志书予以了充分的肯定和认同，同时，就志书存在的一些问题和不足提出宝贵的修改意见，志书顺利通过评审。随后，按照评审会的要求，对志书进行了认真地修改和校对，并送中指办进行验收。是年 12 月，在收到中指办的验收意见后，编纂人员再一次对志书进行了较大幅度地调整和校阅。

沙家浜镇是中国历史文化名镇。本着对历史负责、对人民高度负责的态度，专家组对原有资料进行认真地复查、鉴别和核实，在编纂中力求精益求精，并为此付出了不懈的努力。为充分体现沙家浜镇的地情特色，我们广征博采、集思广益，在志书初稿形成后，邀请部分专家、学者对《沙家浜镇志》提出意见和建议，后对初稿作了多次修改，主要是力求突出亮点和重点，并富有地方特色。最终，在各级领导和专家的关心帮助下，全体编纂人员不辱使命，辛勤笔耕，志书终于正式交付出版。衷心希望该书能成为一本弘扬主旋律、传播正能量的历史读本。

本志图片由沙家浜镇志编纂委员会办公室和江苏省沙家浜旅游度假区管委会提供。

由于编者水平有限，加上时间比较仓促，且相关历史资料有所缺失，本书定有许多不足之处，敬请关心本志的专家、学者和广大读者不吝指正，衷心感谢。

编　者

2016 年 3 月

醉美沙家浜 钱怡 摄